中国能源发展报告2014

中国能源研究会

中国电力出版社
CHINA ELECTRIC POWER PRESS

图书在版编目（CIP）数据

中国能源发展报告．2014 / 中国能源研究会编．—北京：中国电力出版社，2014.9
ISBN 978-7-5123-6471-4

Ⅰ．①中…　Ⅱ．①中…　Ⅲ．①能源发展－研究报告－中国－2014　Ⅳ．①F426.2

中国版本图书馆CIP数据核字（2014）第210291号

中国电力出版社出版、发行
(北京市东城区北京站西街19号　100005　http：//www.cepp.sgcc.com.cn)
北京瑞禾彩色印刷有限公司印刷
*
2014年9月第一版　2014年9月北京第一次印刷
889毫米×1194毫米　16开本　16印张　381千字
定价498.00元

本书编委会

本书编写组

组　长　林卫斌

成　员　王怀明　王宝乐　毛锡书　刘　岩　李建伟❶
李建伟❷　王志刚　李瑞峰　李　靖　辛耀旭
张　克　宋云中　李　勇　陈新华　郑新刚
赵克宇　殷　立　熊　伟　佟明东　谢丽娜
施发启　傅　强　张生玲　李雅雯　申沛鑫
罗时超　张　烨　张婷婷　姜　莹　张　韦

感谢美国能源基金会对本书出版的支持。

❶ 神华集团有限责任公司。
❷ 国家核电技术公司。

前言

2013年，国民经济平稳较快增长，全年一次能源消费总量37.5亿吨标准煤，同比增长3.7%；一次能源生产总量33.9亿吨标准煤，同比增长2.1%，供需形势总体宽松。能源消费结构进一步优化，天然气和非化石能源消费比重达到15.6%，比2012年提高1个百分点。

《中国能源发展报告2014》共分四篇，包括能源消费、能源投资与建设、能源生产与供应、能源价格与绩效，试图从客观准确的数据入手，以简要入理的分析，全面反映2013年中国能源发展的总体情况。

本报告在编写、出版过程中，得到了政府有关部门、能源企业和专家学者的支持与关注，在此表示衷心感谢。由于种种原因，报告难免有不足或疏漏之处，敬请谅解。

编　者

2014年8月

目录

第一篇 能源消费

2013年中国[1]能源消费总量37.5亿吨标准煤，同比增长3.7%。其中，煤炭消费量36.5亿吨，同比增长3.7%；原油消费量4.83亿吨，同比增长3.4%；天然气消费量1653亿米^3，同比增长13%；全社会用电量53223亿千瓦时，同比增长7.5%。

2013年各能源品种消费量与增速

种类	2012年	2013年	2013年增长率（%）
能源消费总量（亿吨标准煤）	36.2	37.5	3.7
煤炭（亿吨）	35.3	36.5	3.7
原油（亿吨）	4.67	4.83	3.4
天然气（亿米^3）	1463	1653	13.0
全社会用电量（亿千瓦时）	49514	53223	7.5

数据来源：2012年数据（不包括电力数据）来自《中国能源统计年鉴2013》，2012年电力数据来自《电力工业统计快报2013》，2013年增长率来自《2013年国民经济和社会发展统计公报》，2013年消费量数据根据2012年数据及2013年增长率计算得到。

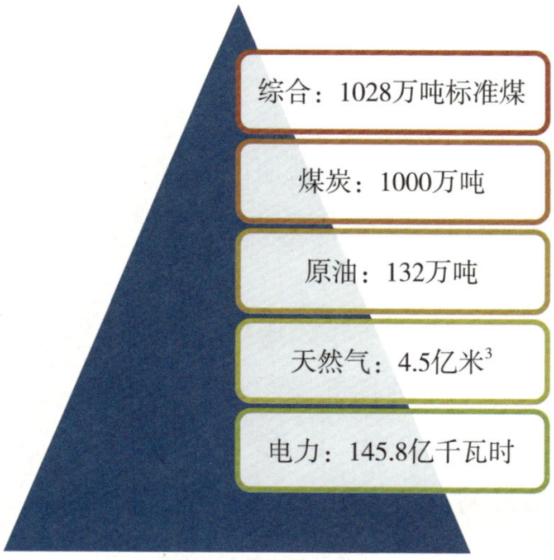

2013年日均能源消费

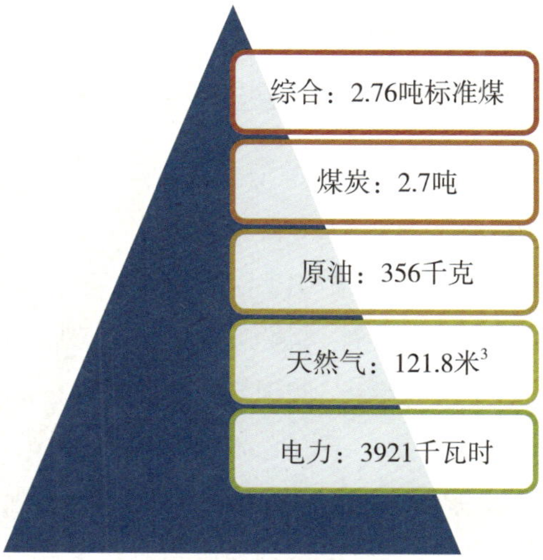

2013年人均能源消费

[1] 除特别指明外，本书中“中国”的数据统计范围均为中国内地数据，不含港、澳、台数据。

第一章　综合能源消费

2013年中国能源消费总量37.5亿吨标准煤，能源消费结构进一步优化，清洁能源比重提高近一个百分点，工业用能占比降至70%以下，生活和第三产业用能占比进一步提高。“十二五”前三年，单位GDP能耗累计同比下降9.0%，完成“十二五”规划目标的56.2%。

第一节　能源消费总量与结构

2013年中国能源消费同比增长3.7%，日均能源消费1028万吨标准煤，人均能源消费2.76吨标准煤。中国能源消费占世界能源消费的22%，但人均能源消费仅略高于世界平均水平。从能源消费结构看，煤炭、石油、天然气、非化石能源消费比重分别为66.1%、18.4%、5.7%、9.8%。

一、能源消费同比增长3.7%，日均能源消费1028万吨标准煤

如图1-1所示，2013年中国能源消费总量为37.5亿吨标准煤，比2012年增加1.3亿吨标准煤，同比增长3.7%，增长率比2012年回落了0.2个百分点，比“十一五”期间年均增长率低2.9个百分点。2013年中国日均能源消费1028万吨标准煤，比2012年增加40万吨标准煤。

“十二五”前三年，中国能源消费总量年均增加1.67亿吨标准煤，年均增长4.9%。按照《能源发展“十二五”规划》确定的目标，到2015年能源消费总量控制在40亿吨标准煤左右。据此测算，“十二五”能源消费总量的增长目标是：年均增加1.5亿吨标准煤，年均增长4.24%。由此可见，“十二五”前三年累计能源消费量已经超过规划目标，未来两年必须把能源消费控制在年均增加1.25亿吨标准煤以内（年均增长3.3%以下），才能完成规划所设定的能源消费总量控制目标。

二、能源消费占世界总量近22%，但人均能源消费仅略高于世界平均水平

根据英国石油公司（BP）2013年6月公布的《BP世界能源统计2013》（BP Statistical Review of World Energy 2013）中的数据，2012年世界一次能源消费总量为178.2亿吨标准煤，日均能源消费4869万吨标准煤。能源消费总量排名前五的国家分别是中国、美国、俄罗斯、印度和日本。作为全球第一大能源消费

国，中国的能源消费量占世界能源消费总量的21.9%，比排名第二的美国高出了4.2个百分点，是排名第五的日本的5.7倍，见表1-1。

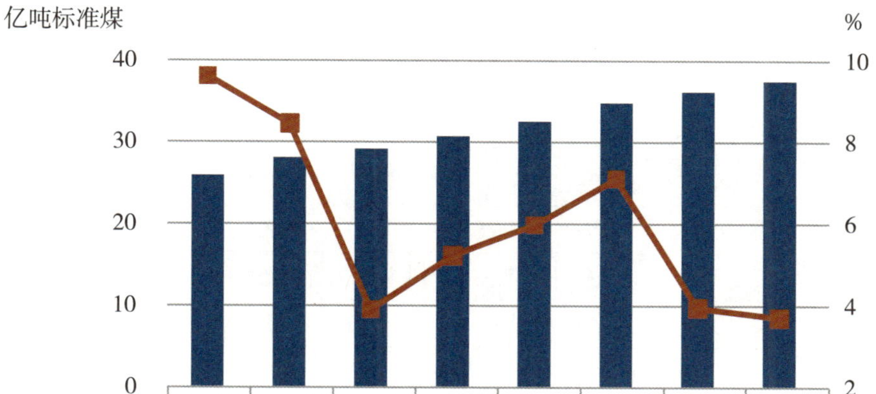

	2006年	2007年	2008年	2009年	2010年	2011年	2012年	2013年
能源消费总量（亿吨标准煤）	25.9	28.1	29.1	30.7	32.5	34.8	36.2	37.5
增长率（%）	9.6	8.4	3.9	5.2	6.0	7.1	3.9	3.7

图1-1　2006～2013年中国能源消费总量与增长率

数据来源：2006～2012年数据来自《中国能源统计年鉴2013》，2013年数据来自《2013年国民经济和社会发展统计公报》。

表1-1　　2006～2012年世界及主要国家一次能源消费量　　单位：亿吨标准煤

国家/地区	2006年	2007年	2008年	2009年	2010年	2011年	2012年	2012年占比（%）
世界	157.22	161.25	163.41	161.57	170.62	174.64	178.24	100.0
OECD国家	81.20	81.76	80.99	77.14	79.90	79.12	78.41	44.0
非OECD国家	76.02	79.49	82.42	84.43	90.72	95.52	99.83	56.0
中国	25.21	26.84	28.14	30.02	33.40	36.30	39.07	21.9
美国	33.32	33.90	33.14	31.51	32.59	32.36	31.55	17.7
俄罗斯	9.65	9.72	9.76	9.25	9.63	9.95	9.92	5.6
印度	5.57	6.00	6.38	6.92	7.31	7.64	8.05	4.5
日本	7.57	7.52	7.44	6.83	7.24	6.87	6.83	3.8
加拿大	4.59	4.68	4.66	4.45	4.51	4.69	4.70	2.6
德国	4.85	4.64	4.67	4.40	4.61	4.39	4.45	2.5
巴西	3.03	3.23	3.37	3.36	3.68	3.85	3.92	2.2
韩国	3.18	3.31	3.38	3.39	3.64	3.83	3.87	2.2
法国	3.73	3.68	3.70	3.50	3.62	3.50	3.51	2.0

续表

国家/地区	2006年	2007年	2008年	2009年	2010年	2011年	2012年	2012年占比（%）
伊朗	2.71	2.80	2.89	3.06	3.16	3.24	3.35	1.9
沙特阿拉伯	2.25	2.35	2.55	2.66	2.89	3.10	3.17	1.8
英国	3.22	3.12	3.07	2.91	2.99	2.83	2.91	1.6
墨西哥	2.35	2.41	2.44	2.38	2.43	2.48	2.68	1.5
意大利	2.64	2.60	2.58	2.40	2.47	2.41	2.32	1.3
印度尼西亚	1.74	1.85	1.76	1.91	2.13	2.12	2.28	1.3
西班牙	2.22	2.28	2.22	2.07	2.13	2.08	2.07	1.2
南非	1.65	1.74	1.81	1.73	1.78	1.80	1.77	1.0

注 OECD即经济合作发展组织（Organization for Economic Co-operation and Development）。

数据来源：根据《BP世界能源统计2013》中的相关数据计算得到。

从人均能源消费水平看，根据《2013年国民经济和社会发展统计公报》，2013年中国年末人口数为13.61亿人，由此测算年中人口数为13.57亿人，进而测算出人均能源消费量为2.76吨标准煤，比2012年增加0.08吨标准煤，增长3%，如图1–2所示。

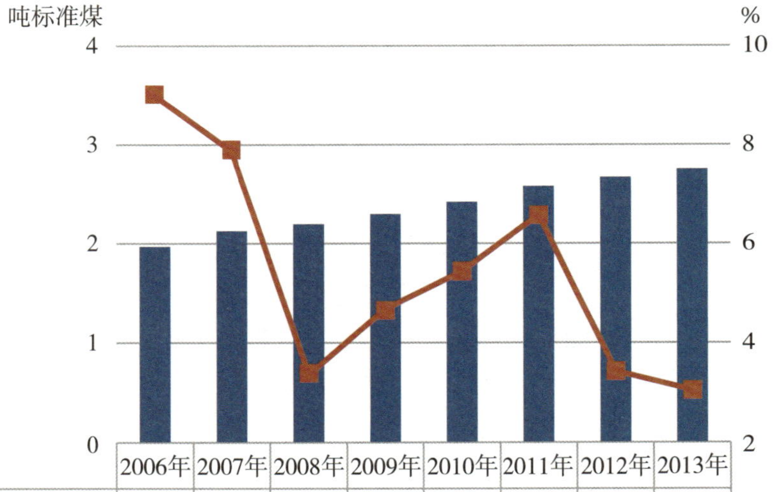

	2006年	2007年	2008年	2009年	2010年	2011年	2012年	2013年
人均能源消费量（吨标准煤）	1.97	2.13	2.20	2.30	2.43	2.59	2.68	2.76
增长率（%）	9.0	7.9	3.4	4.7	5.5	6.6	3.4	3.1

图1–2 2006～2013年中国人均能源消费量与增长率

数据来源：根据《中国统计年鉴》、国家统计局网站相关数据计算得到。

根据BP统计数据，2012年世界人均能源消费2.53吨标准煤。发达国家中，美国和日本分别为10.05吨标准煤和5.36吨标准煤。金砖国家中，俄罗斯和印度分别为6.91吨标准煤和0.65吨标准煤；中国人均能源消费量为2.89吨标准煤[1]，高于印度和巴西，低于俄罗斯和南非，仅为同期美国的28.8%，日本的53.9%，如图1–3所示。

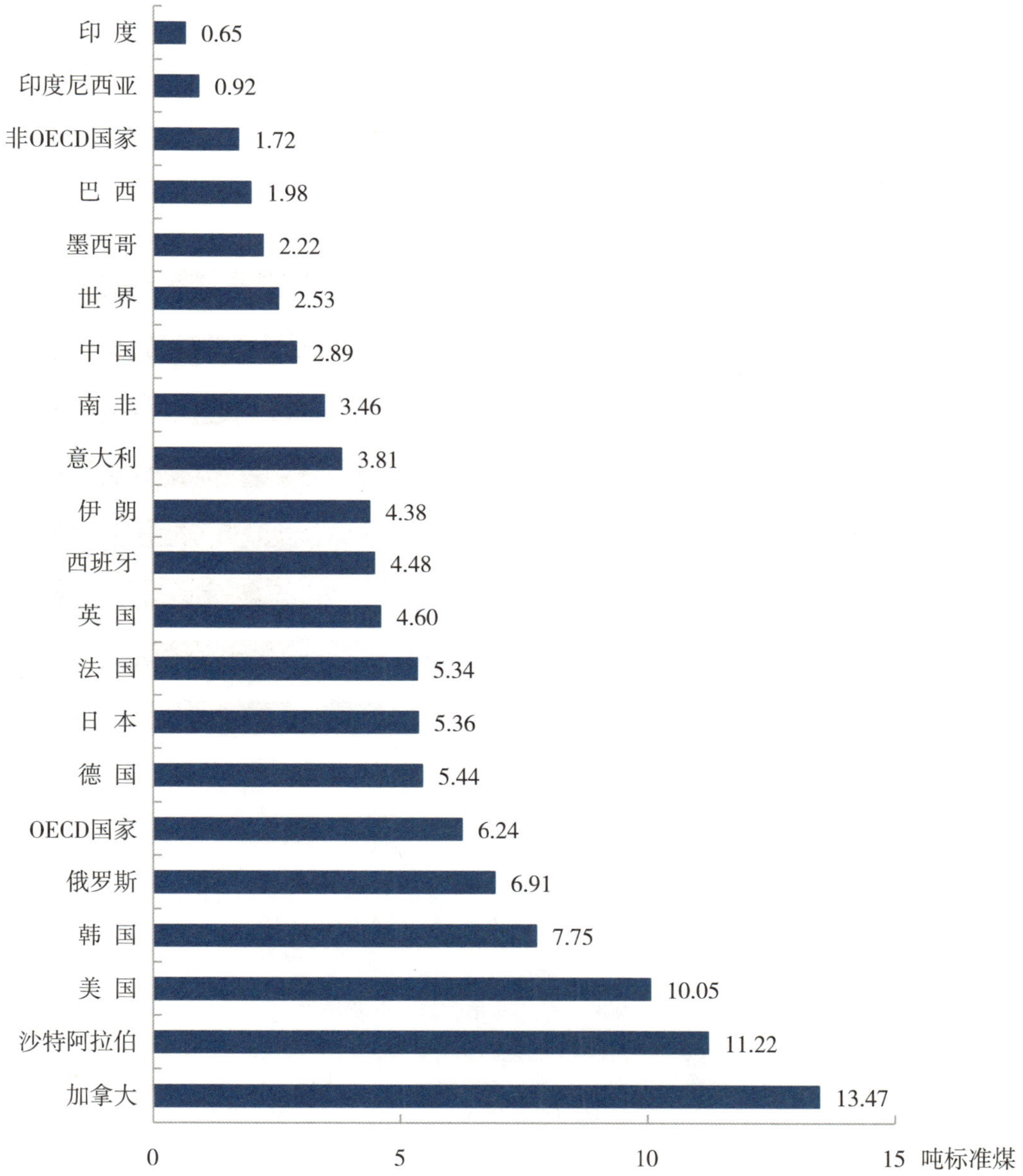

图1–3 2012年世界部分国家人均能源消费量比较

数据来源：根据《BP世界能源统计2013》、世界银行人口统计数据计算得到。

[1] 如果按照国家统计局提供的相关数据测算，中国2012、2013年人均能源消费量仅比BP统计口径的2012年世界平均水平分别高出5.5%、8.7%。

三、清洁能源比重提高近1个百分点，但仍低于世界平均水平

从能源消费结构看，2013年中国煤炭、石油消费比重继续下降，天然气和非化石能源比重进一步上升。综合相关信息初步测算，2013年中国煤炭消费量占能源消费总量的比重达66.1%，比2012年下降0.5个百分点；石油消费比重为18.4%，比2012年下降0.4个百分点；天然气消费比重为5.7%，比2012年提高0.5个百分点；水电、核电、风电等非化石能源消费比重为9.8%，比2012年提高0.4个百分点；清洁能源[1]占一次能源消费比重为15.5%，比2012年提高了0.9个百分点，如图1–4所示。

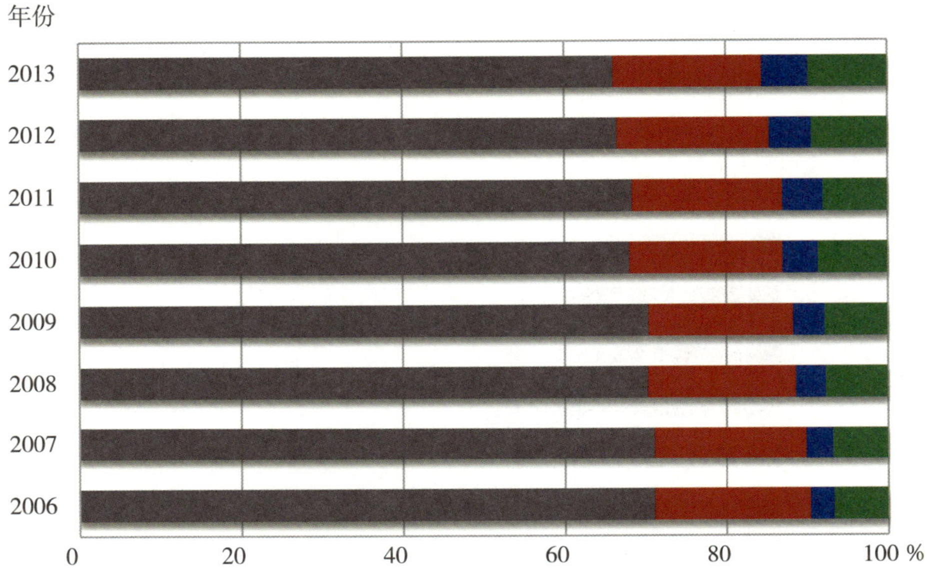

	2006年	2007年	2008年	2009年	2010年	2011年	2012年	2013年
煤炭（%）	71.1	71.1	70.3	70.4	68.0	68.4	66.6	66.1
石油（%）	19.3	18.8	18.3	17.9	19.0	18.6	18.8	18.4
天然气（%）	2.9	3.3	3.7	3.9	4.4	5.0	5.2	5.7
其他（%）	6.7	6.8	7.7	7.8	8.6	8.0	9.4	9.8

图1–4　2006～2013年中国能源消费结构

数据来源：2006～2012年数据来自《中国能源统计年鉴2013》，2013年数据为预计数。

根据《能源发展“十二五”规划》确定的目标，2015年中国非化石能源消费比重应达到11.4%，比2010年提高2.8个百分点。“十二五”前三年，非化石能源消费比重累计提高1.2个百分点，仅完成规划目标的43%。未来两年非化石能源占比年均需提高0.8个百分点才能完成“十二五”规划所确定的目标。

从国际能源消费结构看，中国清洁能源比重仍然偏低。根据BP统计数据，2012年世界清洁能源消费平均占比为37.0%，其中俄罗斯、美国、日本、印度分别为65.2%、43.1%、28.4%、16.6%。中国清洁能源比重仅为13.8%，不仅远低于世界平均水平，也低于同为发展中大国的印度。

[1] 清洁能源包括天然气、核电、水电、风电、太阳能等。

中国清洁能源比重过低主要体现在煤炭比重明显偏高，天然气、核电比重明显偏低。具体而言，世界煤炭消费量占一次能源消费总量的比重不到1/3，这一比重在美国、日本和俄罗斯均不到20%，在中国却占到了68.5%，中国以煤为主导的能源消费结构特征十分明显；世界一次能源消费以油、气为主，占到57%，俄罗斯油、气消费比重更占到了75.2%，而在中国，这一比重仅为22.4%，特别是天然气消费比重仅为4.7%，大大低于23.9%的世界平均水平；非化石能源方面，中国的非化石能源消费比重为9.1%，低于13.1%的世界平均水平，主要是由于核电比重较低，仅为0.8%，较世界平均水平低3.7个百分点，如图1–5所示。

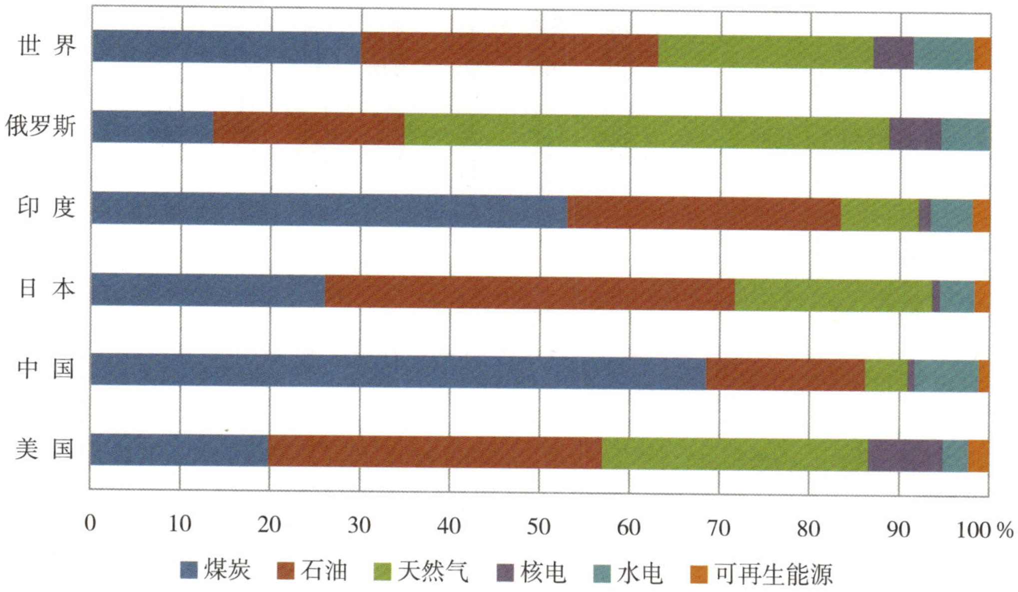

图1–5 2012年世界及主要国家一次能源消费结构

数据来源：《BP世界能源统计2013》。

第二节 分部门能源消费

近年来，中国工业用能占比趋于下降，生活用能和第三产业用能占比稳步提高，但城乡人均生活能源消费差距逐渐缩小。2012年工业用能占比首次降至70%以下，生活用能和第三产业用能占比分别为11%和15.7%。从终端能源消费的国际比较看，中国工业用能比重是世界平均水平的1.7倍，交通用能占比为世界平均水平的47%。

一、生活用能占比11%，城乡人均生活能源消费差距逐步缩小

2012年中国居民生活能源消费3.97亿吨标准煤，比2011年增加2256.1万吨标准煤，同比增长6.0%。“十一五”以来，中国生活能源消费占能源消费总量的比重基本保持了稳定的态势，始终处于10%～11%之

间，2012年达到11%，比2011年略有上升，如图1-6所示。

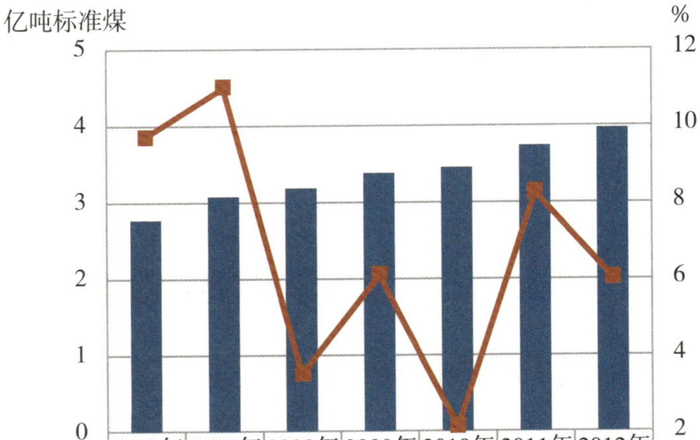

	2006年	2007年	2008年	2009年	2010年	2011年	2012年
生活能源消费总量（亿吨标准煤）	2.78	3.08	3.19	3.38	3.46	3.74	3.97
增长率（%）	9.7	11.0	3.5	6.1	2.1	8.3	6.0

图1-6　2006～2012年中国生活能源消费

数据来源：2007～2013年《中国能源统计年鉴》。

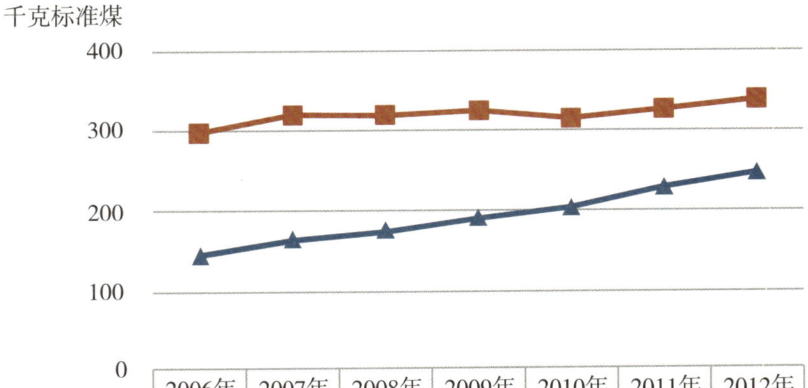

	2006年	2007年	2008年	2009年	2010年	2011年	2012年
城镇人均生活用能量（千克标准煤）	298	320	319	325	315	327	339
农村人均生活用能量（千克标准煤）	145	163	173	190	204	228	246

图1-7　2006～2012年中国城镇与农村人均生活能源消费

数据来源：2007～2013年《中国能源统计年鉴》。

2012年城镇和农村人均生活能源消费分别为339千克标准煤和246千克标准煤，较2011年分别增长了3.7%和7.8%，如图1-7所示。“十一五”以来，中国城乡人均生活能源消费差异逐步缩小，城镇人均生活能源消费与农村人均生活能源消费之比从2006年的2.0下降到2012年的1.4。

二、工业用能占比首次降至70%以下，第三产业用能比重稳步提高

分部门看，中国能源消费主要集中于工业领域。多年来，中国工业用能占能源消费总量的比重保持在70%左右，近年来呈逐步下降趋势，并于2012年首次降至七成以下，为69.8%；石油加工、炼焦和核燃料加工业，化学原料和化学制品制造业，非金属矿物制品业，黑色金属冶炼和压延加工业，有色金属冶炼和压延加工业，电力、热力生产和供应业等六大高耗能行业占能源消费比重也降至50%，见表1–2。此外，2012年第三产业和居民生活能源能源消费量占能源消费总量的比重分别为15.7%和11.0%，较2011年均有所提高。

表1–2　2006～2012年中国分部门能源消费结构　单位：%

部门	2006年	2007年	2008年	2009年	2010年	2011年	2012年
农、林、牧、渔、水利业	2.4	2.2	2.1	2.0	2.0	1.9	1.9
工业	71.5	71.5	71.8	71.5	71.4	70.8	69.8
采掘业	5.5	5.4	5.9	5.7	5.7	5.8	5.9
制造业	58.5	58.8	59.1	58.9	58.3	57.6	56.9
石油加工、炼焦和核燃料加工业	4.8	4.8	4.7	5.0	4.9	4.9	5.0
化学原料和化学制品制造业	10.0	10.2	9.9	9.4	9.6	10.0	10.2
非金属矿物制品业	8.8	8.2	8.7	8.8	8.5	8.6	8.1
黑色金属冶炼和压延加工业	17.3	17.9	17.8	18.4	17.7	16.9	16.5
有色金属冶炼和压延加工业	3.4	3.9	3.9	3.7	4.0	4.0	4.1
电力、煤气及水生产和供应业	7.5	7.3	6.9	6.9	7.4	7.5	7.1
电力、热力生产和供应业	5.4	7.4	6.9	7.0	6.7	6.4	6.4
建筑业	1.5	1.5	1.3	1.5	1.6	1.7	1.7
交通运输、仓储和邮政业	7.8	7.8	7.9	7.7	8.0	8.2	8.7
批发、零售业和住宿、餐饮业	2.1	2.0	2.0	2.1	2.1	2.2	2.4
其他行业	4.0	4.0	4.0	4.1	4.2	4.4	4.6
生活消费	10.7	11.0	10.9	11.0	10.6	10.7	11.0

数据来源：《中国能源统计年鉴2013》。

三、终端消费中工业用能占比47.9%，交通用能占比显著低于世界平均水平

根据国际能源署（IEA）的数据，2011年终端能源消费[1]中，工业、交通运输、生活消费、非能源使用及其他占终端消费总量比重的世界平均水平分别为28.7%、27.4%、23.2%、9.2%和11.5%。中国工业能源消费占比47.9%，高出世界平均水平19.2个百分点，高出美国28.8个百分点。由此可见，中国以工业为主导的能源消费结构特征明显[2]。此外，中国生活能源消费占比22.5%，略低于世界平均水平，但高于美国和日本，低于印度和俄罗斯；交通运输用能占比12.9%，远低于世界平均水平和美国、日本和俄罗斯，仅略高于印度，如图1–8所示。

	世界	中国	美国	日本	印度	俄罗斯
其他（%）	11.5	8.9	15.4	21.9	9.6	10.4
非能源使用（%）	9.2	7.8	8.8	12.0	8.2	14.5
生活消费（%）	23.2	22.5	17.5	15.1	36.2	25.6
交通运输（%）	27.4	12.9	39.2	24.1	11.9	21.5
工业（%）	28.7	47.9	19.1	26.9	34.1	27.9

图1–8　2011年分部门终端能源消费结构国际比较

注：“其他”为除工业、交通、居民生活消费及非能源使用以外的其他终端能源消费。

数据来源：IEA《世界能源平衡表2013》（World Energy Balance 2013）。

---

❶ IEA统计的终端能源消费不包括能源部门自身的能源消费。

❷ 按照IEA的统计口径，2011年中国的终端能源消费量占能源消费总量的比重约为60%，这一比重的世界平均水平为68%左右，美国为68.6%。

第三节　分地区能源消费

中国能源消费主要集中于东部发达省份，但存在西移趋势。人均能源消费排序与能源消费总量排序存在较大差异，发达地区能源消费水平较高，而西部某些资源大省由于大力发展能源密集型产业，导致人均能源消费水平高于其他地区。

一、能源消费主要集中于东部发达省份，但存在西移趋势

分地区看，中国的能源消费主要集中在东部地区重工业较为发达的省份。2012年能源消费总量排名前六位的省份分别为山东、河北、广东、江苏、河南和辽宁，能源消费总量均高于2亿吨标准煤；排名后六位的省份分别为海南、青海、宁夏、甘肃、北京和江西，其中海南、青海和宁夏能源消费总量均低于5000万吨标准煤，居首的山东省能源消费总量是排名末尾的海南省的23倍❶，如图1–9所示。

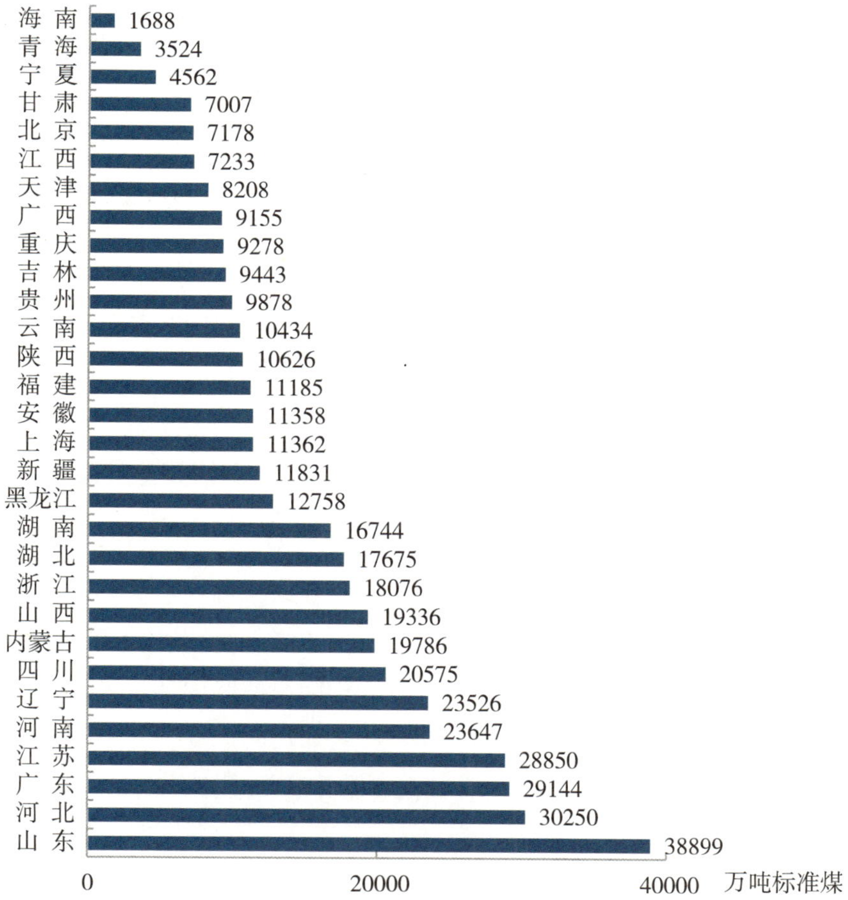

图1–9　2012年中国分地区能源消费量

数据来源：《中国能源统计年鉴2013》。

❶ 由于数据缺失，部分中国分地区能源消费分析中没有西藏相关数据。

从三大地区来看，2012年中国东部、中部和西部地区能源消费比重分别为47%、26.7%和26.3%。由图1-10可知，东部地区能源消费比重长期接近于50%，表明能源消费主要集中于东部发达地区，但近几年这一比重保持下降的趋势，反映了中国能源消费逐步向西移动的特征。

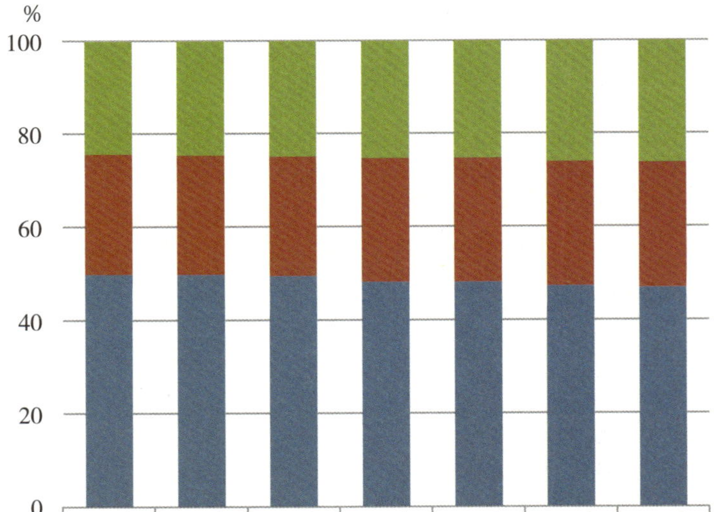

	2006年	2007年	2008年	2009年	2010年	2011年	2012年
西部能源消费比重（%）	24.4	24.6	24.9	25.3	25.3	26.1	26.3
中部能源消费比重（%）	25.7	25.5	25.5	26.4	26.5	26.5	26.7
东部能源消费比重（%）	49.9	49.9	49.6	48.3	48.2	47.4	47.0

图1-10　2006~2012年中国中、东、西部能源消费比重

数据来源：《中国能源统计年鉴2013》。

二、人均能源消费地区差异明显，其排序与能源消费总量排序差异较大

如图1-11所示，中国人均能源消费量地区差异十分明显。2012年，内蒙古以人均消费近8吨标准煤排名首位，人均能源消费量超过5吨标准煤的省份有7个，分别是内蒙古、宁夏、青海、天津、山西、辽宁和新疆；排名后四位的是江西、安徽、海南和广西，这些省份2012年的人均能源消费量在2吨标准煤以下。

人均能源消费的另一大特征是，能源消费总量大省人均能源消费排名并不靠前，而人均能源消费排名靠前的省份能源消费总量往往靠后。如能源消费总量排名靠后的宁夏、青海，人均能源消费量分别排在了第二和第三，能源消费总量排名第一的山东，其人均能源消费排名第十。

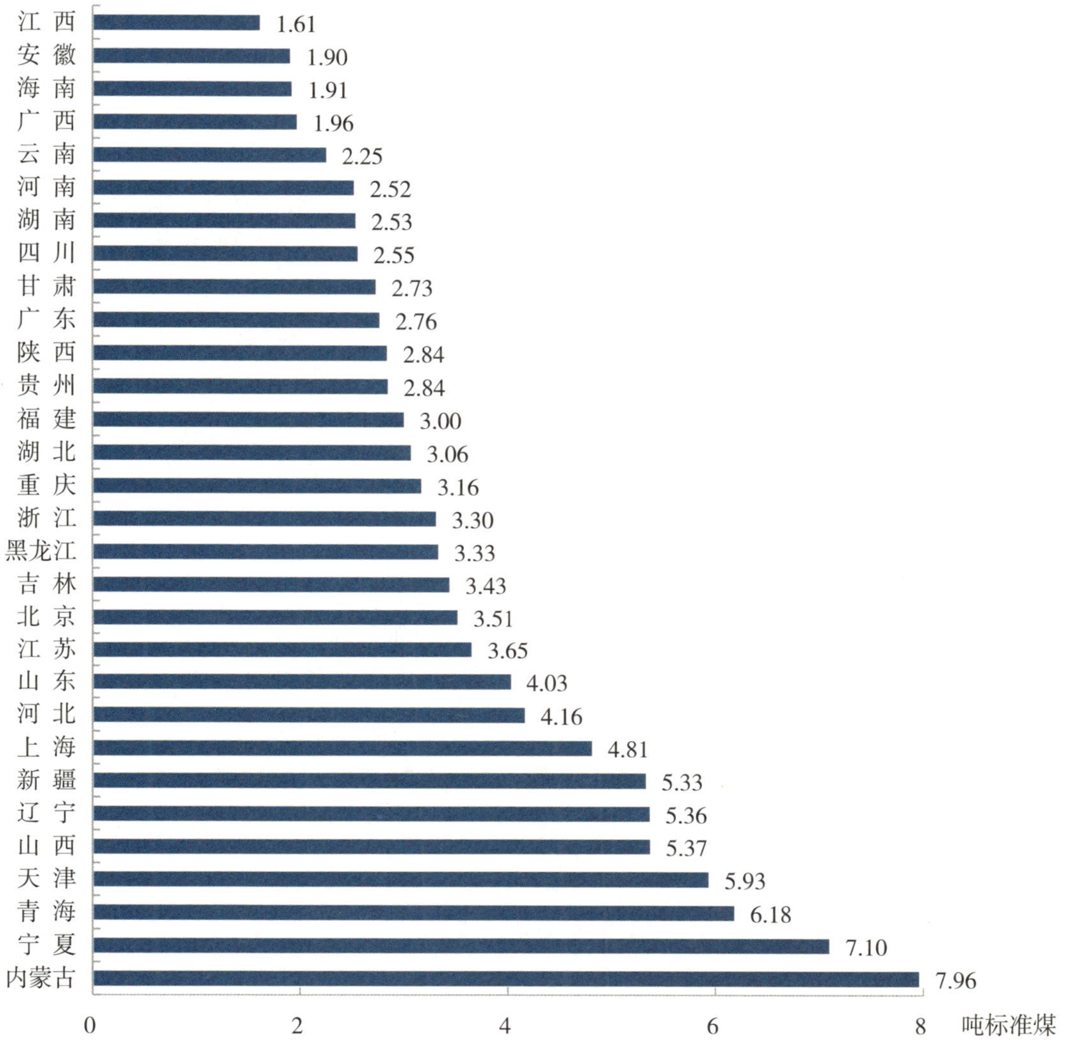

图1-11 2012年中国分地区人均能源消费量

数据来源：能源消费量数据来自《中国能源统计年鉴2013》，人口数来自《中国统计年鉴2013》，人均能源消费量根据相关数据计算得到。

三、能源消费密度391吨标准煤/千米^2，三大经济区远高于全国水平

2013年中国能源消费密度为391吨标准煤/千米^2，经济发达地区的能源消费密度显著高于全国平均水平。其中，2012年京津冀地区以全国2.2%的土地创造了全国11%的GDP价值，能源消费量占全国能源消费总量的12.6%，能源消费密度达到2122吨标准煤/千米^2，是全国平均水平的5.6倍；江浙沪地区与京津冀地区面积基本相同，创造了全国21%的GDP价值，能源消费量占比16.1%，能源消费密度高达2785吨标准煤/千米^2，是全国平均水平的7.4倍；广东省土地面积仅为全国的1.9%，却也创造了全国11%的GDP价值，能源消费量占比8.1%，能源消费密度达到1646吨标准煤/千米^2，是全国平均水平的4.4倍。三大经济区合计消

费能源133067万吨标准煤，占全国总量的36.8%，面积占全国国土面积的6.3%，平均消费密度为2214吨标准煤/千米^2，是全国平均水平的6.5倍，见表1–3。

表1–3　　2012年中国三大经济区能源消费密度

地区	GDP（现价，万元）/比重	能源消费量（万吨标准煤）/比重	面积（万千米^2）/比重	能源消费密度（吨标准煤/千米^2）
全国	518942/100%	361732/100%	960/100%	376.8
京津冀	57348/11%	45635/12.6%	21.5/2.2%	2122.39
江浙沪	108905/21%	58288/16.1%	20.9/2.2%	2784.87
广东	57068/11%	29144/8.1%	17.7/1.8%	1645.77

数据来源：《中国统计年鉴2013》和《中国能源统计年鉴2013》。

第四节　能源消费强度

2013年中国能源消费弹性系数为0.48，能耗强度下降3.7%。从国际比较看，中国能耗强度仍然偏高，为世界平均水平的1.9倍、美国的2.5倍、日本的4.1倍，节能降耗形势依然严峻，特别是海南、青海、宁夏、新疆等地区完成“十二五”节能降耗目标压力较大。

一、单位GDP能耗同比下降3.7%，基本完成规划目标

2013年中国能源消费弹性系数0.48，能耗强度下降3.7%，如图1–12所示。按2010年不变价格计算，

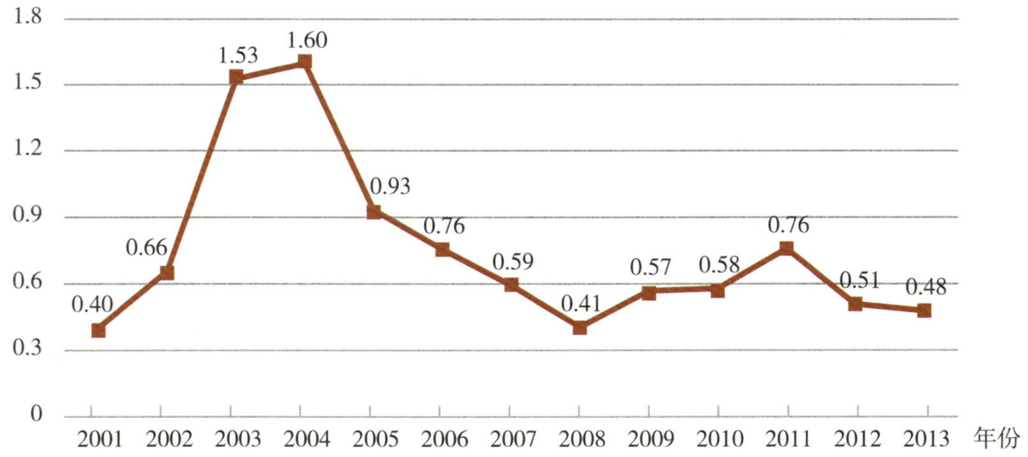

图1–12　2001～2013年中国能源消费弹性系数

数据来源：2001～2012年数据来自《中国能源统计年鉴2013》，2013年数据根据《2013年国民经济和社会发展统计公报》中相关数据计算得到。

2013年每万元GDP能源消耗量为0.74吨标准煤，较2012年下降了0.02吨标准煤，如图1-13所示。“十二五”前三年能耗强度累计下降9.0%，完成“十二五”规划目标的56.2%。如果要完成“十二五”规划目标，2014和2015年能耗强度年均需下降4%左右，节能降耗取得积极进展。

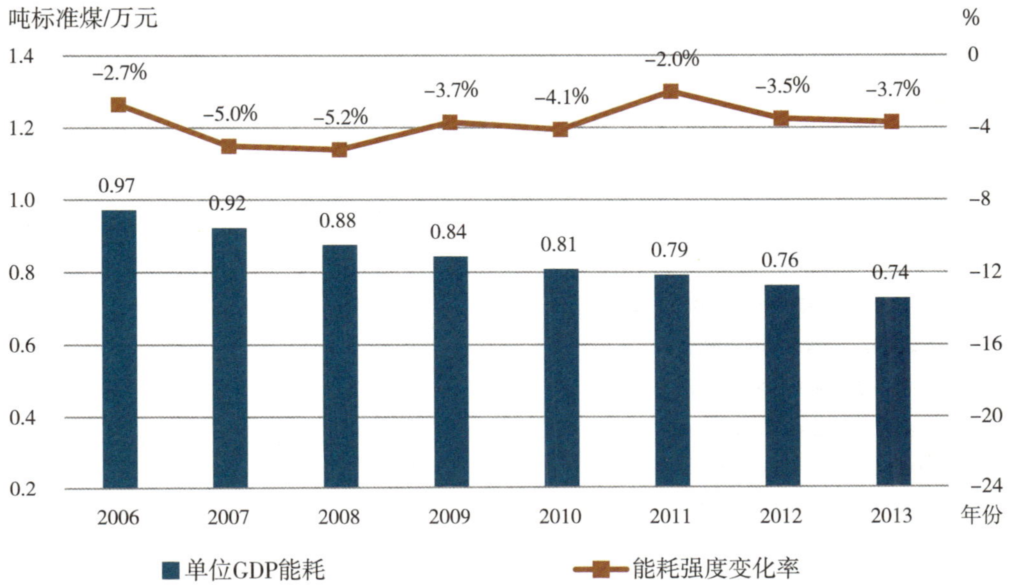

图1-13 2006～2013年中国单位GDP能耗及能耗强度变化率

注：GDP按2010年价格计算。

数据来源：2006～2012年数据来自《中国统计年鉴2012》，2013年数据来自《2013年国民经济和社会发展统计公报》。

二、能耗强度宁夏居首，海南、青海、宁夏、新疆等地节能降耗形势最为严峻

2012年单位GDP能源消费量排名前五位的省份依次为宁夏（1.95吨标准煤/万元）、青海（1.86吨标准煤/万元）、山西（1.60吨标准煤/万元）、新疆（1.58吨标准煤/万元）和贵州（1.44吨标准煤/万元），排名后五位的省份为北京（0.40吨标准煤/万元）、广东（0.51吨标准煤/万元）、浙江（0.52吨标准煤/万元）、江苏（0.53吨标准煤/万元）和江西（0.56吨标准煤/万元）。排名最高的宁夏能耗强度是北京的近5倍，如图1-14所示。

根据国家发展和改革委员会发布的“各地区2013年1～10月节能目标完成情况晴雨表”，与“十二五”节能工作进度要求相比较，一级预警地区为海南、青海、宁夏、新疆，较2012年同期减少了云南、甘肃两个地区；云南预警等级为二级，其余省份均为三级预警，节能进展基本顺利（见表1-4）。与2012年同期相比，节能任务完成情况优于2012年。

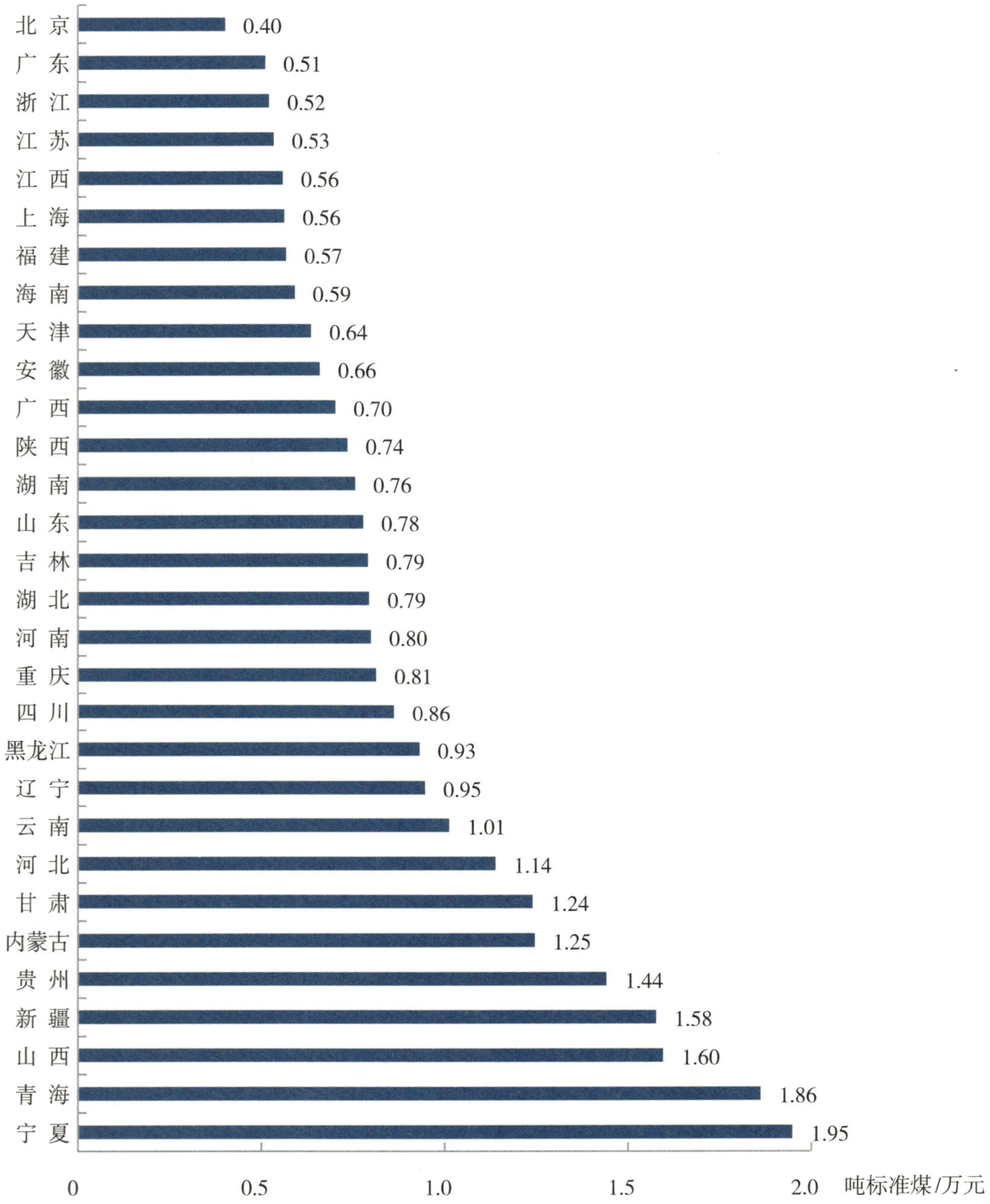

图1-14 2012年中国分地区单位GDP能源消费量

数据来源：根据《中国统计年鉴2013》中相关数据计算得到。

表1-4　　　　中国各地区2013年1～10月节能目标完成晴雨表

地区＼时间	一季度预警等级	上半年预警等级	前三季度预警等级	1～10月预警等级	“十二五”进度预警等级
北京	🟢	🟢	🟢	🟢	🟢
天津	🟢	🟢	🟢	🟢	🟢
河北	🟢	🟢	🟢	🟢	🟢
山西	🟢	🟢	🟢	🟢	🟢
内蒙古	🟢	🟢	🟢	🟢	🟢
辽宁	🟢	🟢	🟢	🟢	🟢
吉林	🟢	🟢	🟢	🟢	🟢
黑龙江	🟢	🟢	🟢	🟢	🟢
上海	🟢	🟢	🟢	🟢	🟢
江苏	🟢	🟢	🟡	🟢	🟢
浙江	🟢	🟢	🟢	🟢	🟢
安徽	🟢	🟢	🟡	🟢	🟢
福建	🟢	🟢	🟡	🟢	🟢
江西	🟢	🟢	🟢	🟢	🟢
山东	🟢	🟢	🟢	🟢	🟢
河南	🟢	🟢	🟢	🟢	🟢
湖北	🟢	🟢	🟡	🟢	🟢
湖南	🟢	🟢	🟢	🟢	🟢
广东	🟢	🟢	🟢	🟢	🟢
广西	🟡	🟢	🟡	🟢	🟢
海南	🟡	🔴	🔴	🔴	🔴
重庆	🟢	🟢	🟢	🟢	🟢
四川	🟢	🟢	🟢	🟢	🟢
贵州	🟢	🟡	🟡	🟢	🟢
云南	🟡	🔴	🟡	🟡	🟡
陕西	🟢	🟢	🟢	🟢	🟢
甘肃	🟢	🟢	🟢	🟢	🟢
青海	🟢	🟡	🟡	🟡	🔴
宁夏	🟢	🟡	🔴	🔴	🔴

续表

地区＼时间	一季度预警等级	上半年预警等级	前三季度预警等级	1～10月预警等级	“十二五”进度预警等级
新疆	●	●	●	●	●

注 1. ●为一级预警，即节能形势十分严峻；●为二级预警，即节能形势比较严峻；●为三级预警，即节能进展基本顺利。

2. 西藏缺乏统计数据，故未进行预测。

数据来源：国家发展和改革委员会。

三、能耗强度为世界平均水平的1.9倍，能源利用效率有待提高

根据BP统计数据，2012年世界能耗强度平均水平为2.46吨标准煤/万美元，同期美国、日本分别为1.94吨标准煤/万美元、1.15吨标准煤/万美元。中国能耗强度为4.75吨标准煤/万美元，是世界平均水平的1.9倍，是同期美国的2.5倍、日本的4.1倍，仅略低于俄罗斯（4.92吨标准煤/万美元），如图1-15所示。金砖国家中，仅巴西能耗强度低于世界平均水平。与发达国家相比，中国在能源利用效率上还有待提高。

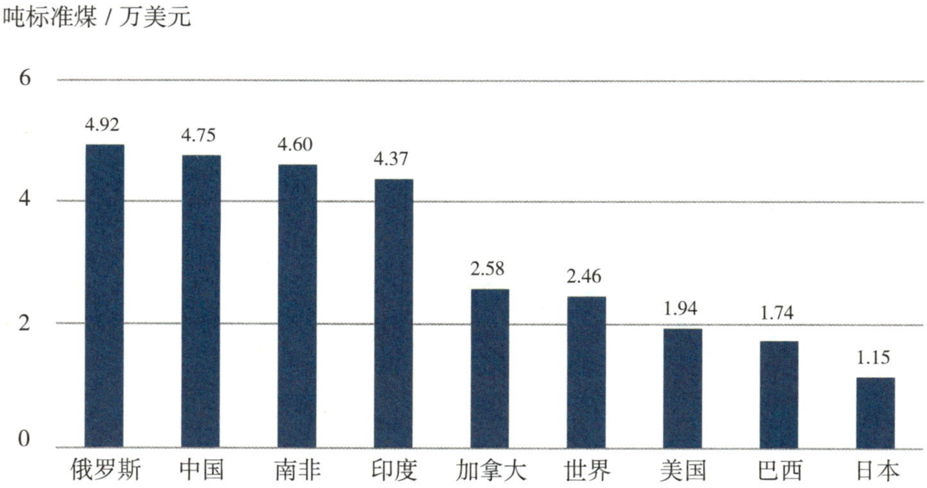

图1-15　2012年世界及部分国家单位GDP能耗强度

注：GDP是以2012年现价美元计算。

数据来源：根据《BP世界能源统计2013》和世界银行统计数据计算得到。

第二章 煤炭消费

2013年中国煤炭消费36.5亿吨，继续保持低速增长；分部门煤炭消费结构持续优化，利用水平进一步提高，发电用煤比重上升，但与发达国家相比仍存在较大差距；煤炭消费主要集中在经济和资源大省。近年来受环境和资源限制，中国煤炭消费重心逐渐向西部转移。

第一节 煤炭消费总量

2013年，中国煤炭消费同比增长3.7%，是全球第一大煤炭消费国。中国煤炭消费量占全球煤炭消费总量的一半以上；人均煤炭消费2.7吨，是世界平均水平的2.6倍；煤炭消费密度380.2吨/千米^2，为世界平均水平的7倍。

一、煤炭消费量36.5亿吨，人均煤炭消费量2.7吨

根据《2013年国民经济和社会发展统计公报》，2013年中国煤炭消费同比增长3.7%，增长率较上年提高1.2个百分点。据此计算，2013年中国煤炭消费总量为36.5亿吨，较2012年（35.3亿吨）增加1.2亿吨，如图2–1所示。日均煤炭消费量为1000万吨，比2012年（963.4万吨）增加36.6万吨。人均煤炭消费量为2.7吨，较2012年增加80千克，同比增长3%。

二、煤炭消费量占世界比重50.2%，人均消费量为世界平均水平的2.6倍

根据BP统计数据，2012年全球煤炭消费总量为37.3亿吨标准油。其中，中国、美国、印度、日本、俄罗斯的煤炭消费量排名前五。中国作为全球第一大煤炭消费国，煤炭消费占比50.2%，是第二大煤炭消费国美国煤炭消费量的4.2倍，是所有OECD国家合计煤炭消费量的1.8倍、欧盟的6.4倍、日本的15倍，见表2–1。

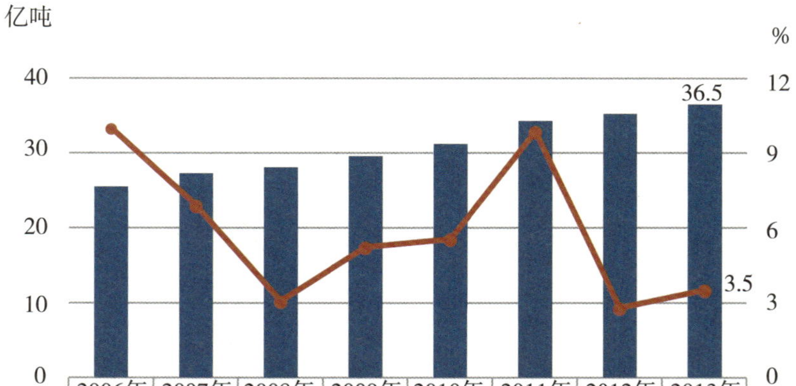

	2006年	2007年	2008年	2009年	2010年	2011年	2012年	2013年
■ 煤炭消费总量（亿吨）	25.5	27.3	28.1	29.6	31.2	34.3	35.3	36.5
—●—煤炭消费增长率（%）	10.0	6.9	3.1	5.2	5.5	9.9	2.8	3.5

图2-1　2006～2013年中国煤炭消费总量与增长率

数据来源：2006～2012年数据来自《中国能源统计年鉴2013》，2013年数据根据《2013年国民经济与社会发展统计公报》计算。

表2-1　2012年世界主要国家和地区煤炭消费量　单位：百万吨标准油

国家/地区	2006年	2007年	2008年	2009年	2010年	2011年	2012年	2012年占比
世界	3075.1	3199.8	3256.3	3238.7	3464.0	3628.8	3730.1	100.0%
OECD国家	1180.2	1204.0	1178.4	1055.7	1117.2	1096.1	1053.1	28.2%
非OECD国家	1894.9	1995.8	2077.9	2183.0	2346.8	2532.7	2677.0	71.8%
中国	1250.4	1320.3	1369.2	1470.7	1609.7	1760.8	1873.3	50.2%
美国	565.7	573.3	564.1	496.2	523.9	495.5	437.8	11.7%
印度	195.4	210.3	230.4	251.5	262.7	270.6	298.3	8.0%
欧盟	322.2	324.1	299.7	264.4	276.7	283.4	293.7	7.9%
日本	119.1	125.3	128.7	108.8	123.7	117.7	124.4	3.3%
俄罗斯	96.7	93.4	100.4	91.9	90.2	93.7	93.9	2.5%
南非	85.4	90.1	96.9	92.9	90.0	89.1	89.8	2.4%
韩国	54.8	59.7	66.1	68.6	75.9	83.6	81.8	2.2%
德国	83.5	85.7	80.1	71.7	76.6	76.0	79.2	2.1%
波兰	58.0	57.9	56.0	51.9	56.4	56.1	54.0	1.4%
印度尼西亚	30.1	37.8	30.1	34.6	41.2	48.9	50.4	1.4%
澳大利亚	56.0	54.1	54.6	54.5	51.6	51.7	49.3	1.3%
乌克兰	39.7	39.7	40.2	35.1	37.9	41.5	44.6	1.2%

续表

国家/地区	2006年	2007年	2008年	2009年	2010年	2011年	2012年	2012年占比
中国台湾	39.6	41.8	40.2	38.7	40.3	41.5	41.1	1.1%
英国	40.9	38.4	35.6	29.9	31.0	31.5	39.1	1.0%
哈萨克斯坦	29.8	31.7	33.4	32.6	31.6	34.0	35.0	0.9%
土耳其	25.9	28.9	29.2	30.4	30.9	33.1	31.3	0.8%

数据来源：《BP世界能源统计2013》。

根据BP和世界银行的数据计算，2012年世界人均煤炭消费量为0.53吨标准油（约合1吨实物煤）。中国人均煤炭消费量（1.39吨标准油）约为世界平均水平的2.6倍，与美国基本持平，低于澳大利亚（2.17吨标准油）、哈萨克斯坦（2.08吨标准油）、南非（1.75吨标准油）、韩国（1.64吨标准油）等国家，如图2-2所示。

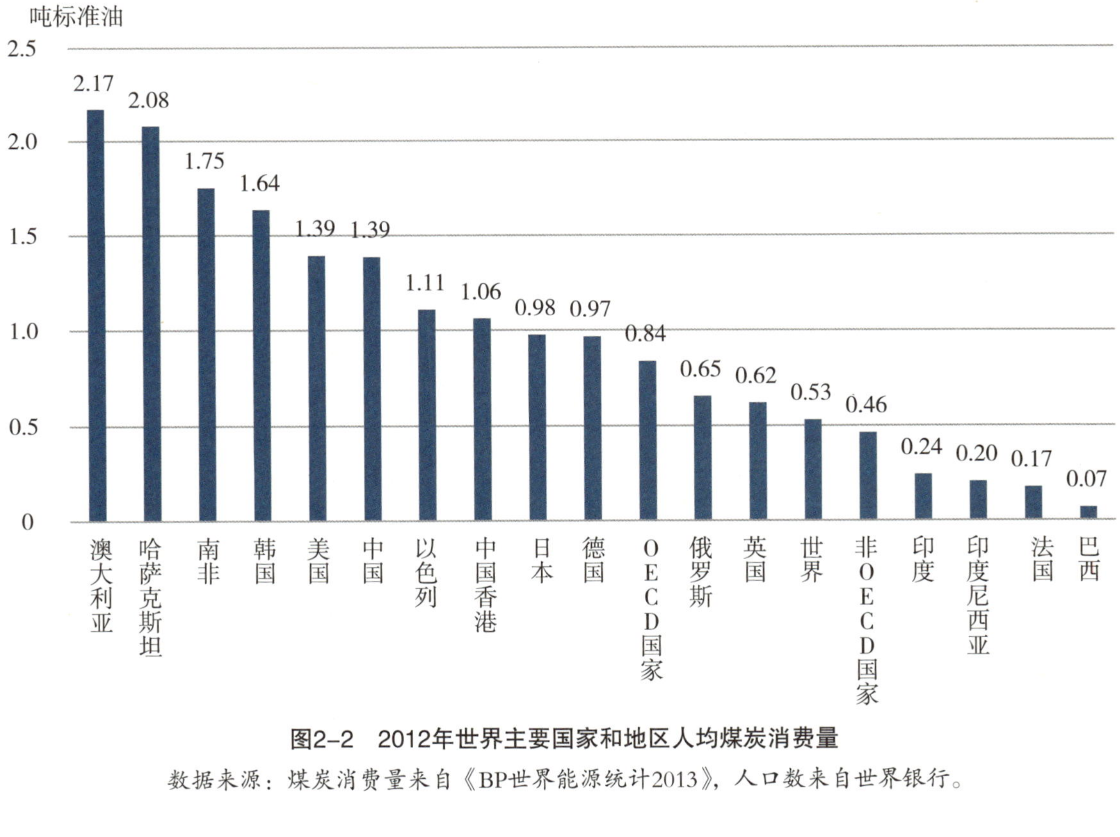

图2-2　2012年世界主要国家和地区人均煤炭消费量

数据来源：煤炭消费量来自《BP世界能源统计2013》，人口数来自世界银行。

三、煤炭消费密度380吨/千米^2，为世界平均水平的7倍左右

随着煤炭消费总量的上升，煤炭消费密度不断增大。2013年中国煤炭消费密度为380.2吨/千米^2，较2012年增加12.9吨/千米^2，同比增长3.5%，如图2-3所示。

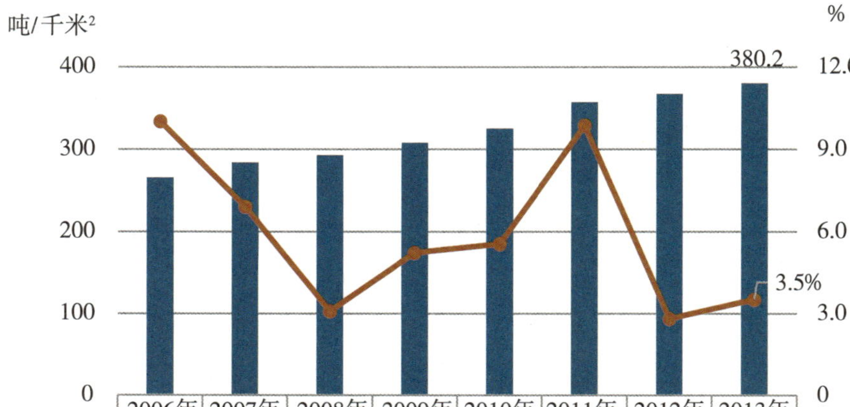

	2006年	2007年	2008年	2009年	2010年	2011年	2012年	2013年
煤炭消费密度（吨/千米²）	265.7	284.1	292.8	308.1	325.2	357.3	367.3	380.2
增长率（%）	10.0	6.9	3.1	5.2	5.5	9.9	2.8	3.5

图2-3 2013年中国煤炭消费密度和增长率

数据来源：2006～2012年数据来自《中国能源统计年鉴2013》，2013年数据根据《2013年国民经济与社会发展统计公报》计算。

根据BP和世界银行的数据进行计算，2012年世界煤炭消费密度（单位国土面积煤炭消费量）为27.8吨标准油/千米²（约合55吨实物煤/千米²）。2012年，中国煤炭消费密度约为世界平均水平的7倍，是美国的4.3倍、印度的2.1倍，但低于韩国、日本、德国，约为韩国的1/4、日本的3/5，如图2-4所示。

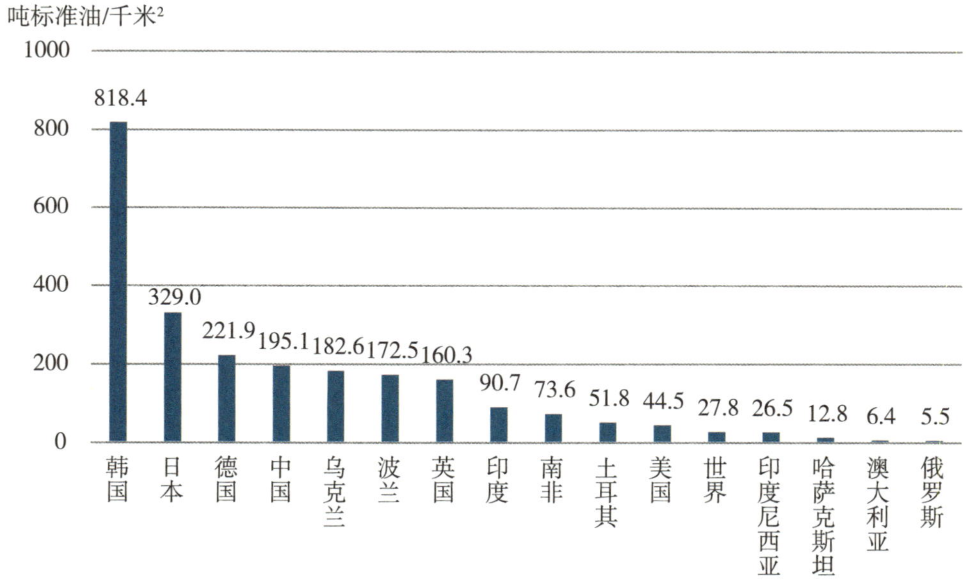

图2-4 2012年世界主要国家和地区单位国土面积煤炭消费量

数据来源：煤炭消费量来自《BP世界能源统计2013》，国土面积数来自世界银行。

第二节　分部门煤炭消费

中国的煤炭利用效率不断优化，近年来发电用煤比例已经超过50%，终端消费占比持续下降，煤炭利用水平不断提高，但与发达国家相比仍有较大差距。分部门看，工业耗煤占比超过95%，生活消费比重趋于下降，煤炭消费持续向主要耗煤行业集中。

一、发电用煤占比过半，终端消费比重持续下降

根据《中国能源统计年鉴2013》的统计数据，以实物量衡量，2012年有8.7亿吨煤炭直接用于终端消费，较2011年增长0.7%，低于煤炭消费总量增长率；终端消费约占煤炭消费总量的24.7%，较2011年下降0.5个百分点。2012年约26.6亿吨煤炭用于加工转换，占煤炭消费总量的75.3%，占比持续上升。

发电依然是中国煤炭利用的最主要方式。如图2-5所示，中国发电用煤数量近年来持续上升，2012年占比稳定在50%以上，达到近17.9亿吨，较2011年增长1.68%，增幅趋缓。炼焦、制气合计耗煤5.5亿吨，较2011年上涨1.92%，占比为15.56%。受到年末北方地区寒冷天气的影响，供热用煤大幅增加，2012年约为2亿吨，较2011年增长20.3%。在洗选损耗方面，随着原煤入洗率提高，煤炭洗选损耗上升。2012年洗选损耗占比为3.19%，达到1.1亿吨，较2011年增长15.7%。近年来，炼油及煤制油等煤化工项目成为煤炭消费新的增长点。2012年用于炼油及煤制油的煤炭大约378万吨，较2011年增长9%。随着未来煤化工项目的逐步推进，炼油及煤制油将成为煤炭加工转化的重要方式。

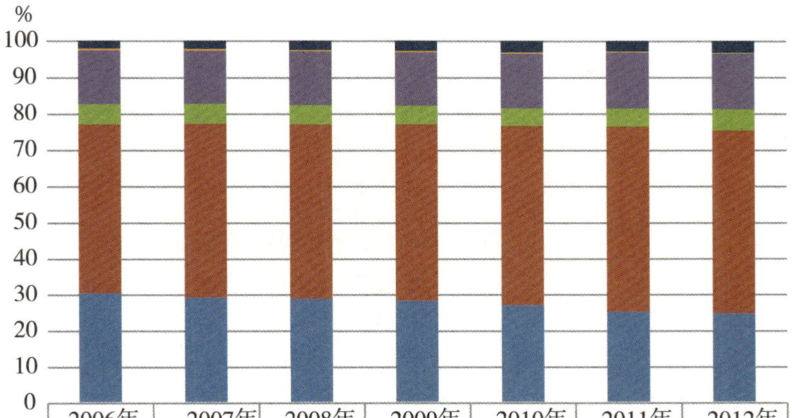

	2006年	2007年	2008年	2009年	2010年	2011年	2012年
■洗选损耗（万吨）	5279	5755	6758	7766	9485	9723	11254
■制气（万吨）	1257	1492	1227	1151	1040	870	799
■炼油及煤制油（万吨）					213	346	378
■炼焦（万吨）	37450	39659	41462	43692	47150	52960	54068
■供热（万吨）	14561	15394	15029	15360	15253	16834	20251
■发电（万吨）	118764	130549	135352	143967	154542	175579	178531
■终端消费（万吨）	77533	79677	81089	83700	84351	86416	87056

图2-5　2006～2012年中国分用途煤炭消费情况

数据来源：《中国能源统计年鉴2013》。

二、发电用煤比重远低于发达国家，煤炭利用方式有待转变

从国际上看，发电是煤炭利用的重要方式。如图2-6所示，根据IEA统计数据，2011年，OECD国家煤炭消费中近80%用于发电，终端消费的仅占11.5%，其他用途约占8.7%。对于非OECD国家，煤炭用于发电的比例大致为52%，28.8%用于终端消费，其他用途的煤炭消费为19.3%。在美国，大约91%的煤炭用于发电，用于终端消费的仅占5%。对于中国，2011年煤炭用于发电的比例大约为48.3%，低于59.8%的世界平均水平；近30%的煤炭用于终端消费，高于世界平均水平近6个百分点。随着煤炭加工转化利用水平的提高，未来中国发电用煤比重逐步提高，而用于终端消费的比重则会继续下降。

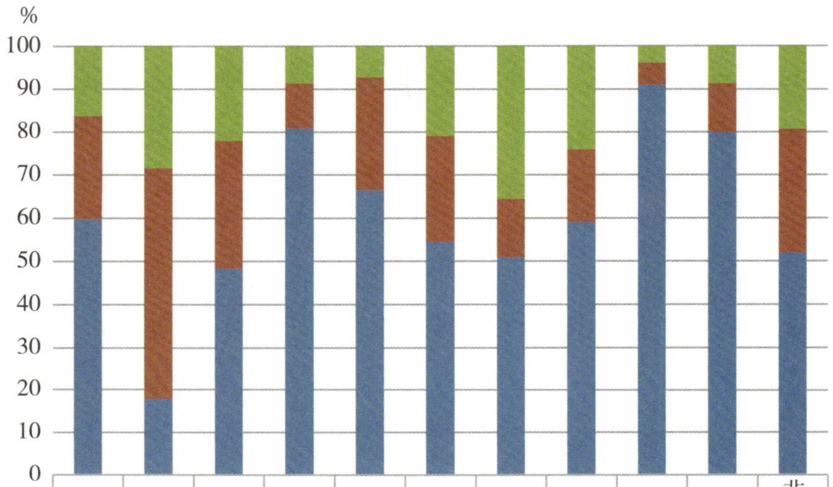

	世界	巴西	中国	德国	印度	日本	俄罗斯	南非	美国	OECD国家	非OECD国家
其他（%）	16.3	28.5	22.0	8.6	7.3	20.9	35.6	24.1	3.9	8.7	19.3
终端消费（%）	23.9	53.8	29.6	10.6	26.3	24.6	13.6	16.9	5.1	11.5	28.8
发电（%）	59.8	17.7	48.3	80.7	66.4	54.4	50.9	59.0	91.0	79.8	51.9

图2-6 2011年分用途煤炭消费结构的国际比较

数据来源：IEA《世界能源平衡表2013》。

三、工业耗煤比重超 95%，生活消费占比2.6%

分部门看，2012年工业煤炭消费量为33.57亿吨，占煤炭消费总量的比重超过95%，较2011年增加9485万吨，增长2.9%，增速略高于总量增速。而其他行业用煤比重则不足5%。其中9153万吨煤炭用于生活消费，比重约占2.6%，较2011年下降59万吨，同比下降0.64%。煤炭在工业主要应用于电力、煤气及水生产和供应业、制造业和采掘业。具体的，电力、热力生产和供应业，石油加工、炼焦和核燃料加工业，黑色金属冶炼和压延加工业，非金属矿物制品业，化学原料和化学制品制造业，煤炭开采和洗选业这六大行业合计消费煤炭近31亿吨，占到煤炭消费总量的87.8%。

电力、热力生产和供应业煤炭消费17.43亿吨，占煤炭消费总量49.4%。2012年来水丰沛，水电出力较大，同时产业结构调整，主要高耗能行业用电增速放缓，使得电力行业对于煤炭的需求缩减，煤炭消费量同比增长2%，较2011年增长率下滑10.5个百分点。石油加工、炼焦和核燃料加工业与黑色金属冶炼和延压加工业分别消费煤炭3.65亿吨、3亿吨，占比分别为10.3%、8.6%；非金属矿物制品业2012年煤炭消费量为2.48亿吨，占比约为7%。受到钢铁、水泥等下游产品需求放缓与淘汰过剩产能的影响，上述三个行业煤炭消费增长率出现下滑，较2011年分别下滑7.5、5.1、7.4个百分点，其中非金属矿物制品业出现负增长。化学原料和化学制品制造业2012年消费煤炭1.78亿吨，约占煤炭消费总量的5%，较2011年增长9.9%，继续保持快速稳定发展。随着近年来煤炭入洗率的不断上升，煤炭开采与洗选业耗煤量逐年增加，2012年消费煤炭2.62亿吨，较2011年上升6.2%，保持稳定增长。总体上来看，主要耗煤行业煤炭消费增速有所放缓，但消费所占比重在进一步提高，见表2-2。

表2-2　　2006～2012年中国分部门煤炭消费量　　单位：万吨

部门	2006年	2007年	2008年	2009年	2010年	2011年	2012年	2012年比重（%）
消费总量	255065	272746	281096	295833	312237	342950	352647	100.0
工业	238510	256203	265574	279889	296032	326230	335715	95.2
电力、煤气及水生产和供应业	122541	135229	137896	146155	152572	171791	175412	49.7
电力、热力生产和供应业	121060	133652	136725	144877	151163	170744	174273	49.4
制造业	99084	102002	108177	112006	118822	128297	132543	37.6
石油加工、炼焦和核燃料加工业	22944	25000	26438	27205	29781	34087	36450	10.3
黑色金属冶炼和压延加工业	22552	22847	24126	26553	28222	29971	30296	8.6
非金属矿物制品业	20709	20417	23049	23754	23509	25032	24814	7.0
化学原料和化学制品制造业	13655	14188	15067	15014	14704	16177	17777	5.0
采掘业	16885	18972	19501	21728	24639	26141	27760	7.9
煤炭开采和洗选业	15600	17626	18317	20245	23144	24630	26163	7.4
批发、零售业和住宿、餐饮业	1791	1868	1791	1978	1970	2212	2362	0.7
农、林、牧、渔、水利业	1503	1520	1523	1582	1711	1757	1766	0.5
建筑业	652	615	603	636	719	782	753	0.2

续表

部门	2006年	2007年	2008年	2009年	2010年	2011年	2012年	2012年比重（%）
交通运输、仓储和邮政业	770	736	665	641	639	646	614	0.2
其他行业	1803	2043	1792	1986	2007	2112	2283	0.6
生活消费	10036	9761	9148	9122	9159	9212	9153	2.6

数据来源：《中国能源统计年鉴2013》。

第三节　分地区煤炭消费

中国各省份煤炭消费差异明显，华北地区分布集中。从总量上看，山东煤炭消费量超过4亿吨，位居全国首位；从人均上看，内蒙古人均煤炭消费量近15吨，远高于其他省份；从消费变化趋势上看，东中部地区煤炭消费增速放缓，煤炭消费的西移趋势明显。此外，煤炭消费密度较大的省份主要集中在华北和华东地区，由此引发的环境和污染问题值得关注。

一、煤炭消费地区差异显著，山东与海南相差43倍

2012年中国煤炭消费量较大的省份包括山东、内蒙古、山西、河北、江苏与河南，这些地区的煤炭消费量均超过2.5亿吨，其中山东超过4亿吨，如图2–7所示。海南、青海和北京的煤炭消费排名靠后，消费量均低于3000万吨。排名第一的山东煤炭消费量为排名最末的海南煤炭消费量的43倍。

受到资源分布与地区经济发展水平的影响，人均煤炭消费量省份分布差异显著。2012年，中国人均煤炭消费量达到或超过10吨的省份有三个，为内蒙古、宁夏、山西。其中，内蒙古人均煤炭消费量为14.71吨，约为全国平均水平的5.4倍，为人均煤炭消费量最少的海南的14倍，如图2–8所示。随着《煤炭工业“十二五”规划》中大型能源基地建设的逐步推进，西部主要煤炭产地人均煤炭消费量快速上升，东部地区有所下滑。2012年内蒙古、新疆人均煤炭消费量较2011年分别上升5.3%和22.2%。

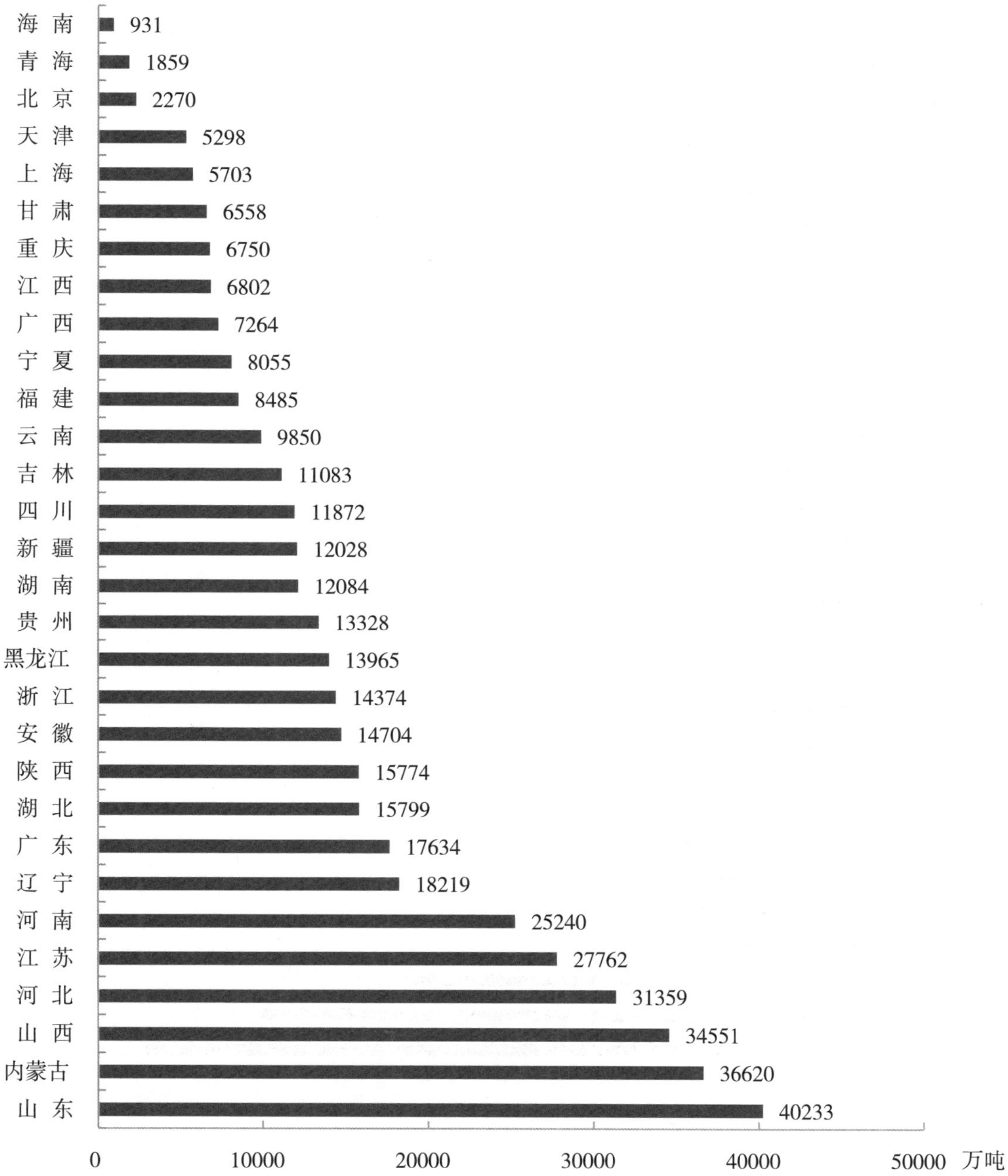

图2-7 2012年中国分地区煤炭消费量

数据来源：《中国能源统计年鉴2013》。

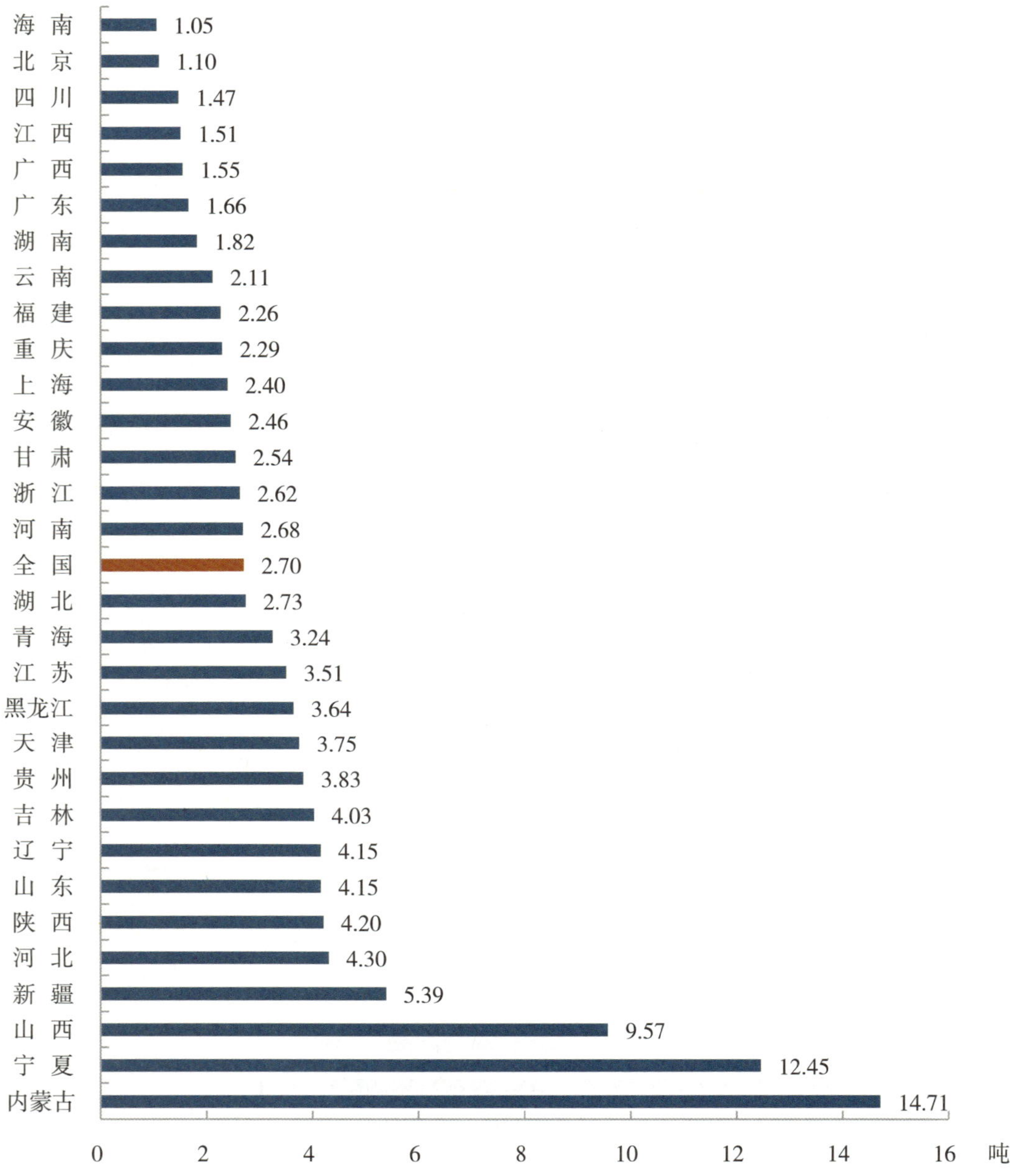

图2-8　2012年中国分地区人均煤炭消费量

数据来源：《中国能源统计年鉴2013》。

二、东中部增速放缓，煤炭消费西移趋势明显

东南沿海地区作为中国经济最发达的地区，火电、钢铁、水泥、化工生产较为集中，2012年该地区煤炭消费量占全国消费总量的1/4以上。该地区煤炭产量低，多数依靠从主要产煤省份调入或进口，煤炭供需受到进口影响大，进口煤与国内煤炭的比价关系对市场供给结构有着重要影响。随着该地区产业结

构与能源结构的调整、环境保护要求的逐步提高，该地区煤炭消费量的增速有所趋缓。2012年，上海、江苏、浙江、福建、山东和广东等地区煤炭消费量约为11.4亿吨，同比下降0.14%，增长率较2011年下滑10.9%，如图2-9所示。

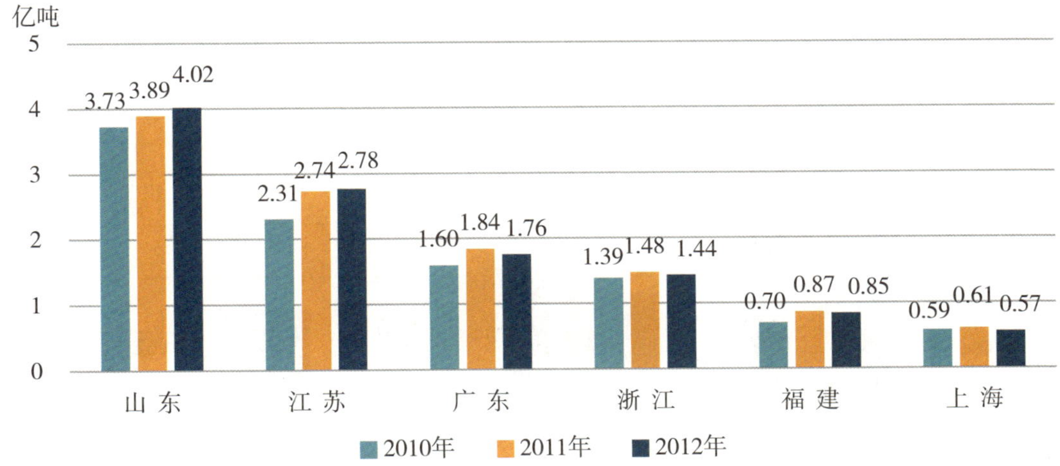

图2-9 2010～2012年中国东南沿海地区煤炭消费量

数据来源：《中国能源统计年鉴2013》。

“三西”地区（山西、陕西和内蒙古西部）是中国的主要煤炭产区，也是中国能源产业与重工业较为集中的地区，2012年煤炭消费占全国总消费量近1/5。近年来“三西”地区经济的发展较快，推动了煤炭消费的快速上涨。“十二五”期间，“西电东送”通道建设的需要，以及加快大型能源基地建设的要求，促使该地区一批电厂以及煤化工项目上马建设，“三西”地区煤炭就地转化比重继续提升。2012年上述三省份煤炭消费量约为8.8亿吨，较2011年上升6.7%，增长率较2011年下滑12.2个百分点，但仍高于全国平均水平，保持较快增长，如图2-10所示。

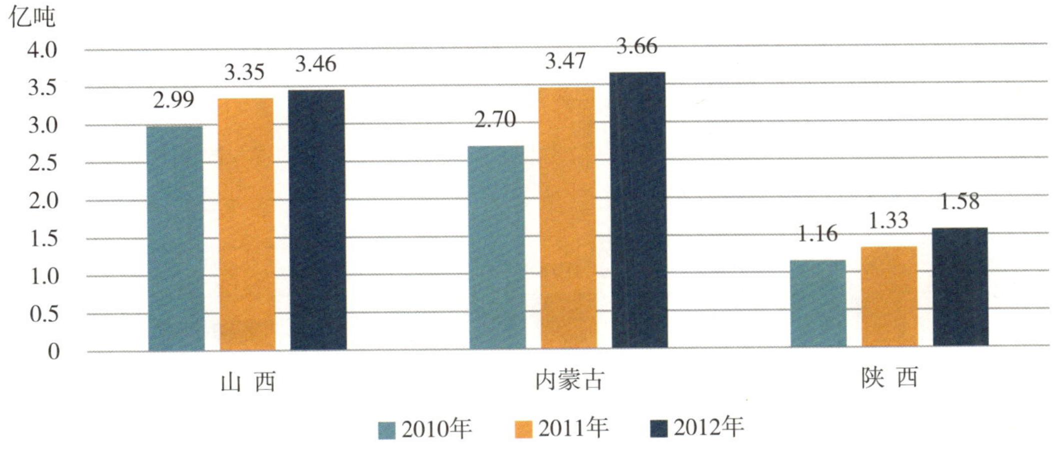

图2-10 2010～2012年中国“三西”地区煤炭消费量

数据来源：《中国能源统计年鉴2013》。

华中地区在“中部崛起”战略支持下，工业化、城镇化进程逐步加快，对能源需求不断扩大。该地区水电装机比重大，煤炭供需受上游来水、运输瓶颈等因素影响大，供需平衡关系脆弱。2012年由于来水丰沛，水电出力增加，华中地区煤炭消费量约为6亿吨，较2011下降6.6%，增长率较2011年回落18个百分点，如图2–11所示。

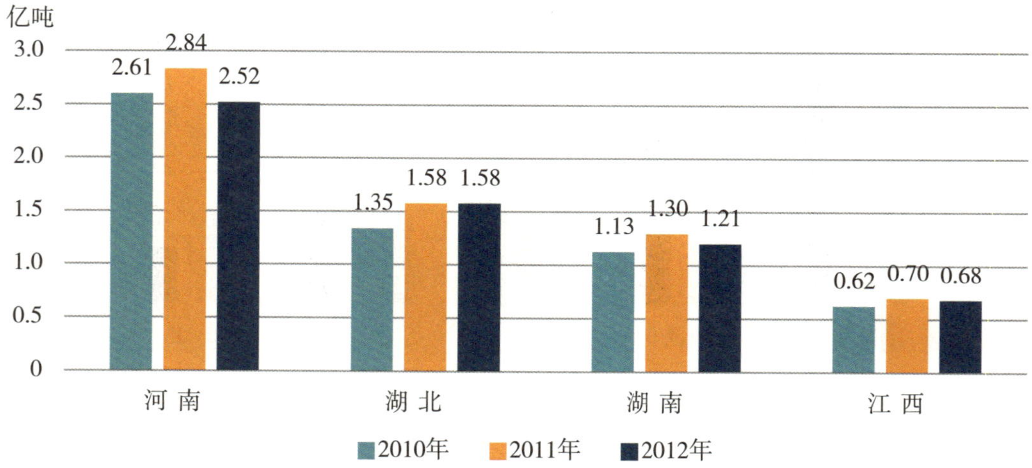

图2–11 2010～2012年中国华中四省煤炭消费量

数据来源：《中国能源统计年鉴2013》。

京津冀地区是中国煤炭消费的重要地区。近年来，华北地区雾霾天气严重，环境问题凸显；同时，钢铁、水泥、玻璃等主要耗煤行业面临产能过剩。作为中国重要的钢铁与水泥生产大省，随着环保力度的加大及淘汰过剩产能措施的实施，河北省煤炭消费量增长率有所下降。2012年京津冀地区煤炭消费合计3.8亿吨，同比增长1.3%，增长率较2011年回落8.8个百分点，如图2–12所示。

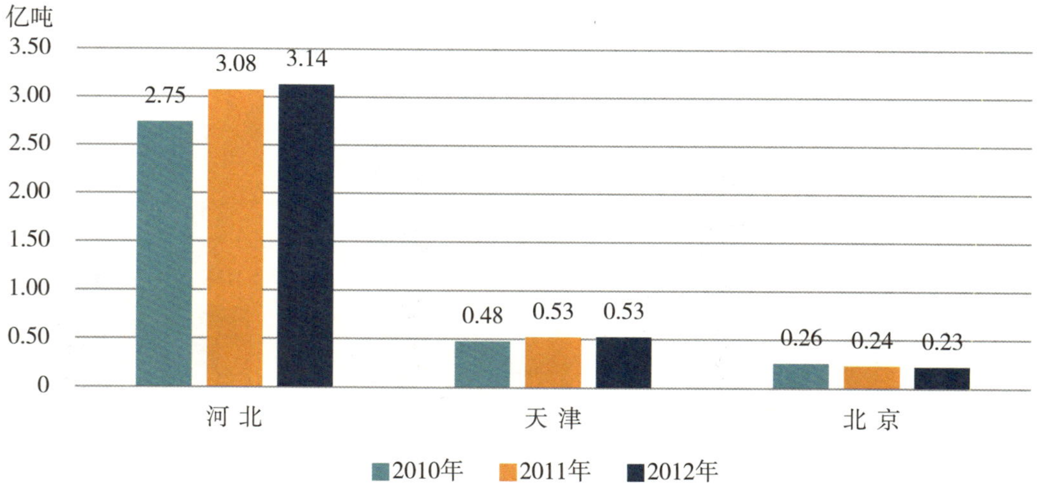

图2–12 2010～2012年中国京津冀地区煤炭消费量

数据来源：《中国能源统计年鉴2013》。

2006～2012年中国分地区煤炭消费量统计见表2-3。

表2-3　　2006～2012年中国分地区煤炭消费量　　单位：万吨

地区	2006年	2007年	2008年	2009年	2010年	2011年	2012年	2012年比重（%）
山东	29838	32719	34390	34795	37328	38921	40233	9.22
内蒙古	22242	18607	22242	24047	27004	34684	36620	8.39
山西	28605	29645	28373	27762	29865	33479	34551	7.92
河北	21360	24681	24419	26516	27465	30792	31359	7.18
江苏	18692	20237	20737	21003	23100	27364	27762	6.36
河南	20999	23180	23868	24445	26050	28374	25240	5.78
辽宁	13837	14712	15347	16033	16908	18054	18219	4.17
广东	10948	12430	13298	13647	15984	18439	17634	4.04
湖北	9910	10792	10196	11100	13470	15805	15799	3.62
陕西	7598	8082	8941	9497	11639	13318	15774	3.61
安徽	8793	9766	11377	12666	13376	14123	14704	3.37
浙江	11334	13024	13041	13276	13950	14776	14374	3.29
黑龙江	9030	9857	11204	11050	12219	13200	13965	3.20
贵州	8995	9573	9732	10912	10908	12085	13328	3.05
湖南	9401	10277	10169	10751	11323	13006	12084	2.77
新疆	4436	4944	5709	7418	8106	9745	12028	2.76
四川	9160	10191	10727	12147	11520	11454	11872	2.72
吉林	6937	7312	8367	8589	9583	11035	11083	2.54
云南	7482	7620	7916	8886	9349	9664	9850	2.26
福建	5342	6117	6596	7109	7026	8714	8485	1.94
宁夏	3519	4089	4287	4781	5765	7947	8055	1.85
广西	3980	4671	4676	5199	6207	7033	7264	1.66
江西	4592	5171	5267	5356	6246	6988	6802	1.56
重庆	4690	5110	5273	5782	6397	7189	6750	1.55
甘肃	3959	4469	4683	4479	5390	6303	6558	1.50
上海	5142	5223	5464	5305	5876	6142	5703	1.31
天津	3809	3927	3973	4120	4807	5262	5298	1.21
北京	3056	2985	2748	2665	2635	2366	2270	0.52
青海	1082	1291	1316	1310	1271	1508	1859	0.43
海南	332	426	472	537	647	815	931	0.21

数据来源：《中国能源统计年鉴2013》。

三、华北、华东地区煤炭消费密度较大，西北、西南地区较低

2012年中国煤炭消费密度最高的省份为上海，达到9044吨/千米^2；天津、江苏、山东、山西、河北等12省均超过1000吨/千米^2。高煤炭消费密度省份主要集中于华北、华东地区，其中天津、江苏、山东、山西、河北煤炭消费密度分别为全国的11.9、7.2、6.9、5.7、4.4倍，如图2-13所示。

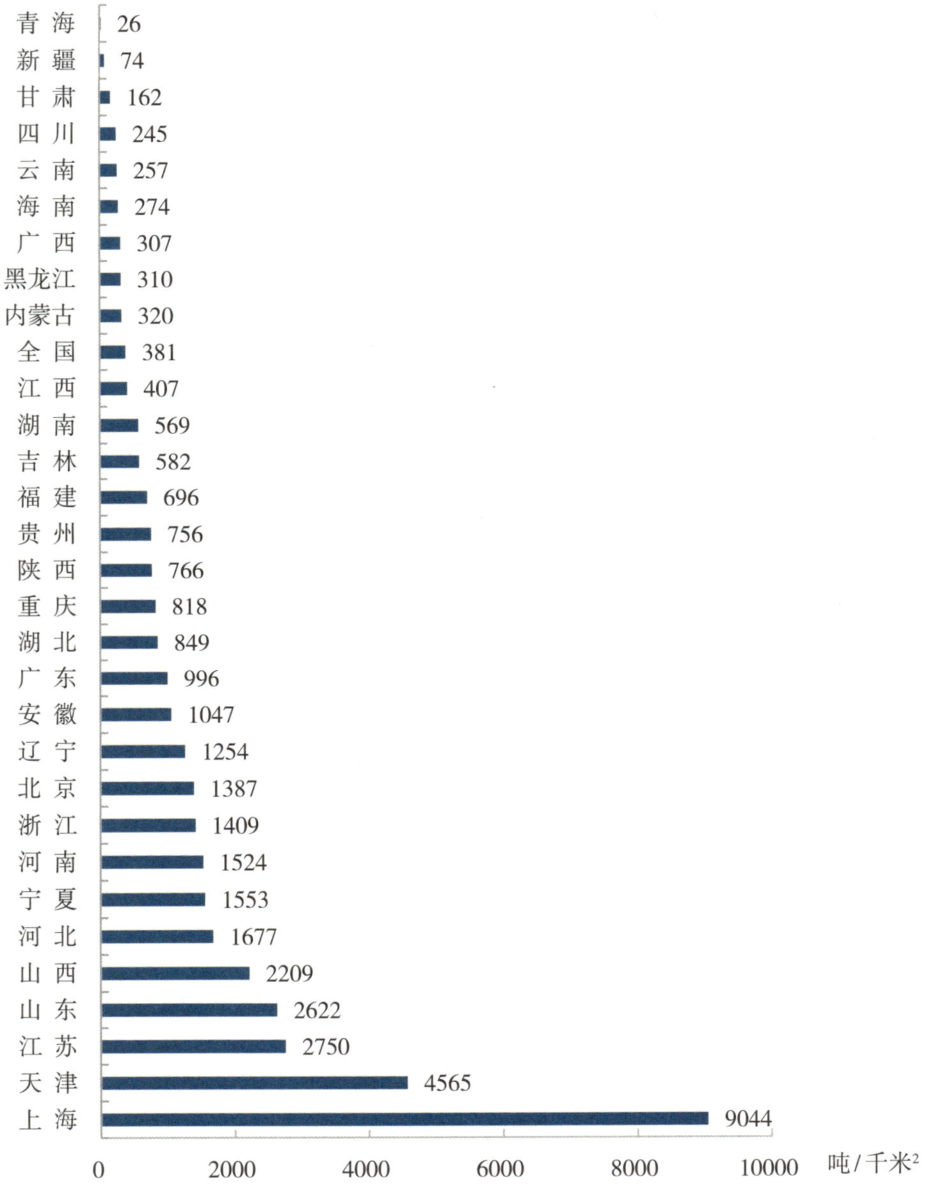

图2-13 2012年中国分地区单位国土面积煤炭消费量

数据来源：根据《中国能源统计年鉴2013》和《中国统计年鉴2013》相关数据计算得到。

京津冀地区面积占全国2.24%，煤炭消费量占全国近9%。2012年该地区煤炭消费密度为1810.4吨/千米^2，为全国水平的4.8倍，单位平方千米二氧化硫、氮氧化物、粉尘排放量分别为7.2、10.6、6.5吨/千米^2，分别为全国平均水平的3.5、4.3、5倍。

江浙沪地区面积为全国的2.18%，煤炭消费量占全国近11%。2012年该地区煤炭消费密度为2285.6吨/千米^2，高于京津冀地区。单位平方千米二氧化硫、氮氧化物、粉尘排放量分别为8.8、12.9、3.8吨/千米^2，分别为全国平均水平的8.8、12.9、3.8倍。

广东省面积占全国1.84%，煤炭消费占全国超过4%。2012年该省煤炭消费密度为995.8吨/千米^2，为全国水平的2.6倍，约为京津冀与江浙沪地区的一半。单位平方千米二氧化硫、氮氧化物、粉尘排放量分别为4.5、7.4、1.9吨/千米^2，分别为全国平均水平的2.1、3、1.4倍，如图2-14所示。

煤炭消费的集中分布、环保措施不完善，使得华北及华东部分省份环境问题凸显，雾霾严重。该地区的环境治理与淘汰落后产能将获得更多关注。

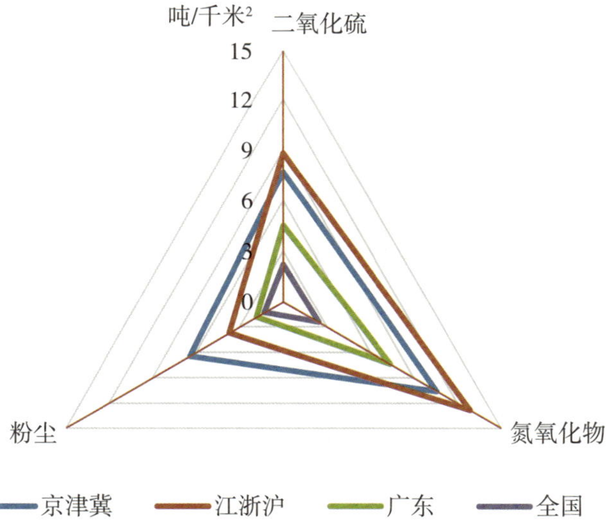

图2-14 2012年中国主要地区单位国土面积废气中污染物排放量

数据来源：根据《中国能源统计年鉴2013》和《中国统计年鉴2013》相关数据计算得到。

第三章 石油消费

2013年，中国石油表观消费量突破5亿吨大关。作为全球第二大石油消费国，中国石油消费量占世界石油消费总量的12%左右，但人均石油消费量仅为世界平均水平的60%左右。分部门看，工业用油比重趋于下降，交通运输业用油比重快速上升；分地区看，石油消费集中在东部经济发达、交通便利的省份；分品种看，汽油、煤油消费快速增长，柴油消费持续低迷，柴汽比进一步下降。

第一节 石油消费总量

2013年中国石油表观消费量5.1亿吨，增长率约1.9%；石油消费量占世界石油消费总量的12%左右，但人均消费仅为世界平均水平的61%。原油消费量4.83亿吨，同比增长3.4%；成品油消费增速明显放缓，各品种消费增速出现分化，汽油、煤油消费保持较快增长，柴油需求低迷，柴汽比进一步下降。

一、石油表观消费量突破5亿吨，但增长率放缓至1.9%

2013年受宏观经济增速放缓影响，石油需求增长率也有所放缓，全年石油表观消费5.1亿吨，增长率约1.9%。预计全年石油实际消费同比增长1.5%，增长率较2012年回落3.5个百分点，较“十一五”期间年均增长率低4.4个百分点，如图3-1所示。日均石油表观消费量约140千克，比2012年增加3千克。

从世界范围看，中国从2002年开始超过日本成为仅次于美国的世界第二大石油消费国。根据《BP世界能源统计2013》，2012年全球石油消费总量为41.3亿吨，日均消费1129万吨。石油消费量排名前五的国家分别是美国、中国、日本、印度和俄罗斯。其中，中国石油消费量占世界石油消费总量的比重约为11.7%，相当于美国的60%，是第三大石油消费国日本的2.2倍，见表3-1。

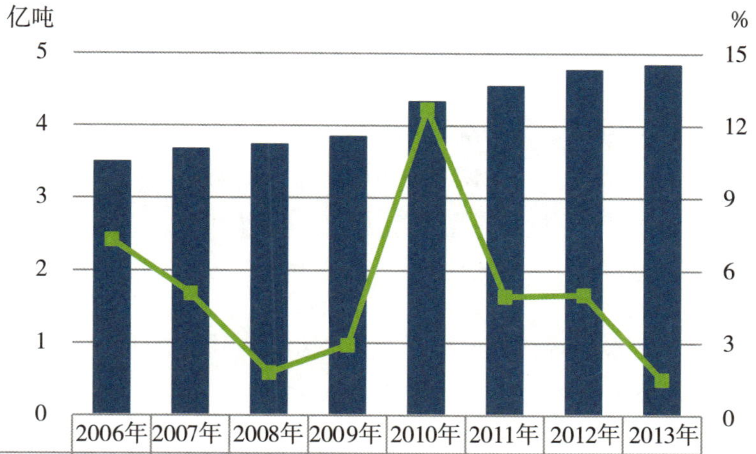

	2006年	2007年	2008年	2009年	2010年	2011年	2012年	2013年
■ 石油消费总量（亿吨）	3.49	3.67	3.73	3.84	4.32	4.54	4.77	4.84
增长率（%）	7.3	5.0	1.8	2.9	12.7	4.9	5.0	1.5

图3-1　2006～2013年中国石油消费总量与增长率

数据来源：2010～2012年数据来自《中国能源统计年鉴2013》，2013年数据为预计数。

表3-1　　2006～2012年世界主要国家和地区石油消费总量　　单位：亿吨

国家/地区	2006年	2007年	2008年	2009年	2010年	2011年	2012年	2012年占比（%）
世界	39.44	40.05	29.87	39.09	40.32	40.59	41.31	100.0
OECD国家	22.91	22.78	22.09	20.98	21.18	20.92	20.73	51.5
非OECD国家	16.54	17.28	17.78	18.11	19.14	19.67	20.58	48.5
美国	9.31	9.29	8.75	8.33	8.47	8.37	8.20	19.8
中国	3.51	3.69	3.76	3.88	4.38	4.59	4.84	11.7
日本	2.40	2.33	2.26	2.02	2.04	2.05	2.18	5.3
印度	1.28	1.38	1.45	1.53	1.55	1.63	1.72	4.2
俄罗斯	1.30	1.30	1.34	1.28	1.34	1.44	1.47	3.6
沙特阿拉伯	0.92	0.98	1.07	1.16	1.24	1.24	1.30	3.1
巴西	0.96	1.02	1.09	1.09	1.18	1.22	1.26	3.0
德国	1.24	1.12	1.19	1.14	1.15	1.12	1.12	2.7
韩国	1.05	1.08	1.03	1.04	1.05	1.06	1.09	2.6
加拿大	0.99	1.02	1.01	0.95	1.01	1.05	1.04	2.5
墨西哥	0.90	0.92	0.92	0.88	0.89	0.90	0.93	2.2
伊朗	0.86	0.89	0.92	0.94	0.88	0.86	0.90	2.2
法国	0.93	0.91	0.91	0.88	0.84	0.84	0.81	2.0
印度尼西亚	0.58	0.59	0.59	0.61	0.65	0.71	0.72	1.7
英国	0.82	0.79	0.78	0.74	0.74	0.71	0.68	1.7
新加坡	0.47	0.51	0.54	0.57	0.63	0.66	0.66	1.6
意大利	0.87	0.84	0.80	0.75	0.73	0.70	0.64	1.6

续表

国家/地区	2006年	2007年	2008年	2009年	2010年	2011年	2012年	2012年占比（%）
西班牙	0.79	0.80	0.78	0.74	0.70	0.69	0.64	1.5
泰国	0.44	0.44	0.44	0.47	0.47	0.50	0.52	1.3
澳大利亚	0.42	0.42	0.43	0.43	0.44	0.46	0.47	1.1
荷兰	0.51	0.51	0.47	0.46	0.46	0.46	0.44	1.1

数据来源：《BP世界能源统计2013》。

从人均石油消费水平看，根据测算所得的2013年中国的年中人口数及石油消费量，计算得到2013年中国人均石油消费量为356千克，比2012年增加3千克，同比增长1%。

根据BP统计数据，2012年世界人均石油消费量为586千克。发达国家中，美国和日本的人均石油消费量分别为2612千克和1711千克；金砖国家中，俄罗斯、巴西和印度分别为1028千克、632千克和139千克，如图3-2所示。中国人均石油消费量为358千克[1]，高于印度，但只有世界平均水平61.1%，仅为同期美国的1/7、日本的1/5、俄罗斯的1/3。

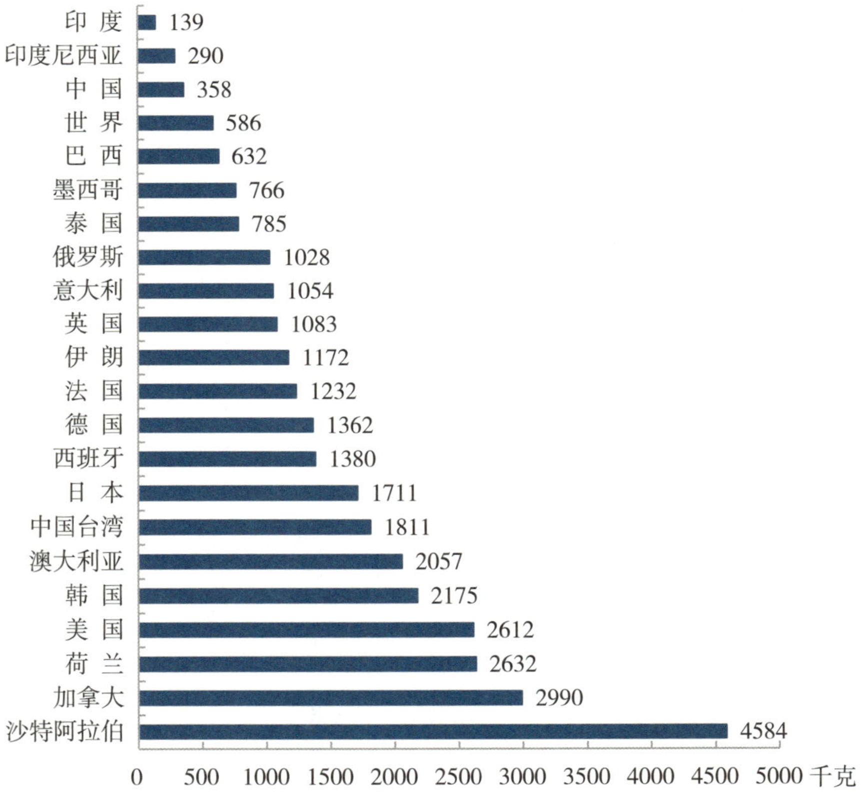

图3-2 2012年世界主要国家和地区人均石油消费量

数据来源：石油消费量数据来自《BP世界能源统计2013》，2012年中人口数来自世界银行数据库。

[1] 若按照国家统计局提供的相关数据测算，中国2012年人均石油消费353千克，为BP统计口径的2012年世界平均水平的60.2%。

二、原油消费4.83亿吨，同比增长3.4%

2013年中国原油消费量4.83亿吨，比2012年增加2638万吨，同比增长3.4%，增长率较2012年回落2.8个百分点，较“十一五”期间的平均增长率低3.9个百分点，如图3-3所示。2013年中国日均消费原油132千克，比2012年增加5千克。

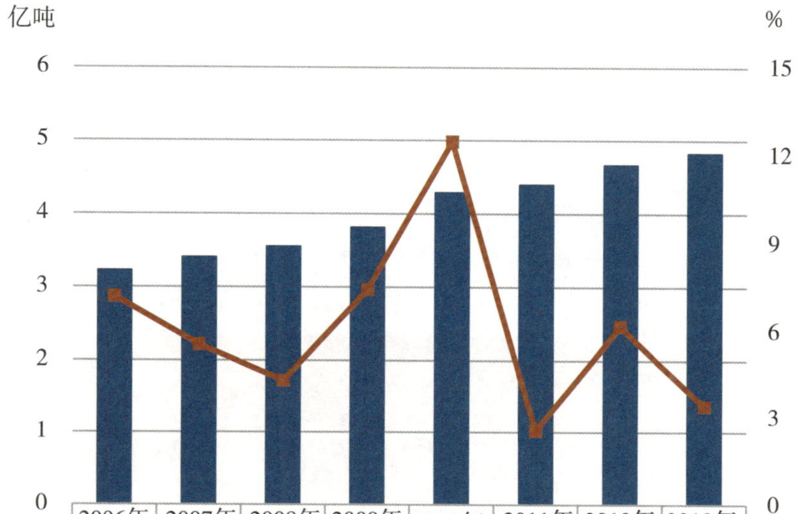

	2006年	2007年	2008年	2009年	2010年	2011年	2012年	2013年
原油消费总量（亿吨）	3.22	3.40	3.55	3.81	4.29	4.40	4.67	4.83
增长率（%）	7.2	5.5	4.3	7.4	12.4	2.5	6.2	3.4

图3-3 2006～2013年中国原油消费总量与增长率

数据来源：2006～2012年数据来自《中国能源统计年鉴2013》，2013年数据根据《2013年国民经济与社会发展统计公报》计算得到。

三、成品油消费增速放缓，柴汽比进一步下降

2013年中国成品油消费增速总体放缓，各品种消费增速分化明显，柴汽比进一步下降。全年成品油消费量为2.87亿吨，比2012年增加1614万吨，同比增长6.1%左右，增长率较2012年回落2.7个百分点。分品种看，受经济增长放缓和结构调整双重抑制，工业及相关运输用油需求不振，柴油消费持续低迷，全年消费量约17100万吨，同比小幅增长0.8%；由于乘用车市场需求旺盛，汽油消费持续刚性增长，全年消费量约9340万吨，增长14.7%；煤油方面，航空运输的快速增长为煤油消费带来有力支撑，全年煤油消费量约2265万吨，同比增长15.8%。由于汽柴油消费增速明显分化，消费柴汽比进一步下降，预计2013年为1.83，创新世纪以来最低水平，如表3-2和图3-4所示。

表3-2 2006～2013年中国成品油消费量 单位：万吨

年份	成品油	汽油	煤油	柴油	柴汽比
2006	18203	5243	1125	11835	2.26
2007	19259	5519	1244	12497	2.26
2008	20972	6146	1294	13533	2.20
2009	21369	6173	1439	13757	2.23
2010	23264	6886	1744	14634	2.13
2011	24848	7396	1817	15635	2.11
2012	27064	8141	1957	16966	2.08
2013	28705	9340	2265	17100	1.83

数据来源：2006～2012年数据来自《中国能源统计年鉴2013》，2013年数据为预计数。

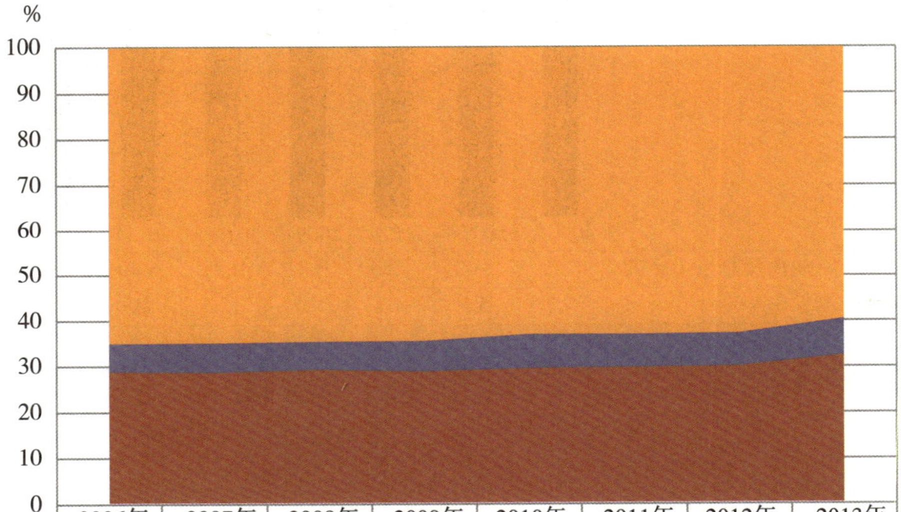

	2006年	2007年	2008年	2009年	2010年	2011年	2012年	2013年
柴油（%）	65.0	64.9	64.5	64.4	62.9	62.9	62.7	59.6
煤油（%）	6.2	6.5	6.2	6.7	7.5	7.3	7.2	7.9
汽油（%）	28.8	28.7	29.3	28.9	29.6	29.8	30.1	32.5

图3-4 2006～2013年中国分品种成品油消费结构

数据来源：2006～2012年数据来自《中国能源统计年鉴2013》，2013年数据为预计数。

第二节 分部门石油消费

分部门看，中国的石油消费主要集中于工业和交通运输业。近年来，工业用油比重趋于下降，交通运输业用油比重持续上升。2012年交通运输、仓储和邮政业石油消费比重达到37.4%，取代工业成为中国第一大石油消费部门。从终端消费结构看，中国的交通用油比重远低于发达国家水平，为世界平均水平的78%。石油制品方面，汽油、柴油和煤油主要用于交通运输业，而燃料油主要作为炼油原料用于工业部门。

一、工业用油占比下降，交通运输业上升为第一大石油消费行业

中国的石油消费主要集中在交通运输业和工业。2012年，第一产业消费石油1538万吨，同比增长4.9%，占石油消费总量的比重为3.2%，与2011年基本持平；工业消耗石油17673万吨，同比下降9.5%，用油比重下降2.6个百分点至37.1%；建筑业消耗石油2699万吨，同比增长7.0%，用油比重小幅增长0.1个百分点至5.7%；交通运输、仓储和邮政业消耗石油17839万吨，同比增长11.4%，是石油消费增长最快的部门，用油比重提高2.1个百分点至37.4%，超越工业成为石油第一大消费部门；生活用油比重小幅增加0.2个百分点，占比达到9.0%，见表3-3。

表3-3　　2008～2012年中国分部门石油消费量与比重　　单位：万吨

部门	2008年		2009年		2010年		2011年		2012年	
消费总量	37302.9		38384.5		43245.2		45378.5		47650.5	
农、林、牧、渔、水利业	1266	3.4%	1308	3.4%	1383	3.2%	1466	3.2%	1538	3.2%
工业	15603	41.8%	15693	40.9%	18149	42.0%	18005	39.7%	17673	37.1%
建筑业	1517	4.1%	1942	5.1%	2345	5.4%	2522	5.6%	2699	5.7%
交通运输、仓储和邮政业	13279	35.6%	13549	35.3%	14870	34.4%	16021	35.3%	17839	37.4%
批发、零售业和住宿、餐饮业	366	1.0%	430	1.1%	481	1.1%	500	1.1%	542	1.1%
其他	2354	6.3%	2296	6.0%	2557	5.9%	2880	6.3%	3068	6.4%
生活消费	2917	7.8%	3167	8.3%	3461	8.0%	3984	8.8%	4292	9.0%

数据来源：《中国能源统计年鉴2013》。

1980～2012年，中国石油消费结构逐渐调整：工农业比重大幅下降，由80%降至40%，降低40个百分点，其中工业用油比重下降33个百分点；交通用油显著增加，2012年取代工业成为第一大石油消费行业，占比达到37%；居民生活用油比重稳步提升，由不足2%上升至近10%；建筑用油和其他第三产业部门用油比重也在逐渐增加，如图3-5所示。

国际上，石油终端消费主要集中在交通运输领域。按照IEA统计口径，2011年全球石油消费中交通用油的比重为62.3%，其中OECD国家的比重为63.4%，非OECD国家的比重为52.2%。作为第一大石油消费国的美国，交通用油比重高达73.1%。而同期中国的交通运输用油比重仅为48.3%，低于世界平均水平和非OECD国家平均水平，在金砖国家中低于南非（71.0%）、巴西（59.1%）和俄罗斯（51.0%），仅高于印度（38.6%），如图3-6所示。

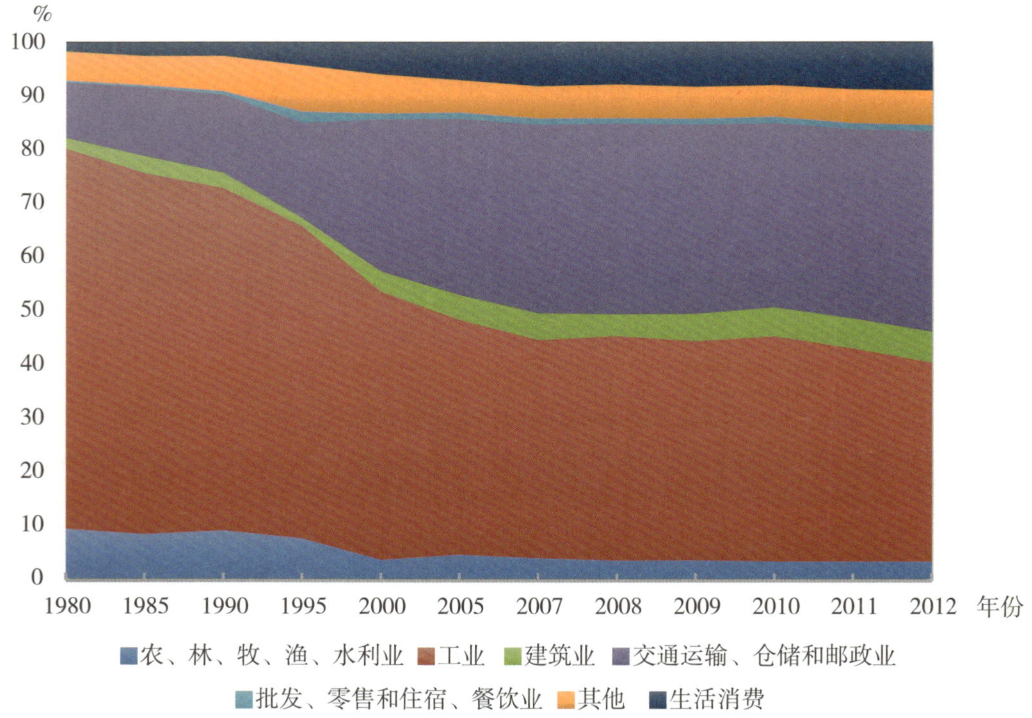

图3-5　1980～2012年中国分部门石油消费结构

数据来源：《中国能源统计年鉴2013》。

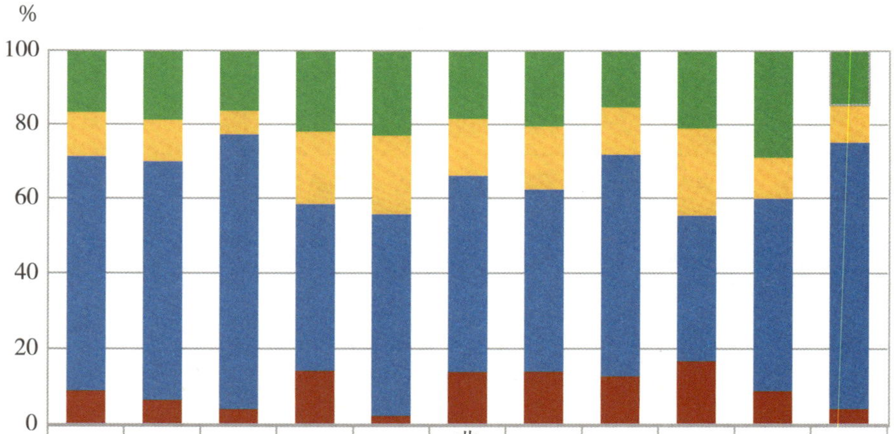

	世界	OECD国家	美国	日本	德国	非OECD国家	中国	巴西	印度	俄罗斯	南非
非能源使用（%）	16.8	18.7	16.3	22.0	23.0	18.4	20.5	15.4	21.1	28.9	14.8
其他（%）	12.0	11.4	6.5	19.6	21.3	15.5	17.2	12.8	23.6	11.3	10.1
交通（%）	62.3	63.4	73.1	44.3	53.4	52.2	48.3	59.1	38.6	51.0	71.0
工业（%）	8.9	6.4	4.1	14.1	2.3	13.8	13.9	12.7	16.7	8.8	4.1

图3-6　2011年分部门石油消费结构的国际比较

注："其他"包括居民用、第一产业和除交通运输外的第三产业。

数据来源：根据IEA《世界能源统计2013》计算得到。

二、汽柴煤主要用于交通运输，燃料油消费集中在工业部门

中国主要消费的石油制品有汽油、柴油、煤油和燃料油，不同油品分部门消费结构有一定差别。2012年汽油消费主要集中在交通运输和居民生活消费，所占比重分别为46%和21%，工业汽油消费比重仅为7%；柴油消费主要集中在交通运输、工农业，所占比重分别为63%、18%，生活消费比重为6%；煤油消费绝大部分集中在交通运输，占比高达91%；燃料油消费主要集中在工业和交通运输业，比重分别为61%和38%。从趋势上看，成品油消费用于交通运输的比重不断提高，而用于其他领域的比重则趋于下降，见表3-4、表3-5。

表3-4　2012年中国主要石油产品分部门消费结构　单位：%

部门	汽油	柴油	煤油	燃料油
农、林、牧、渔业	2.4	7.9	0.1	0.1
工业	7.1	10.3	1.6	60.9
建筑业	3.5	3.1	0.4	0.7
交通运输、仓储和邮政业	46.1	63.2	91.3	37.6
批发、零售业和住宿、餐饮业	2.5	1.3	1.5	0.2
其他	17.9	8.5	3.8	0.5
生活消费	20.5	5.7	1.3	0.0

数据来源：《中国能源统计年鉴2013》。

表3-5　2005～2013年中国成品油消费结构变化趋势　单位：%

项目		2005年	2010年	2011年	2012年	2013年
汽油消费	汽油车与摩托车	96	97	98	98	98
	其他领域	4	3	2	2	2
柴油消费	柴油车与农用车	61	72	73	74	76
	农业渔业	12	8	7	6	5
	铁路水运	9	6	5	5	5
	工矿与建筑	18	14	14	12	10
	其他领域	1	1	1	3	4
煤油消费（含保税）	民航	78	81	84	85	88
	其他领域	22	20	16	15	12

数据来源：本书编写组监测数据。

第三节 分地区石油消费

中国的石油消费主要集中于东部经济发达省份，人均石油消费与消费总量的地区分布基本一致。中国的原油消费主要集中在石油资源丰富、交通运输便利和炼油能力较强的省份，如辽宁和山东两省原油消费占全国比重高达28%。中国的成品油消费集中在经济发展较好、交通物流便利的东部省份，其中煤油消费主要集中于几个大的航空运输的节点区域，如北京、上海、广东和四川。

一、石油消费集中在经济发达地区，东部和西部资源大省人均石油消费水平较高

分地区看，中国的石油消费主要集中在经济发达、工业集中及炼油能力强的东部省份。2012年石油消费总量排名前七位的省份分别为广东、山东、辽宁、上海、江苏、浙江和黑龙江，石油消费量均超过2000万吨，广东和山东两省更是超过5000万吨；排名后五位的省份分别为青海、宁夏、海南、贵州和重庆，石油消费总量合计仅2100万吨，与黑龙江的石油消费量基本持平。居首的广东省石油消费总量（5481万吨）是排名末尾的青海省（243万吨）的23倍，见表3-6。

表3-6　　2006～2012年中国分地区石油消费量　　单位：万吨

地区	2006年	2007年	2008年	2009年	2010年	2011年	2012年	2012年增长率（%）
北京	1205.34	1326.45	1371.54	1387.42	1454.62	1534.97	1533.42	-0.1
天津	733.14	768.65	864.89	928.06	1282.67	1516.35	1618.78	6.8
河北	1161.75	1133.25	1135.97	1096.91	1423.90	1582.42	1619.67	2.4
山西	410.77	435.74	763.94	826.87	754.18	758.65	772.60	1.8
内蒙古	759.93	841.63	1012.34	1093.03	1160.81	1348.43	1277.78	-5.2
辽宁	2451.81	2452.24	2616.57	2766.11	3815.55	4403.43	4993.10	13.4
吉林	1009.01	1177.37	832.31	845.39	994.12	1079.15	1002.20	-7.1
黑龙江	1621.28	1592.86	1394.34	1744.28	1891.84	2128.12	2252.23	5.8
上海	2698.02	2879.90	2882.53	2990.43	3297.93	3148.04	3259.99	3.6
江苏	2249.64	2354.43	2401.66	2639.87	2570.29	2572.54	2934.51	14.1
浙江	1932.83	1976.53	2067.13	2311.89	2518.36	2708.39	2750.80	1.6
安徽	532.31	563.09	577.98	605.71	637.77	707.45	992.27	40.3

续表

地区	2006年	2007年	2008年	2009年	2010年	2011年	2012年	2012年增长率（%）
福建	972.34	1093.63	1058.16	1104.3	1575.37	1649.37	1699.35	3.0
江西	544.73	544.04	554.62	543.49	713.89	727.32	779.82	7.2
山东	3444.23	3685.06	3648.65	4129.46	4691.48	5039.16	5178.57	2.8
河南	901.36	980.37	1036.22	1019.36	1334.16	1524.78	1692.60	11.0
湖北	1387.95	1648.21	1807.53	1914.41	1760.32	1851.58	1987.60	7.3
湖南	908.45	1017.12	935.91	1042.19	1145.84	1234.55	1302.74	5.5
广东	5224.17	5354.80	5351.00	5277.04	5563.44	5462.21	5481.09	0.3
广西	657.92	716.78	704.04	769.79	890.03	1018.84	1131.75	11.1
海南	218.31	280.13	331.14	362.58	391.30	402.44	410.10	1.9
重庆	319.62	374.45	409.68	422.8	505.35	621.72	636.50	2.4
四川	832.54	972.88	1134.57	1309.2	1497.38	1824.50	1960.54	7.5
贵州	281.72	367.25	431.15	432.91	493.81	545.94	561.89	2.9
云南	520.61	602.19	656.57	697.87	899.11	975.44	1069.87	9.7
陕西	668.70	758.94	965.83	986.65	1103.26	1154.19	1198.87	3.9
甘肃	465.16	499.24	533.77	572.01	607.54	662.21	690.96	4.3
青海	86.15	106.84	165.66	140.33	149.17	254.16	243.06	−4.4
宁夏	153.25	157.72	187.75	189.18	204.11	198.82	251.49	26.5
新疆	1038.63	1083.58	979.54	839.25	869.02	970.64	1099.91	13.3

数据来源：《中国能源统计年鉴2013》。

人均石油消费量的地区差异十分明显，东部经济发达省份和西部人口稀薄的资源大省的人均石油消费水平较高，中部和西部经济较不发达的人口大省人均石油消费水平较低。2012年上海市以人均消费1379千克石油排名首位，人均石油消费量超过500千克的省份有9个，分别是上海、天津、辽宁、北京、黑龙江、山东、广东、内蒙古和浙江；排名后五位的是湖南、河南、江西、安徽和贵州，这些省份2012年的人均石油消费量在200千克以下，如图3-7、图3-8所示。

图3-7　2012年中国分地区石油消费总量

图3-8　2012年中国分地区人均石油消费量

数据来源：《中国能源统计年鉴2013》。

二、原油消费受资源和交通因素影响大，辽宁、山东两省原油消费占全国28%

分地区看，中国的原油消费主要集中在资源丰富、交通运输便利和炼油能力较强的省份。2012年中国原油消费量排名前五的省份是辽宁、山东、广东、江苏和浙江，其中辽宁、山东的原油消费量均超过6000万吨，辽宁消费量更是高达7000万吨，两省原油消费量占全国原油消费总量的28%以上。原油消费量排名后五位的省份分别是安徽、四川、青海、内蒙古和云南，2012年这五个省份的原油消费量加总占全国原油消费量比例不足3%。此外，重庆、山西、贵州和西藏基本没有原油消费，未显示在表3-7、图3-9中。

表3-7　2006～2012年中国分地区原油消费量　单位：万吨

地区	2006年	2007年	2008年	2009年	2010年	2011年	2012年	2012年增长率（%）
北京	796.12	950.91	1116.76	1162.93	1116.29	1105.08	1075.77	-2.7
天津	900.49	950.14	790.33	844.64	1566.79	1754.02	1544.62	-11.9
河北	1046.69	1124.77	1357.63	1379.12	1396.65	1564.68	1547.61	-1.1
内蒙古	189.25	142.82	189.25	191.76	140.74	118.66	87.02	-26.7
辽宁	5555.04	5893.46	5945.19	5873.05	6558.91	6705.53	7000.91	4.4
吉林	913.44	934.17	915.24	851.89	939.97	1064.58	977.05	-8.2
黑龙江	1850.06	1886.02	1735.97	2065.13	2106.53	2200.93	2166.48	-1.6
上海	1832.84	1719.57	1951.55	1937.18	2126.50	2134.69	2210.55	3.6
江苏	2302.70	2454.00	2313.13	2661.44	2998.55	2981.07	2947.99	-1.1
浙江	2114.73	2248.73	2287.35	2505.80	2835.41	2939.77	2732.59	-7.0
安徽	445.40	451.08	426.34	454.13	477.57	484.13	421.38	-13.0
福建	375.03	352.33	310.96	706.01	1141.74	963.00	1104.55	14.7
江西	417.99	396.47	411.00	451.68	469.92	432.77	508.22	17.4
山东	3878.27	4075.67	4626.97	5142.90	5593.40	5826.37	6271.50	7.6
河南	696.57	713.83	704.22	785.82	835.07	874.63	1010.02	15.5
湖北	851.10	913.00	884.26	946.60	1033.86	1026.23	947.74	-7.6
湖南	574.49	671.67	614.11	565.77	587.60	766.03	926.00	20.9
广东	2805.71	2940.10	3046.21	3709.44	4455.31	4403.37	4511.51	2.5
广西	118.21	152.98	133.30	163.03	396.02	1064.06	1473.00	38.4
海南	230.10	816.28	796.83	835.68	859.17	915.19	930.81	1.7
四川	174.94	239.95	285.49	315.68	351.76	361.75	351.47	-2.8
云南	0.07	0.11	0.06	0.07	0.06	0.02	0.02	-1.0
陕西	1488.94	1608.85	1764.73	1870.10	2104.61	2095.67	2267.96	8.2
甘肃	1323.38	1432.87	1394.36	1440.79	1400.18	1635.77	1544.21	-5.6
青海	104.29	110.15	109.20	82.03	127.98	156.25	145.44	-6.9
宁夏	174.42	156.78	183.75	182.65	175.77	91.71	424.12	362.5
新疆	1813.64	1873.37	1940.53	1997.90	2308.44	2598.46	2594.85	-0.1

数据来源：《中国能源统计年鉴2013》。

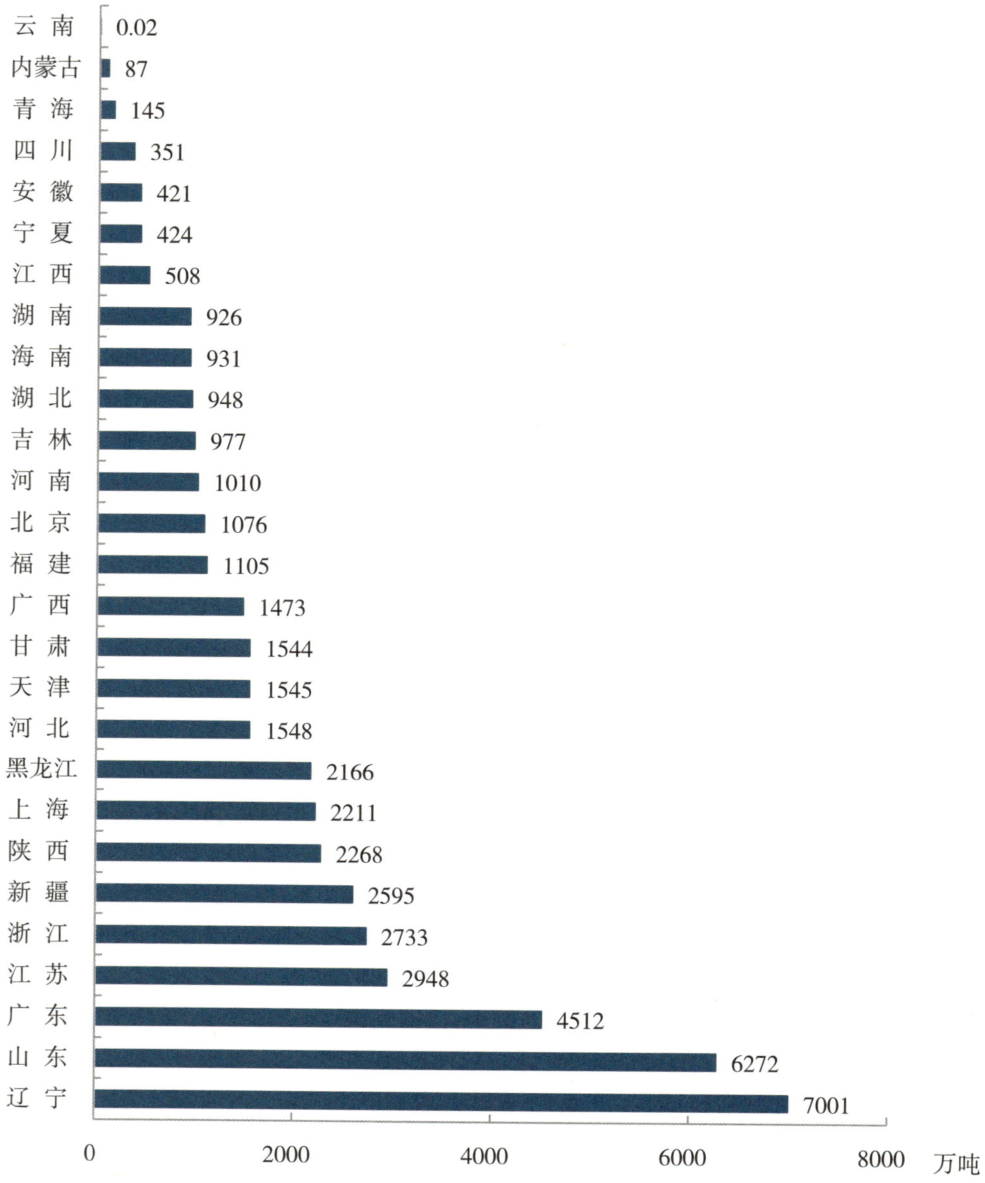

图3-9 2012年中国分地区原油消费量

数据来源:《中国能源统计年鉴2013》。

三、汽柴油消费集中在物流便利地区，煤油集中在航空运输节点区域

分地区看，中国的汽油消费主要集中在经济发展较好、交通物流便利的东部发达省份。随着“十二五”期间轿车进入家庭速度的加快，东部沿海省份的轿车拥有量急速增加，同时，这些地区作为国内最重要的制造业发展带，物流运输规模不断增加，都提高了对汽油的需求。2012年地区汽油消费量排名前五的分别是广东、江苏、山东、辽宁和浙江，其中广东的消费量超过千万吨，其余四个省份的汽油

消费量也均超过700万吨，五省份占全国汽油消费总量近五成（46.7%）。地区汽油消费量排名后五的分别是宁夏、青海、海南、甘肃和重庆，这五个省份都是经济总量小或者内陆不发达省份，2012年汽油消费量总和仅330万吨，见表3-8、图3-10。

表3-8　　2006～2012年中国分地区汽油消费量　　单位：万吨

地区	2006年	2007年	2008年	2009年	2010年	2011年	2012年
北京	278.16	324.72	340.92	363.61	371.53	389.79	415.90
天津	128.09	139.55	148.76	181.03	205.12	222.57	253.75
河北	263.78	249.04	211.11	212.06	238.75	305.74	318.33
山西	169.69	194.92	236.63	262.41	228.35	216.88	224.61
内蒙古	260.88	236.12	260.88	279.51	325.68	310.24	302.53
辽宁	393.53	439.12	410.49	464.05	593.17	706.61	780.84
吉林	110.82	112.46	130.30	138.44	166.61	181.51	182.60
黑龙江	345.32	376.01	278.97	319.40	363.79	466.56	465.99
上海	261.73	303.66	340.50	388.52	415.37	472.87	517.35
江苏	449.51	488.27	561.80	585.66	749.84	827.38	935.00
浙江	402.30	444.09	475.36	508.62	586.70	647.76	706.16
安徽	97.80	114.91	127.37	140.40	157.40	217.64	250.64
福建	208.05	264.17	250.48	263.64	333.20	374.01	397.62
江西	65.99	70.61	75.68	77.21	155.23	182.76	198.42
山东	477.72	529.49	588.59	640.91	802.40	806.41	811.58
河南	249.69	210.90	191.75	196.36	297.49	358.53	426.92
湖北	421.49	554.91	624.23	559.50	457.80	497.81	566.71
湖南	236.24	271.66	231.80	246.11	262.36	295.05	388.93
广东	771.39	837.73	886.90	957.20	1086.12	1207.59	1259.50
广西	173.91	190.70	202.00	216.28	247.68	259.48	285.41
海南	27.12	32.06	38.85	47.62	52.63	60.50	65.05
重庆	86.22	86.46	96.59	90.54	102.63	144.97	144.63
四川	269.32	330.44	375.92	462.92	541.82	642.08	700.00
贵州	81.00	105.81	123.42	129.99	143.36	145.23	158.30
云南	128.12	158.11	178.86	193.27	232.49	250.34	287.51
陕西	178.16	286.77	219.13	248.49	255.23	279.60	287.01
甘肃	88.03	87.66	50.18	50.14	56.57	58.77	65.80
青海	15.26	18.36	21.38	23.17	26.19	28.97	29.91

续表

地区	2006年	2007年	2008年	2009年	2010年	2011年	2012年
宁夏	19.07	19.06	20.66	20.95	22.68	20.80	23.36
新疆	117.82	124.51	123.66	121.87	131.17	138.84	154.63

数据来源：《中国能源统计年鉴2013》。

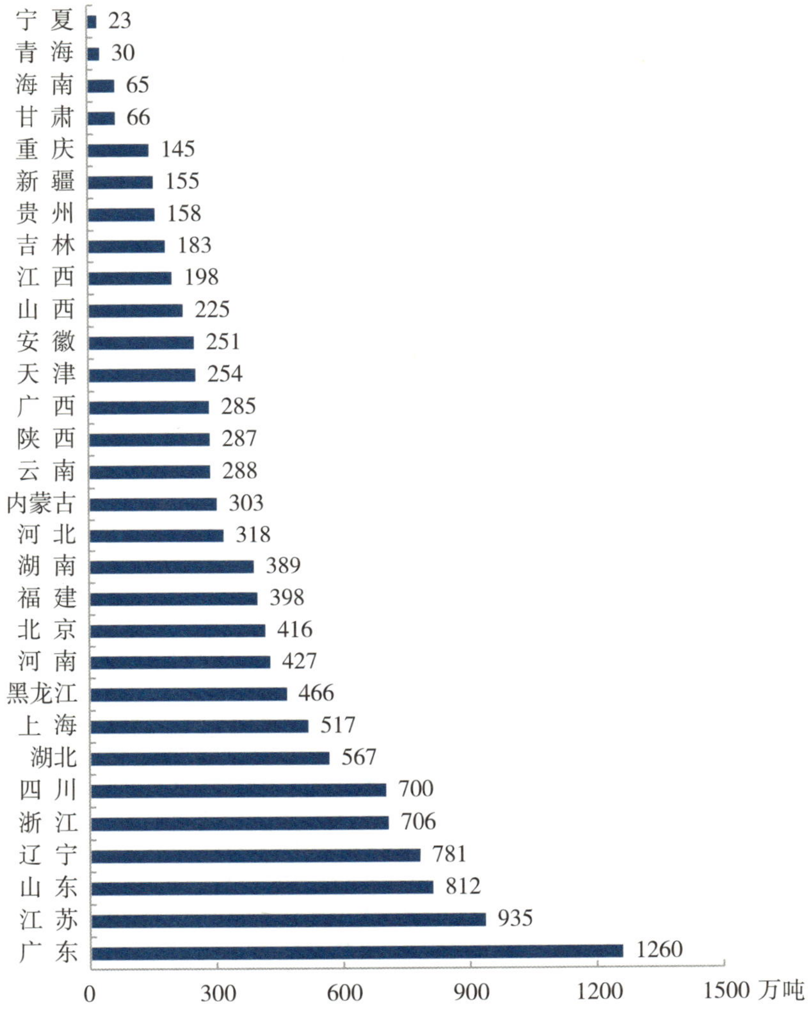

图3-10 2012年中国分地区汽油消费量

数据来源：《中国能源统计年鉴2013》。

分地区看，中国的柴油消费区域分布特点与汽油比较相似，主要集中在经济总量大、物流运输便利的东部省份。随着“十二五”期间东部沿海省份重化工业的快速发展和电子商务带动的物流运输规模的不断增加，对柴油的需求也在不断增加。2012年地区柴油消费量排名前五的分别是山东、广东、辽宁、浙江和内蒙古，其中山东、广东和辽宁的消费量都超过1200万吨，其余两个省份柴油消费量也都接近1000万吨，五省份占全国柴油消费总量的38%。地区柴油消费量排名后五位分别是青海、宁夏、海南、北京和甘肃，2012年的柴油消费量总和不到全国柴油消费总量的5%，见表3-9、图3-11。

表3–9　　2006～2012年中国分地区柴油消费量　　单位：万吨

地区	2006年	2007年	2008年	2009年	2010年	2011年	2012年
北京	177.49	192.02	227.22	240.18	237.42	241.12	215.82
天津	235.38	255.83	289.76	303.57	333.54	360.66	378.17
河北	484.39	532.74	531.73	521.67	691.94	796.12	821.36
山西	316.79	375.21	472.75	506.67	474.38	488.64	498.08
内蒙古	686.16	579.46	686.16	738.95	863.56	922.86	877.10
辽宁	587.76	660.52	778.42	810.45	963.90	1104.53	1225.48
吉林	269.24	300.83	312.57	328.12	363.30	417.47	424.40
黑龙江	477.83	497.81	440.54	512.63	598.38	598.02	604.78
上海	344.56	379.83	427.05	483.19	509.04	532.96	568.99
江苏	587.17	607.99	646.21	655.87	727.96	759.40	803.54
浙江	842.43	871.40	898.63	897.23	958.33	958.44	938.90
安徽	239.90	259.16	309.63	329.14	365.75	492.96	578.31
福建	391.12	476.03	433.08	413.09	510.57	531.36	516.39
江西	313.59	295.27	288.47	293.17	368.75	392.54	416.65
山东	1101.08	1187.79	1257.74	1334.11	1448.12	1664.29	1814.34
河南	346.01	460.51	543.45	526.18	561.22	663.34	738.19
湖北	514.62	625.42	613.49	790.67	648.96	698.07	732.07
湖南	364.08	395.04	375.51	432.38	502.98	561.72	501.62
广东	1367.60	1438.21	1518.92	1567.91	1668.56	1500.55	1542.53
广西	308.91	337.25	355.54	413.61	442.37	476.91	519.46
海南	75.40	85.19	93.80	106.24	139.98	146.18	155.67
重庆	186.55	234.11	257.65	273.55	338.51	397.70	409.91
四川	354.61	394.23	473.94	538.46	525.10	576.52	643.40
贵州	171.88	184.04	226.46	234.69	264.66	304.97	336.03
云南	331.66	382.15	411.95	437.70	562.04	609.84	650.89
陕西	311.69	279.89	443.55	493.29	531.50	573.75	586.50
甘肃	117.61	113.94	168.61	185.62	210.64	222.68	258.03
青海	61.66	73.07	78.38	87.11	89.89	102.37	106.16
宁夏	82.11	88.28	96.51	98.57	105.82	104.04	111.32
新疆	341.01	378.39	335.44	331.70	363.72	390.52	433.35

数据来源：《中国能源统计年鉴2013》。

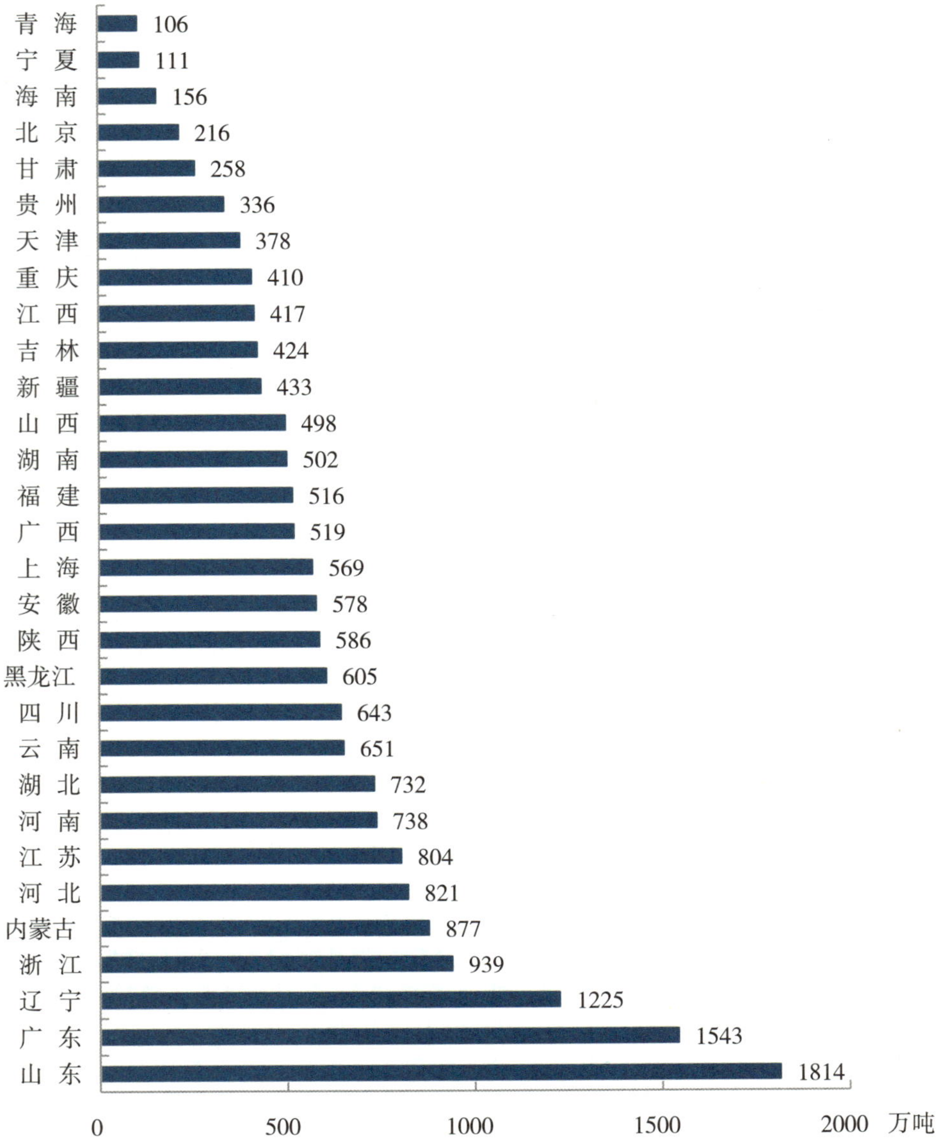

图3-11 2012年中国分地区柴油消费量

数据来源:《中国能源统计年鉴2013》。

分地区看，由于航空运输业的煤油消费量占煤油消费总量的90%以上，因此煤油消费主要集中于几个大的航空运输的节点区域。2012年地区煤油消费量排名前五的分别是北京、上海、广东、四川和海南，其中北京、上海的煤油消费量均超过400万吨，五个省份占全国煤油消费总量的七成以上。地区煤油消费量排名后五的分别是青海、广西、吉林、甘肃和宁夏，这五个省区航空运输业比较落后，航煤需求量很少，2012年五省的煤油消费量合计不过15万吨，见表3-10、图3-12。

表3-10　　2006～2012年中国分地区煤油消费量　　单位：万吨

地区	2006年	2007年	2008年	2009年	2010年	2011年	2012年
北京	233.86	277.10	318.39	341.93	392.63	419.88	443.33
天津	16.36	19.38	18.13	20.73	21.40	24.53	29.41
河北	5.88	6.22	7.37	6.25	7.34	8.94	7.79
山西	10.43	11.90	14.67	16.28	14.64	15.18	18.00
内蒙古	7.24	6.44	7.24	8.28	9.35	10.10	23.19
辽宁	34.89	38.15	24.99	20.62	23.34	27.35	35.58
吉林	1.09	0.89	1.18	1.15	1.21	1.25	0.81
黑龙江	10.25	3.85	0.51	0.31	24.06	26.47	65.94
上海	262.01	295.48	321.47	353.11	399.07	400.50	402.74
江苏	18.41	20.79	21.45	21.18	35.69	44.73	53.14
浙江	46.47	49.48	54.91	62.90	70.42	74.75	80.07
安徽	10.60	11.34	11.02	13.23	8.41	9.09	10.77
福建	36.99	49.09	51.95	50.96	56.50	64.39	74.36
江西	7.95	7.80	8.01	7.65	8.50	9.05	9.51
山东	23.88	32.02	30.73	35.41	38.61	39.66	77.08
河南	16.03	17.03	16.50	25.63	30.64	49.64	53.39
湖北	34.61	35.98	49.70	47.43	40.41	46.75	53.26
湖南	22.83	24.50	25.41	30.44	30.25	32.03	35.22
广东	157.40	171.14	183.07	192.12	202.38	216.93	243.57
广西	—	0.27	16.05	0.09	2.73	0.28	0.08
海南	66.27	75.24	80.16	90.03	87.43	90.15	82.83
重庆	23.01	27.01	30.44	34.06	41.78	52.78	54.28
四川	105.83	128.62	126.61	155.07	173.31	206.24	205.44
贵州	9.63	3.57	2.95	2.95	8.94	10.84	13.27
云南	35.06	36.18	38.19	37.24	47.44	51.12	56.06
陕西	34.80	1.78	15.65	8.48	8.94	9.67	10.11
甘肃	4.68	5.48	5.51	5.45	4.98	3.72	5.23
青海	—	2.06	0.40	0.16	0.17	0.19	—
宁夏	2.25	2.81	3.72	4.23	5.16	6.58	7.32
新疆	30.88	33.28	38.15	31.40	33.33	37.32	45.34

数据来源：《中国能源统计年鉴2013》。

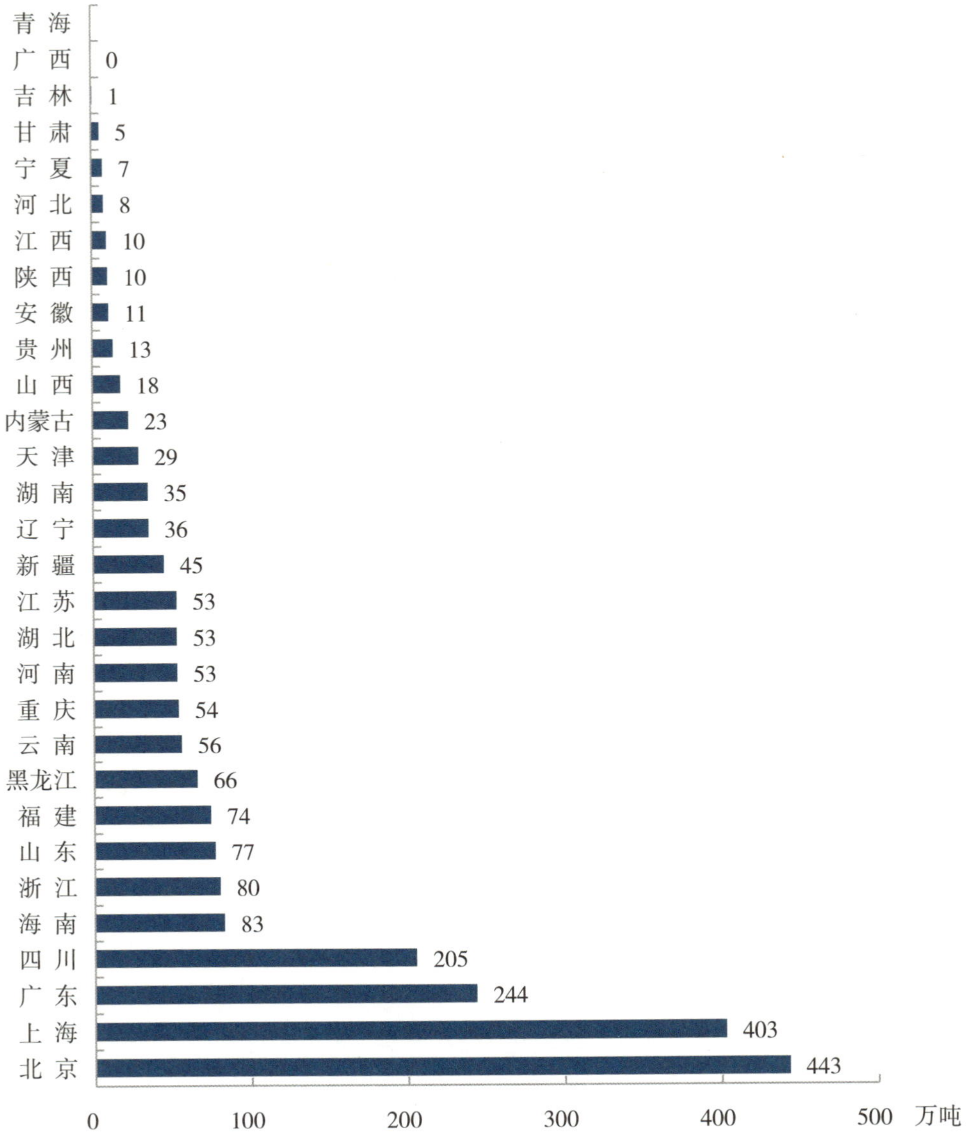

图3-12 2012年中国分地区煤油消费量

数据来源：《中国能源统计年鉴2013》。

分地区看，中国的燃料油消费主要集中于东部经济发达省份，以工业和交通运输业使用为主。2012年燃料油消费量排名前五的省份分别是山东、上海、广东、辽宁和浙江，五个省份占全国燃料油消费总量的75%以上，其中山东的消费量超过1600万吨，主要原因是山东的地方炼厂存在通过燃料油炼制石油制品的需求，见表3-11、图3-13。

表3-11 2006～2012年中国分地区燃料油消费量 单位：万吨

地区	2006年	2007年	2008年	2009年	2010年	2011年	2012年
北京	48.05	42.85	25.62	42.40	66.69	74.64	78.16
天津	107.12	89.63	92.49	94.65	143.69	149.96	122.33
河北	59.33	48.31	65.82	59.76	38.53	47.29	24.53
山西	10.10	14.39	12.09	12.06	12.25	12.60	1.20
内蒙古	13.75	7.20	13.75	19.66	15.15	24.61	16.91
辽宁	230.73	224.22	379.66	299.94	356.43	391.40	422.00
吉林	34.28	30.62	39.84	38.44	39.96	37.81	34.11
黑龙江	44.34	47.19	69.86	88.18	88.90	88.92	99.53
上海	805.29	848.61	788.73	742.79	744.28	675.04	640.15
江苏	201.06	236.59	218.00	217.10	157.71	151.19	158.35
浙江	240.95	227.29	219.86	289.53	330.48	370.29	328.67
安徽	21.62	13.24	15.60	14.26	11.73	11.31	11.08
福建	173.48	124.94	142.32	165.83	182.75	189.66	186.30
江西	26.50	20.95	26.98	22.04	23.67	26.80	29.85
山东	346.31	386.24	355.43	404.87	1286.77	1466.60	1695.20
河南	70.37	62.78	46.08	25.93	18.34	41.83	13.16
湖北	125.99	123.54	106.97	108.88	92.01	97.34	104.29
湖南	42.04	40.20	41.41	68.39	75.22	68.98	61.23
广东	1573.72	1316.44	1077.76	894.99	646.93	505.28	434.91
广西	24.07	20.85	9.92	7.38	34.64	50.45	49.72
海南	11.28	20.18	29.55	26.82	30.49	35.29	39.06
重庆	2.66	7.84	8.14	7.59	8.61	9.37	9.89
四川	9.50	7.17	12.60	13.34	62.82	70.45	75.21
贵州	12.01	21.19	23.16	13.47	14.43	16.04	4.68
云南	4.72	5.04	5.20	5.16	5.62	2.59	2.61
陕西	0.99	1.13	5.93	0.03	0.14	0.16	0.09
甘肃	14.05	14.33	12.73	13.39	14.63	9.42	9.25
青海	0.06	0.22	0.13	0.16	0.12	0.10	0.17
宁夏	0.98	0.53	1.98	0.52	39.76	36.66	20.62
新疆	19.31	22.26	27.34	22.37	14.95	2.40	8.06

数据来源：《中国能源统计年鉴2013》。

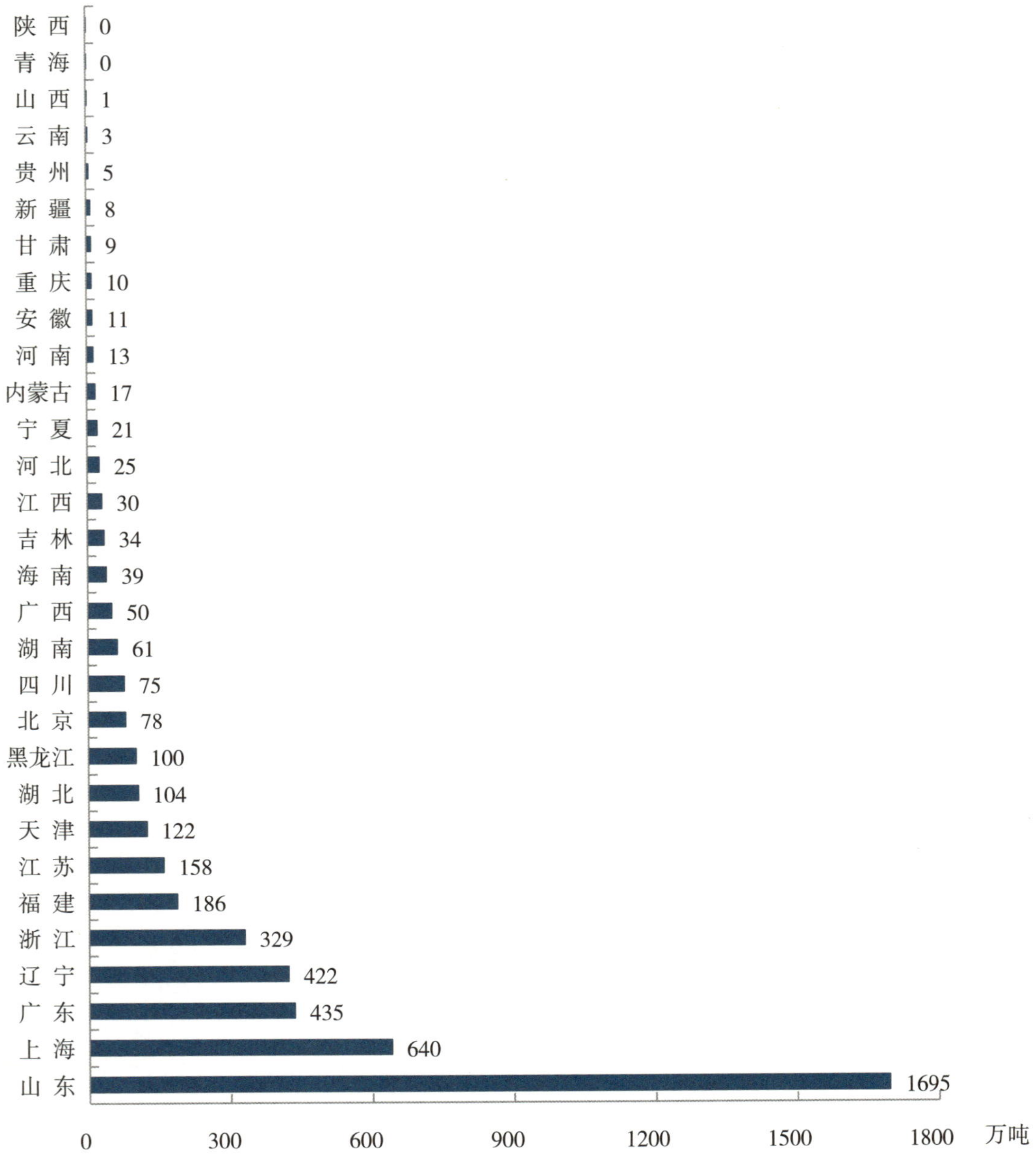

图3-13　2012年中国分地区燃料油消费量

数据来源：《中国能源统计年鉴2013》。

第四章 天然气消费

2013年中国天然气消费继续保持较快增长，全年天然气消费量1653.2亿米^3，同比增长13%，占世界天然气消费总量的5%左右。分部门看，天然气消费集中在工业、生活和交通部门，近年来工业内部用气结构有所调整。分地区看，华东地区消费最多的天然气，而整个中东部地区的天然气消费增长迅速。

第一节 天然气消费总量

2013年中国天然气消费总量为1653.2亿米^3，同比增长13%；日均天然气消费量为4.5亿米^3，人均天然气消费量为121.8米^3。中国的天然气消费总量位居世界第四，但人均天然气消费水平仅为世界平均水平的25%，远低于发达国家。

一、天然气消费增长13%，日均消费4.5亿米^3

2013年中国天然气消费量继续增长，达到1653.2亿米^3，较2012年增加了190亿米^3，同比增长13%，远远超过煤炭和石油的消费增速。与2012年相比，2013年增长率提高了0.9个百分点，人均天然气消费量为121.8米^3，日均天然气消费量达到4.5亿米^3，如图4-1所示。

分季度看，2013年一季度因低温导致天然气消费量较高，天然气月均消费量达到140亿米^3，同比增加12.1%；第二季度为天然气传统消费淡季，但受“煤改气”等政策影响，天然气消费“淡季不淡”，月均消费量达到134亿米^3，同比增长17.1%；第三季度天然气消费量与二季度基本持平，月均消费量为135亿米^3，同比增长15%；第四季度因冬季供暖需求增加，消费量增加到150亿米^3，同比增长11.6%。

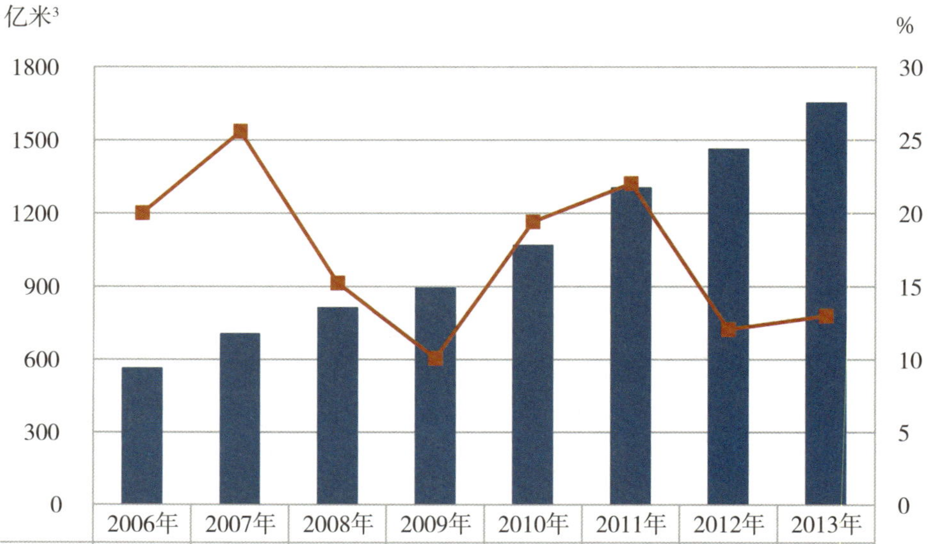

	2006年	2007年	2008年	2009年	2010年	2011年	2012年	2013年
天然气消费总量（亿米³）	561.4	705.2	812.9	895.2	1069.4	1305.3	1463.0	1653.2
增长率（%）	20.1	25.6	15.3	10.1	19.5	22.1	12.1	13.0

图4-1　2006～2013年中国天然气消费总量与增长率

数据来源：2006～2012年数据来自《中国能源统计年鉴2013》，2013年数据来自《2013年国民经济和社会发展统计公报》。

二、天然气消费约占世界总量5%，人均消费量不到世界平均水平25%

根据BP统计数据，2012年全球天然气消费总量为33144亿米³，中国天然气消费量占全球天然气消费总量的4.3%，在世界天然气消费量排名中居美国、俄罗斯、伊朗之后，排名第四，见表4-1。综合国内外各种统计信息，预计2013年世界天然气消费量3.4万亿米³左右，同比增长2%左右。据此测算，2013年中国天然气消费量占世界天然气消费总量的比重约为5%。

表4-1　2006～2012年世界主要国家和地区天然气消费总量　　单位：亿米³

国家/地区	2006年	2007年	2008年	2009年	2010年	2011年	2012年	2012年占比（%）
世界	28390	29321	30115	29439	31763	32324	33144	100.0
OECD国家	14333	14777	15054	14626	15562	15440	15883	48.0
非OECD国家	14057	14544	15061	14813	16201	16884	17261	52.0
美国	6144	6542	6591	6487	6821	6905	7221	21.9
俄罗斯	4150	4220	4160	3896	4141	4246	4162	12.5
伊朗	1087	1130	1193	1314	1446	1535	1561	4.7

续表

国家/地区	2006年	2007年	2008年	2009年	2010年	2011年	2012年	2012年占比（%）
中国	561	705	813	895	1069	1305	1438	4.3
日本	837	902	937	874	945	1055	1167	3.5
沙特阿拉伯	735	744	804	785	877	923	1028	3.1
加拿大	969	962	961	949	950	1009	1007	3.0
墨西哥	666	635	663	724	725	766	837	2.5
英国	901	911	993	912	992	828	783	2.4
德国	872	829	812	780	833	745	752	2.3
意大利	774	778	778	715	761	713	687	2.1
阿拉伯联合酋长国	434	492	595	591	608	625	629	1.9
印度	373	401	413	510	619	611	546	1.6
埃及	365	384	408	425	451	496	526	1.6
泰国	333	354	374	392	451	466	512	1.5
韩国	320	347	357	339	430	463	500	1.5
乌克兰	670	632	600	470	521	537	496	1.5
乌兹别克斯坦	419	459	487	435	455	491	479	1.4
阿根廷	418	439	444	432	433	457	473	1.4
土耳其	305	361	375	357	390	457	463	1.4
法国	440	426	443	426	474	409	425	1.3
巴基斯坦	361	368	375	384	396	392	415	1.2
印度尼西亚	332	313	333	374	403	373	358	1.1
委内瑞拉	315	296	315	305	332	334	349	1.1
马来西亚	337	334	338	330	345	320	333	1.0
西班牙	337	351	386	346	346	322	314	0.9
巴西	206	212	249	201	268	267	292	0.9
阿尔及利亚	237	243	254	272	263	278	309	0.9

数据来源：《BP世界能源统计2013》。

尽管中国天然气消费总量居于世界前列，但人均天然气消费量远低于世界平均水平。根据BP统计数据，2012年中国人均天然气消费量约为107米^3，是世界平均水平（473米^3）的22.6%、OECD国家平均水平（1268米^3）的8.4%、美国（2309米^3）的4.6%、俄罗斯（2906米^3）的3.7%、沙特阿拉伯（3668米^3）的2.9%，如图4–2所示。

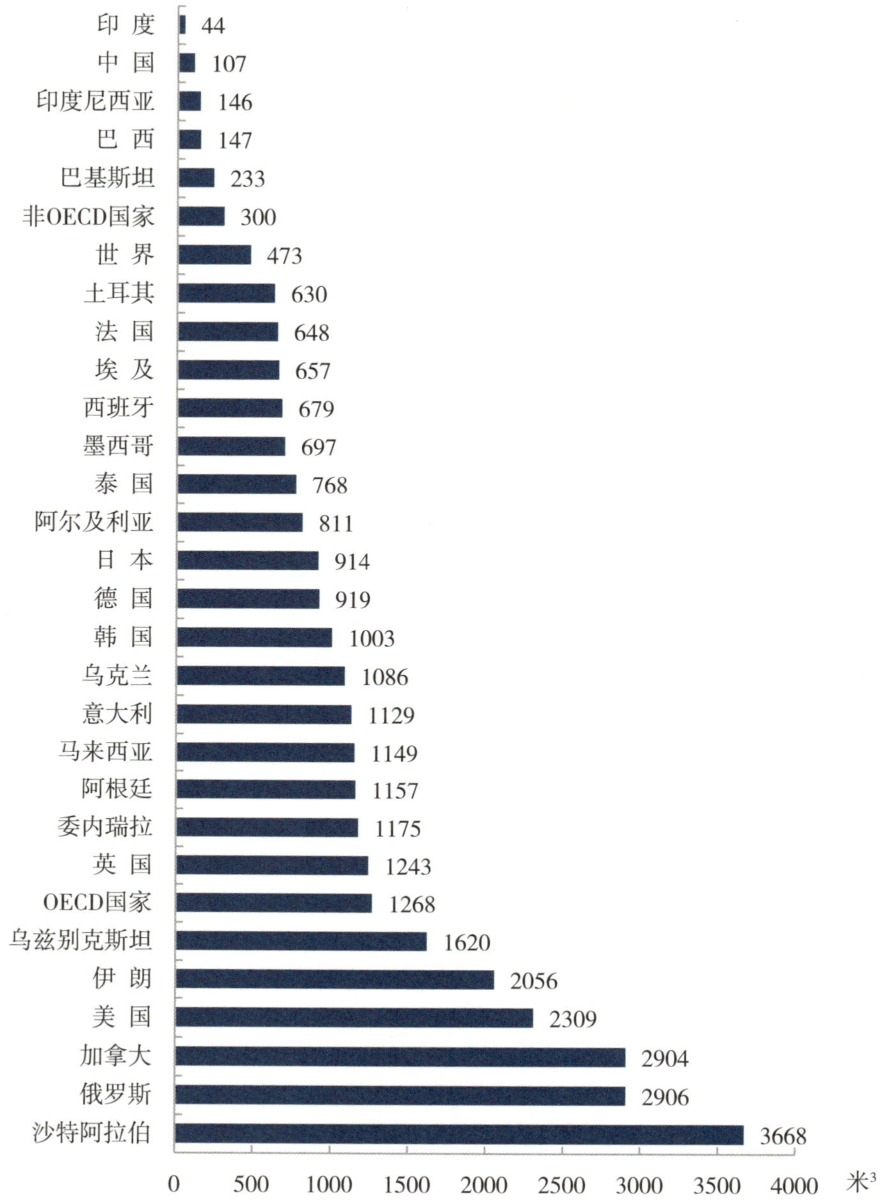

图4-2　2012年世界主要国家和地区人均天然气消费量比较

数据来源：天然气消费量来自《BP世界能源统计2013》，人口数据来自世界银行。

第二节　分部门天然气消费

中国的天然气消费主要集中在工业、居民生活和交通运输部门，2012年的消费比重分别达到约65%、20%和11%。从工业内部来看，制造业的天然气消费比重趋于上升，而采掘业和电力煤气水生产供应业的比重趋于下降。参照行业内分类方法，城市燃气占天然气消费总量的比重达到41%，是天然气消费的主力。

一、天然气消费主要集中在工业、生活、交通部门，工业用气结构有所调整

中国的天然气主要用于工业、生活和交通部门，见表4-2。其中，工业用气达947亿米^3，同比增长12.7%；占总消费量的64.7%，比重较2012年上升了0.4个百分点。居民生活用气288.3亿米^3，同比增长9.0%；占总消费量的比重为19.7%，较2012年下降了0.5个百分点；交通运输、仓储和邮政业用气154.5亿米^3，同比增长11.7%；占总消费量的比重为10.6%，与2012年持平。三个主要部门合计比重达到了95%。

表4-2　　2006～2012年中国天然气分部门消费量　　单位：亿米^3

部门	2006年	2007年	2008年	2009年	2010年	2011年	2012年	2012年占比（%）
消费总量	561.4	705.2	812.9	895.2	1069.4	1305.3	1463.0	100.0
工业	384.0	479.7	531.6	577.9	680.9	840.0	946.8	64.7
采掘业	81.7	91.0	109.7	122.9	134.1	131.9	139.5	9.5
石油和天然气开采业	77.4	85.9	104.4	117.4	129.6	126.0	122.9	8.4
制造业	263.1	309.1	337.9	321.1	357.7	483.1	572.7	39.1
石油加工、炼焦和核燃料加工业	21.0	25.0	26.0	26.7	40.0	68.3	98.9	6.8
化学原料和化学制品制造业	177.4	207.1	200.0	176.8	187.3	233.5	250.3	17.1
非金属矿物制品业	23.8	28.9	43.8	44.6	42.7	63.8	68.7	4.7
黑色金属冶炼和压延加工业	11.2	13.2	17.1	18.8	20.4	28.6	33.1	2.3
交通运输设备制造业	5.7	6.6	11.6	12.2	13.0	18.6	24.7	1.7
电力、煤气及水生产和供应业	39.1	79.6	84.0	133.8	189.1	225.0	234.5	16.0
交通运输、仓储和邮政业	47.2	46.9	71.6	91.1	106.7	138.4	154.5	10.6
批发、零售业和住宿、餐饮业	13.2	17.1	17.8	24.0	27.2	33.6	38.7	2.6
其他行业	12.8	16.1	20.9	23.6	26.0	27.1	32.9	2.2
生活消费	102.6	143.4	170.1	177.7	226.9	264.4	288.3	19.7

数据来源：《中国能源统计年鉴2013》。

工业用气占比变化不大，但工业内部各行业的用气比重有所调整。2012年采掘业天然气消费占比为14.7%，较2011年减少了1个百分点；制造业天然气消费占比为60.5%，较2011年增加3个百分点；电力、煤气及水生产供应业的占比为24.8%，较2011年下降了2个百分点，如图4-3所示。

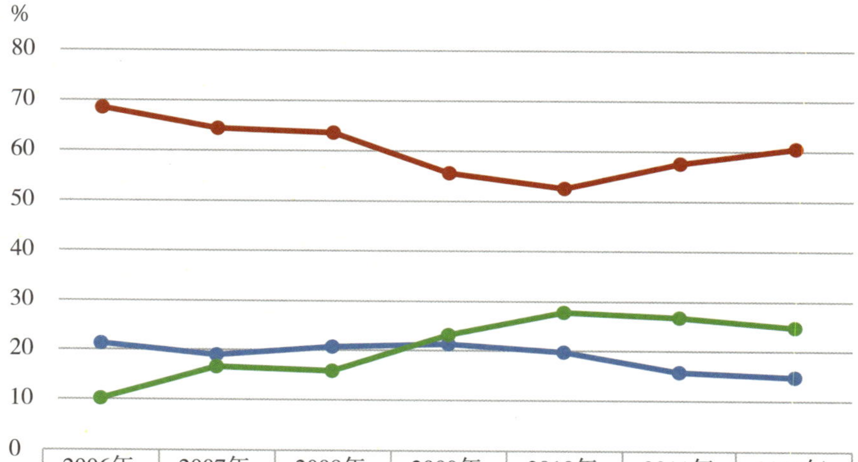

	2006年	2007年	2008年	2009年	2010年	2011年	2012年
采掘业（%）	21.3	19.0	20.6	21.3	19.7	15.7	14.7
制造业（%）	68.5	64.4	63.6	55.6	52.5	57.5	60.5
电力、煤气及水生产和供应业（%）	10.2	16.6	15.8	23.2	27.8	26.8	24.8

图4-3　2006～2012年中国工业内部主要部门天然气消费结构变化

数据来源：《中国能源统计年鉴2013》。

2000年以来，随着陕京线、西气东输、川气东送等长距离的管道建成和投产，以及城市配气管网等基础设施的完善、对大气污染治理的推进，中国的天然气消费结构正在逐步从原来的以工业生产消耗为主的结构向多元化用气结构转变，城市燃气和发电用气增长迅速。特别是在2013年，随着城市供暖煤改气的大力推广和各地区LNG（液化天然气）公交车、CNG（压缩天然气）出租车的快速发展，城市燃气消费量快速增长。同时随着近年来珠三角、长三角等地燃气电站的相继建成运行，发电用气量也在每年大幅增长。如图4-4所示，和2000年相比，城市燃气成为中国天然气消费第一大用途，消费占比从2000年的

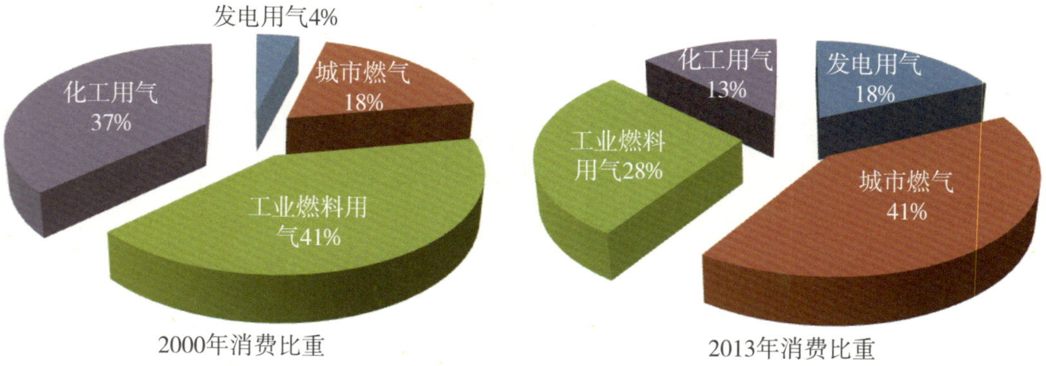

图4-4　2000年和2013年中国分部门天然气消费比重

数据来源：本书编写组。2013年数据为预计数。

18%提高至2012年的41%。同时，一方面发电用气占比从4%提高至18%；另一方面，化工用气和工业燃料用气的总和也从2000年的78%下降到41%。天然气消费完成了工业向民用的根本性转变。

二、终端消费中交通运输业比重高于发达国家，工业和服务业比重偏低

与世界平均水平尤其是发达国家的天然气消费情况相比，中国的天然气终端消费结构中，工业和服务业的比重偏低，交通运输业和非燃料使用的比重相对较高。根据IEA统计数据，2011年中国工业天然气终端消费比重为30.7%，比世界平均水平和OECD国家分别低6.0和5.8个百分点；服务业占比8.3%，比世界平均水平和OECD国家分别低4.6和12.0个百分点；交通运输业消费比重为13.6%，比世界平均水平和OECD国家分别高出6.9和10.4个百分点，明显高于美、日两国；非燃料使用占比16.4%，分别较世界和OECD国家高出4.0和12.2个百分点；居民用气比重为31.0%，略高于世界平均水平，比OECD国家低3.6个百分点，如图4-5所示。

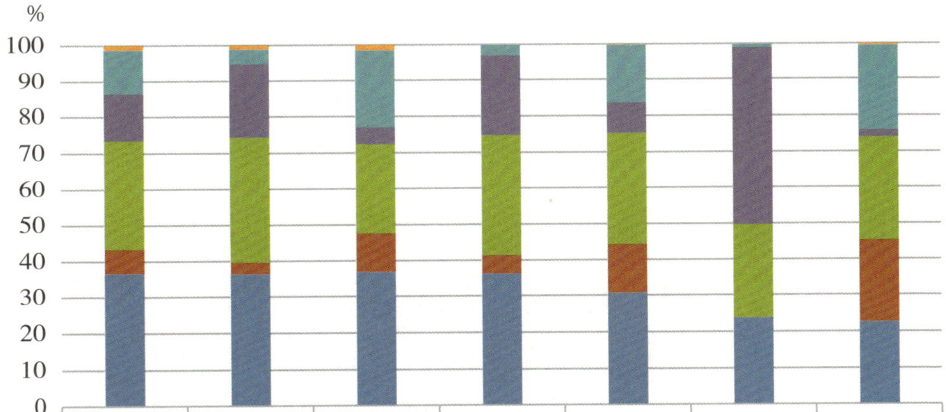

	世界	OECD国家	非OECD国家	美国	中国	日本	俄罗斯
其他（%）	1.2	1.0	1.4	0.0	0.1	0.0	0.4
非燃料使用（%）	12.4	4.2	21.6	3.1	16.4	1.0	23.7
服务业（%）	12.9	20.3	4.6	22.1	8.3	49.3	1.8
居民（%）	30.1	34.7	24.9	33.4	31.0	25.9	28.8
交通（%）	6.7	3.2	10.6	5.1	13.6	0.0	22.7
工业（%）	36.7	36.5	36.9	36.3	30.7	23.8	22.6

图4-5 2011年分用途天然气终端消费结构的国际比较

数据来源：IEA《世界能源平衡表2013》。

第三节 分地区天然气消费

近年来，由于天然气长距离运输管网的进一步完善，中国华东、华中、东北、华北等地区天然气消

费增长迅速，而西北、西南等传统资源大区的消费增长放缓。总体来看全国各大区之间天然气消费水平的差距进一步缩小。由于各地区产业结构有所差别，天然气的人均消费量与人均生活消费量的地区排序存在一定差异。

一、华中、东北天然气消费加速增长，西部地区增速放缓

2012年中国各地区的天然气产量均出现了不同程度的上升，但增长率差距较大。其中，华东地区天然气消费量居首，达到365.3亿米^3，占全国消费总量的24.3%，较2011年增加55亿米^3，增幅为17.7%。西北地区和华北地区超越西南地区，成为天然气消费量第二和第三的区域。西北地区消费量为248.8亿米^3，占全国总量的16.6%，增长24.8亿米^3，增幅为11.1%。华北地区消费量为245.0亿米^3，占全国的16.3%，增长37.6亿米^3，增幅为18.1%。西南和华南两区域的消费量增长较慢。西南地区消费量为233.5亿米^3，占全国的15.5%，较2011年增长6.7亿米^3，增幅为3.0%。华南地区消费天然气167.1亿米^3，占全国的11.1%，较2011年增长1.2亿米^3，增幅仅为0.7%。另外，东北和华中这两个消费量排名最后的区域（消费量分别只占全国的8.0%和8.1%），2012年的增长十分显著，分别为30.7亿米^{3}和26.8亿米^3，增幅分别为34.3%和28.2%，如图4–6所示。

	2006年	2007年	2008年	2009年	2010年	2011年	2012年
西北（亿米^3）	126.7	147.4	167.4	166.9	193.0	224.0	248.8
西南（亿米^3）	156.6	166.3	167.7	185.2	239.8	226.8	233.5
华南（亿米^3）	39.7	70.5	81.4	139.0	127.3	165.9	167.1
华中（亿米^3）	45.2	50.7	62.1	68.3	78.7	95.2	122.0
华东（亿米^3）	91.6	118.5	156.5	177.3	244.5	310.3	365.3
东北（亿米^3）	45.1	54.6	61.5	63.1	71.0	89.5	120.2
华北（亿米^3）	99.4	106.4	131.8	168.7	201.9	207.4	245.0

图4–6　2006～2012年中国各地区天然气消费量对比

数据来源：《中国能源统计年鉴2013》。

2012年全国各省中，天然气消费量超过100亿米^{3}的省份为：四川（153亿米^3）、广东（116亿米^3）、江苏（113亿米^3）、新疆（102亿米^3）。天然气消费排名后五位的省份为：广西（3亿米^3）、云南（4亿米^3）、贵州（5亿米^3）、江西（10亿米^3）和湖南（19亿米^3），如图4–7所示。

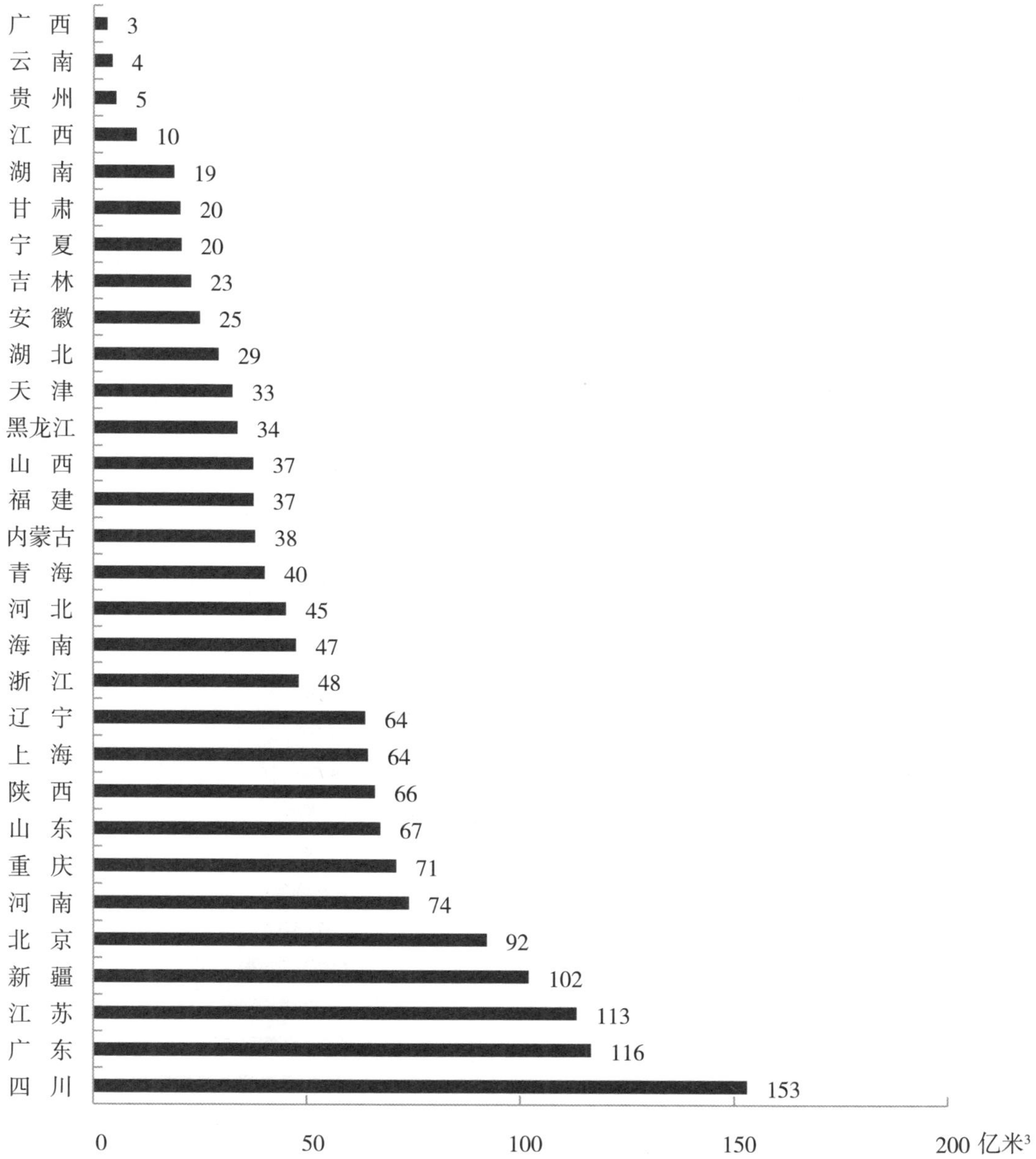

图4–7 2012年中国分地区天然气消费量

数据来源：天然气消费量数据来自《中国能源统计年鉴2013》，人口数据来自《中国统计年鉴2012》、《中国统计年鉴2013》。

二、人均天然气消费量与人均生活天然气消费量的地区排序存在明显差异

总体来看，消费量的多寡多受制于天然气管道的建设情况。中国西部靠近天然气产地的地区的人均消费量一般较大。同时，部分地区如海南、新疆、山西等，因为天然气主要用于工业生产，居民用气量也较全国平均水平低，人均生活天然气消费排名也相应较低，如图4–8所示。

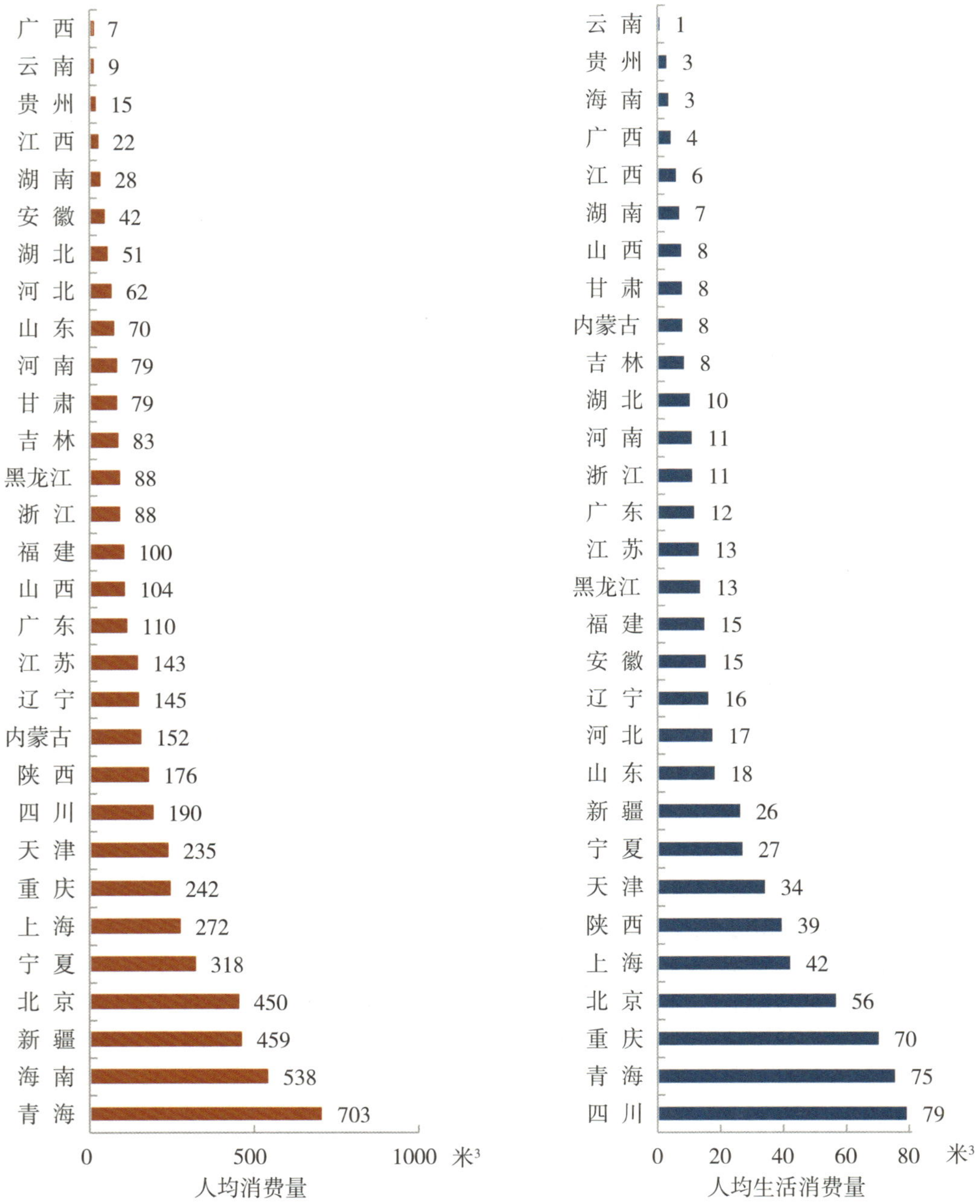

图4–8　2012年中国分地区天然气人均消费量及人均生活消费量

数据来源：天然气消费量数据来自《中国能源统计年鉴2013》，人口数据来自《中国统计年鉴2012》、《中国统计年鉴2013》。

2012年人均天然气消费量排名前三的省份分别是青海（703米^3）、海南（538米^3）和新疆（459米^3），后三位分别是广西（7米^3）、云南（9米^3）和贵州（15米^3）。而人均生活天然气消费量排名前三的省份分别是四川（79米^3）、青海（75米^3）和重庆（70米^3），后三位分别是云南（1米^3）、贵州（3米^3）和海南（3米^3），如图4-9所示。

比较人均消费量和人均生活消费量可以发现，海南、河北、安徽、山东、内蒙古等地的排名差异较大，所有省份的平均排名差异为5，见表4-3。

表4-3　　2012年中国分地区天然气人均消费量排名和人均生活消费量排名的比较

地区	人均消费量排名	人均生活消费量排名	排名差异
北京	4	4	0
天津	8	7	1
河北	23	11	12
山西	15	24	9
内蒙古	11	22	11
辽宁	12	12	0
吉林	19	21	2
黑龙江	18	15	3
上海	6	5	1
江苏	13	16	3
浙江	17	18	1
安徽	25	13	12
福建	16	14	2
江西	27	26	1
山东	22	10	12
河南	21	19	2
湖北	24	20	4
湖南	26	25	1
广东	14	17	3
广西	30	27	3
海南	2	28	26
重庆	7	3	4
四川	9	1	8
贵州	28	29	1

续表

地区	人均消费量排名	人均生活消费量排名	排名差异
云南	29	30	1
陕西	10	6	4
甘肃	20	23	3
青海	1	2	1
宁夏	5	8	3
新疆	3	9	6

数据来源：《中国能源统计年鉴2013》。

第五章 电力消费

2013年中国全社会用电量5.32万亿千瓦时，同比增长7.5%；电力消费弹性系数为0.97，电力消费强度为1045.6千瓦时/万元，同比下降0.5%。分部门看，工业用电比重趋于下降，第三产业和居民生活用电比重趋于提高；分地区看，西部地区用电量占全社会用电量的比重逐渐上升，但2013年东部地区用电比重仍高达48.1%。

第一节 电力消费总量

2013年中国电力消费总量为5.32万亿千瓦时，日均用电量为145.8亿千瓦时，人均用电量为3921千瓦时。2011年开始中国超越美国成为世界第一大电力消费国，中国电力消费量占世界电力消费总量的比重超过20%，但人均用电水平仍不及美国的25%、日本的50%。

一、全社会用电量5.32万亿千瓦时，人均用电量3921千瓦时

2013年中国全社会用电量53223亿千瓦时，比2012年增加3709亿千瓦时，同比增长7.5%，增长率较2012年提高2.2个百分点。在经历2012年用电低迷后，随着宏观经济企稳及大范围持续高温天气影响，电力消费增速触底反弹，如图5-1所示。2013年中国日均用电量 145.8亿千瓦时，比2012年增加10.5亿千瓦时。

“十二五”前三年，用电量累计增加11224亿千瓦时，年均增加3741亿千瓦时，年均增长8.2%。为了完成《能源发展“十二五”规划》确定的目标“到2015年全社会用电量控制在6.15万亿千瓦时，年均增长8%”，2014年和2015年年均用电增长率应控制在7.5%左右。

从人均用电量来看，2013年中国人均电力消费量3921千瓦时，较2012年提高255.2千瓦时，同比增长7.0%；与2010年相比，人均用电量增加781.4千瓦时，年均增长7.7%，如图5-2所示。

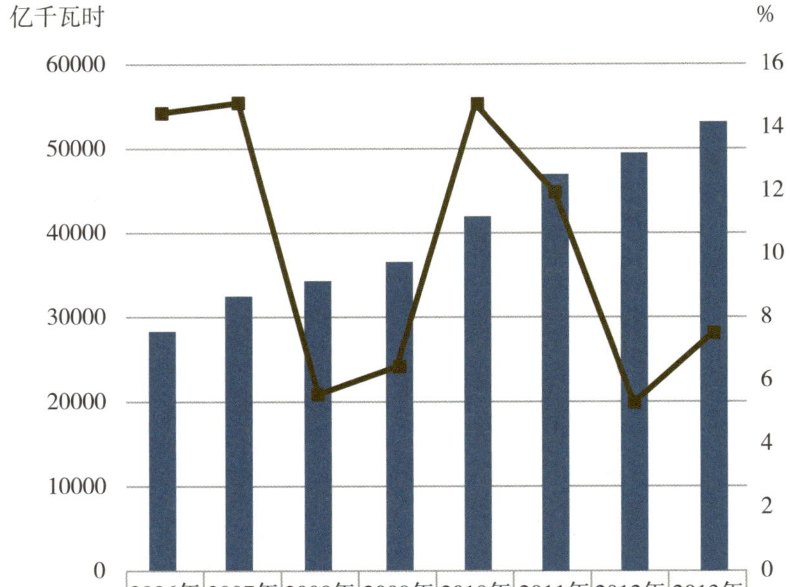

	2006年	2007年	2008年	2009年	2010年	2011年	2012年	2013年
■ 全社会用电量（亿千瓦时）	28368	32565	34380	36598	41999	47022	49514	53223
增长率（%）	14.5	14.8	5.6	6.5	14.8	12.0	5.3	7.5

图5-1　2006～2013年中国全社会用电量与增长率

数据来源：2006~2012年数据来自《电力工业统计资料汇编》，2013年数据来自《电力工业统计快报2013》。

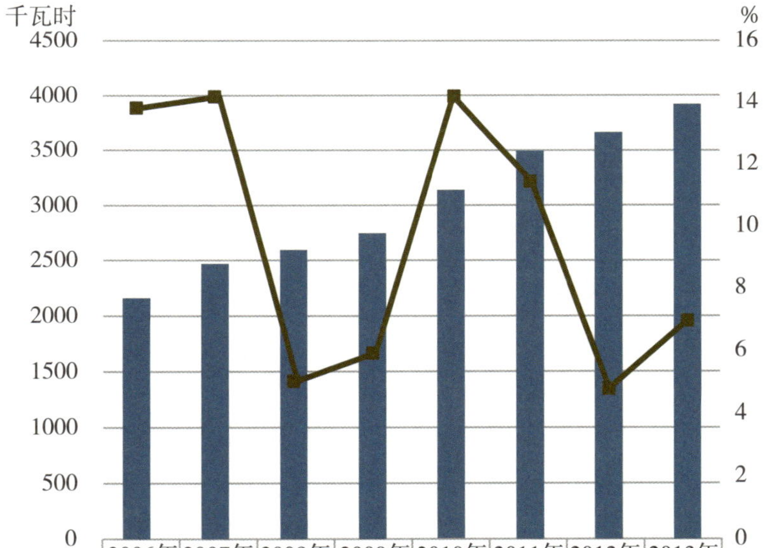

	2006年	2007年	2008年	2009年	2010年	2011年	2012年	2013年
■ 人均用电量（千瓦时）	2163.8	2471.0	2595.4	2749.1	3139.6	3498.3	3665.8	3921.0
增长率（%）	13.8	14.2	5.0	5.9	14.2	11.4	4.8	7.0

图5-2　2006～2013年中国人均用电量与增长率

数据来源：用电量数据来自《电力工业统计资料汇编》、《电力工业统计快报2013》；
年中人口数据根据《中国统计年鉴2013》、《2013年国民经济和社会发展统计公报》中相关数据计算得到。

二、电力消费占世界总量约21%，人均消费略高于世界平均水平

根据IEA统计数据，2011年世界电力消费量221813亿千瓦时，美国电力消费量43868亿千瓦时，同期中国全社会用电量达到47022亿千瓦时。中国电力消费量约占世界的21.2%，是美国的1.1倍，超越美国成为世界第一大电力消费国，如图5-3所示。

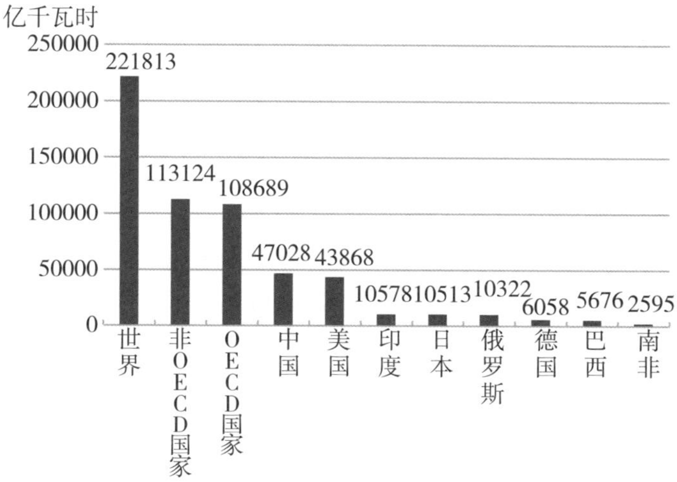

图5-3 2011年电力消费国际比较

数据来源：IEA《世界能源统计2013》。

根据IEA统计数据，2011年世界人均电力消费量3188千瓦时，发达国家中，美国和日本分别为14059千瓦时和8224千瓦时；金砖国家中，巴西和印度分别为2886千瓦时和852千瓦时。而同期中国人均电力消费量仅为3499千瓦时，高于巴西和印度，但不及美国的1/4、日本的1/2。可见，尽管从总量上来看，中国用电量居于世界之首，但折合到人均用电量上，排位明显下降，与发达国家差距较大，如图5-4所示。

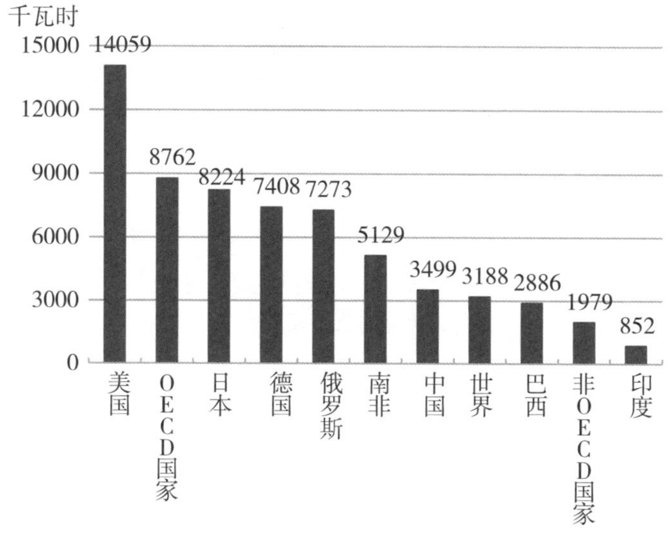

图5-4 2011年人均电力消费量的国际比较

数据来源：IEA《世界能源统计2013》。

第二节　分部门电力消费

近年来，中国的用电结构不断优化，第二产业用电比重趋于下降，第三产业和居民生活用电比重逐步提高。2013年第一、二产业用电比重分别下降0.1个和0.4个百分点，第三产业和居民生活用电比重分别提高0.3个和0.2个百分点。中国的用电结构与发达国家相比仍有一定差距，第二产业用电比重偏高，而城乡居民生活和第三产业用电比重偏低。

一、电力消费结构不断优化，但工业用电比重仍高于70%

2013年第一产业用电量1014亿千瓦时，同比增长不到1%；第二产业用电量39143亿千瓦时，同比增长7%，增长率较2012年提高3.2个百分点，是全社会用电增速反弹的主要原因；第三产业用电量6273亿千瓦时，同比增长10.3%，继续保持较快增长；城乡居民生活用电量6793亿千瓦时，同比增长9.2%，如图5-5所示。

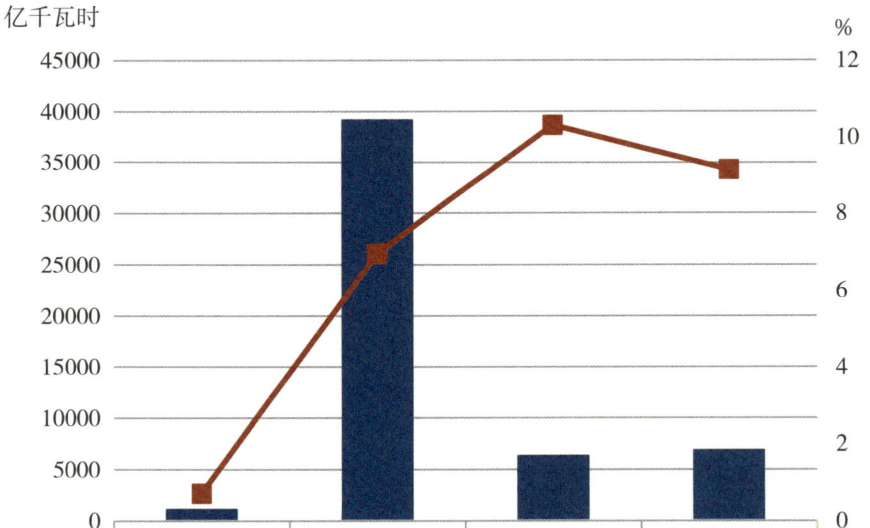

	第一产业	第二产业	第三产业	城乡居民
■ 用电量（亿千瓦时）	1014	39143	6273	6793
■ 增长率（%）	0.7	7.0	10.3	9.1

图5-5　2013年中国分部门用电量与增长率

数据来源：《电力工业统计快报2013》。

2013年，第一产业用电比重为1.9%，第二产业用电比重为73.5%，较2012年分别下降0.1个和0.4个百分点，第三产业和居民生活用电比重分别为11.8%和12.8%，较2012年分别提高0.3个、0.2个百分点，如图5-6所示。

与2010年相比，第一产业、第二产业用电比重分别下降0.4个百分点和1.4个百分点，第三产业和居民生活用电比重分别提高1.1个百分点和0.7个百分点。近年来，中国的电力消费结构正不断优化，第三产业及居民生活用电比重逐步上升。但总体来看，中国的用电结构并没有发生根本性变化，第二产业用电仍占据主导地位。

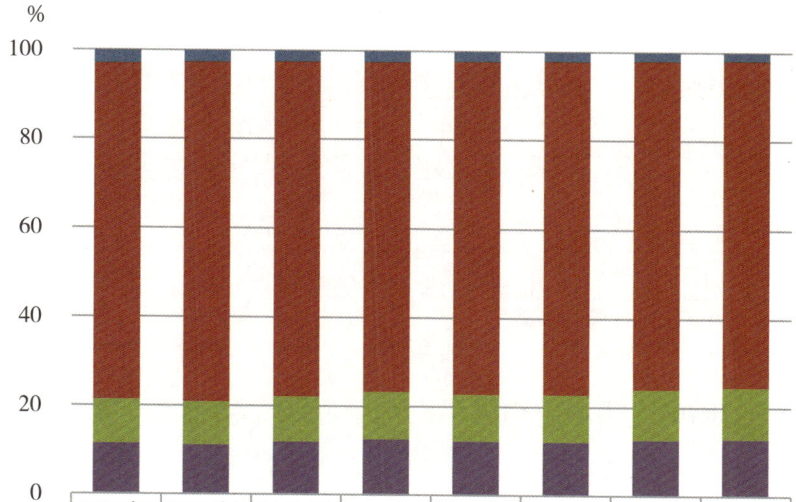

	2006年	2007年	2008年	2009年	2010年	2011年	2012年	2013年
第一产业（%）	2.9	2.7	2.6	2.6	2.3	2.2	2.0	1.9
第二产业（%）	75.7	76.5	75.4	74.2	74.9	75.0	73.9	73.5
第三产业（%）	9.9	9.8	10.2	10.8	10.7	10.9	11.5	11.8
城乡居民（%）	11.4	11.1	11.9	12.5	12.1	12.0	12.6	12.8

图5-6　2006~2013年中国分部门电力消费结构

数据来源：《电力工业统计资料汇编》、《电力工业统计快报2013》。

工业是最主要的电力消费部门，2006年以来工业用电占全社会用电量的比重始终处于70%以上。2012年电力消费量中工业用电36122亿千瓦时，同比增长4.1%。其中，仅化学原料及化学制品制造业、非金属矿物制品业、黑色金属冶炼及压延加工业、有色金属冶炼及压延加工业四个部门的电力消费量总计15662亿千瓦时，占工业用电量的43.4%、占总用电量的31.5%，见表5-1。

表5-1　　2006～2012年中国分部门电力消费结构　　单位：%

部门	2006年	2007年	2008年	2009年	2010年	2011年	2012年
农、林、牧、渔业	2.9	2.7	2.6	2.6	2.3	2.2	2.0
工业	74.8	75.5	74.4	73.1	73.7	73.8	72.7
制造业	54.1	55.3	54.6	53.5	54.5	54.9	53.7
化学原料及化学制品制造业	8.5	8.4	8.1	7.7	7.3	7.4	7.6
非金属矿物制品业	5.8	5.7	5.7	5.8	5.9	6.2	5.9
黑色金属冶炼及压延加工业	10.7	11.4	11.0	11.1	11.2	11.3	10.3
有色金属冶炼及压延加工业	6.4	7.4	7.5	7.0	7.5	7.6	7.7

续表

部门	2006年	2007年	2008年	2009年	2010年	2011年	2012年
建筑业	0.9	1.0	1.0	1.0	1.2	1.2	1.2
交通运输、仓储和邮政业	1.6	1.6	1.7	1.7	1.7	1.8	1.8
商业、住宿和餐饮业	3.0	2.9	3.0	3.1	3.1	3.2	3.4
其他行业	5.3	5.3	5.6	6.0	5.8	5.9	6.2
生活消费	11.4	11.1	11.9	12.5	12.1	12.0	12.5
城镇居民	6.8	6.6	7.0	7.3	7.0	6.8	7.2
乡村居民	4.6	4.5	4.9	5.2	5.1	5.1	5.4

数据来源：《电力工业统计资料汇编》。

二、第二产业用电比重高出世界平均水平近22个百分点，第三产业和生活用电比重远低于世界平均水平

根据IEA统计数据，2011年世界三次产业及生活用电比重分别为2.1%、53.7%、21.7%和22.5%。同期中国第二产业用电比重为75.3%，高出世界平均水平21.6个百分点、美国41个百分点、日本36.3个百分点；第三产业用电比重低于世界平均水平11.1个百分点、低于美国和日本均为22.7个百分点；居民生活用电比重低于世界平均水平10.5个百分点、美国20.4个百分点、日本15.6个百分点，如图5-7所示。可见，中国的第二产业用电比重远高于美国、日本等发达国家，而城乡居民生活、第三产业用电的比重偏低，用电结构有待进一步优化。

	世界	OECD国家	非OECD国家	中国	美国	德国	日本	俄罗斯	巴西	印度	南非
第一产业（%）	2.1	0.9	3.4	2.2	0.0	1.5	0.1	1.5	3.8	12.6	2.3
第二产业（%）	53.7	43.2	63.8	75.3	34.3	54.7	39.0	70.4	56.7	61.0	66.5
第三产业（%）	21.7	28.8	14.9	10.6	33.3	21.2	33.3	15.5	19.8	10.3	15.4
居民消费（%）	22.5	27.2	17.9	12.0	32.4	22.5	27.6	12.7	19.7	16.1	15.8

图5-7 2011年分行业电力消费结构的国际比较

数据来源：IEA《世界能源统计2013》。

第三节　分地区电力消费

近年来，西部地区用电增长较快，比重趋于上升，东部地区用电增速放缓，但仍占最大比重。从人均情况看，人均用电量的地区分布与人均生活用电量的地区分布差异明显，西部资源大省人均用电量较高，而人均生活用电量较高的省份主要集中在东部经济发达地区。用电结构方面，各地区情况不尽相同，大体上工业用电比重相对较高，集中在65%～80%之间，北京是全国唯一一个第三产业用电比重高于第二产业的地区。

一、西部地区用电比重趋于上升，东部五省份用电量超3000亿千瓦时

2013年东部地区用电量为25604亿千瓦时，分别是中部、西部及东北地区的2.5倍、1.8倍和7.3倍。从增长率上看，西部地区用电量同比增长9.8%，快于东、中部和东北地区。从比重上看，2013年东、中、西部及东北地区用电量占全社会用电量的比重分别为48.1%、19.3%、26%和6.6%，与2010年相比，西部地区用电量占比提高2.4个百分点，而东部和东北地区分别下降1.8个百分点、0.6个百分点，中部地区则基本持平，如图5-8和图5-9所示。

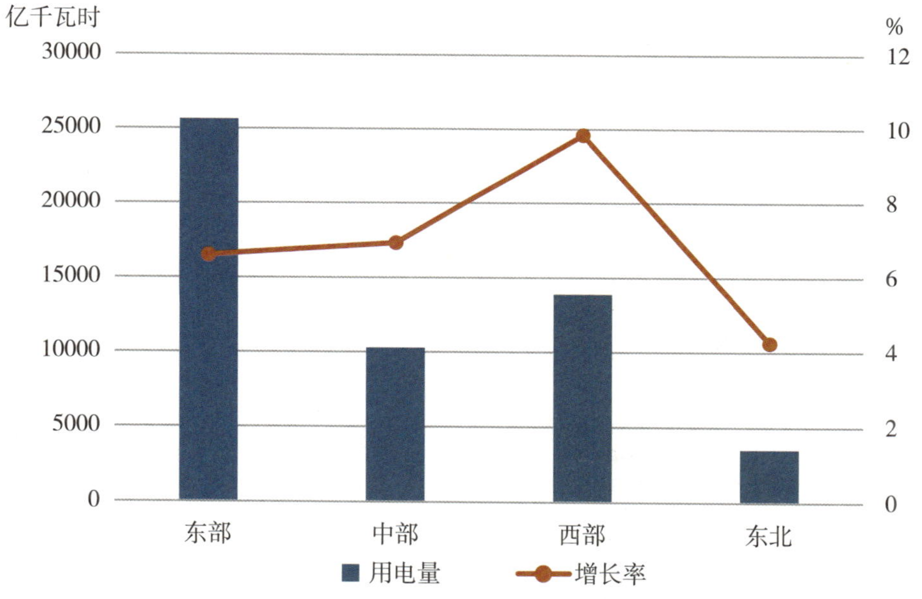

图5-8　2013年中国分区域用电量及增长率

数据来源：《电力工业统计资料汇编2012》、《电力工业统计快报2013》。

2013年五个省份用电量超过3000亿千瓦时，且均位于经济较为发达的东部地区。其中，江苏（4957亿千瓦时）为电力消费最高的省份，是用电量最少的西藏（31亿千瓦时）的160倍。江苏、广东、山东、浙江、河北、河南六省电力消费量共计23473亿千瓦时，占全国用电总量的44.1%。而用电量第七的内蒙古与第六的河南有高达717亿千瓦时的差距，因此，这六大用电省份组成了中国电力消费的第一集团，其电力消费状况影响着全国的用电水平，如图5-10所示。

	2006年	2007年	2008年	2009年	2010年	2011年	2012年	2013年
东北（%）	7.9	7.5	7.5	7.4	7.2	7.0	6.8	6.6
西部（%）	22.1	22.4	22.8	23.1	23.6	24.8	25.4	26.0
中部（%）	19.0	19.4	19.4	19.3	19.3	19.4	19.3	19.3
东部（%）	51.1	50.6	50.4	50.3	49.9	48.9	48.4	48.1

图5-9　2006～2013年中国分区域用电比重

数据来源：《电力工业统计资料汇编》、《电力工业统计快报2013》。

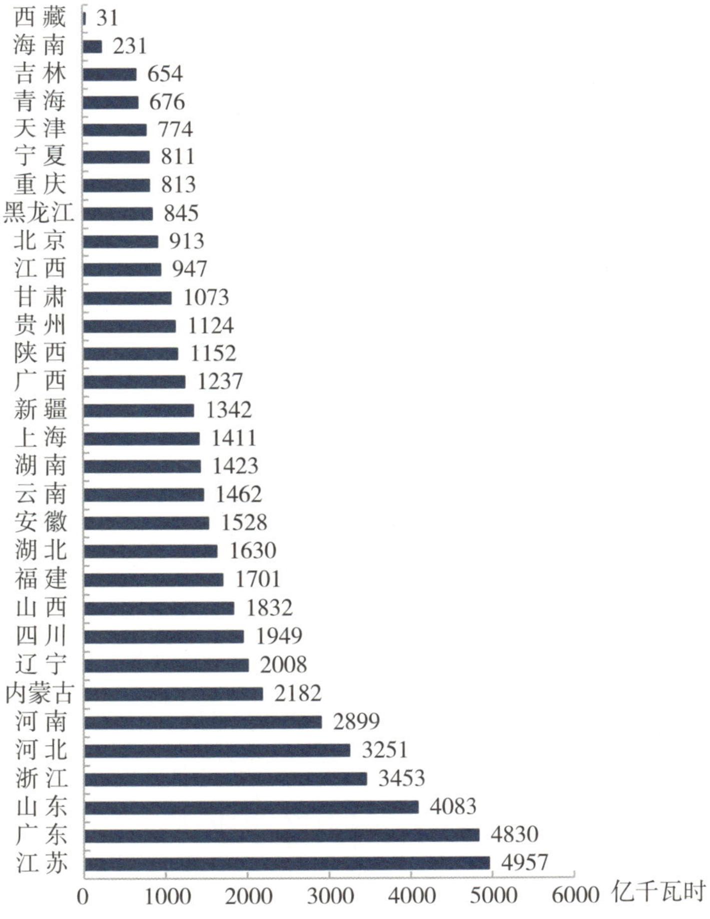

图5-10　2013年中国分地区用电量

数据来源：《电力工业统计快报2013》。

二、西部资源大省人均用电量较大，而人均生活用电较高的省份集中在东部经济发达区域

中国人均电力消费和人均生活电力消费的地区差异明显。由于产业结构不同，西部资源大省的人均用电量普遍较高，而人均生活用电量较高的省份则多位于东部经济发达地区，如图5-11所示。2012年人均电力消费量排名前三的省份分别是宁夏（11540千瓦时）、青海（10552千瓦时）、内蒙古（8113千瓦时），而人均生活电力消费量排名前三的省份分别是上海（793千瓦时），北京（792千瓦时）、福建（776千瓦时），宁夏、青海则滑落至倒数第二和倒数第五位。

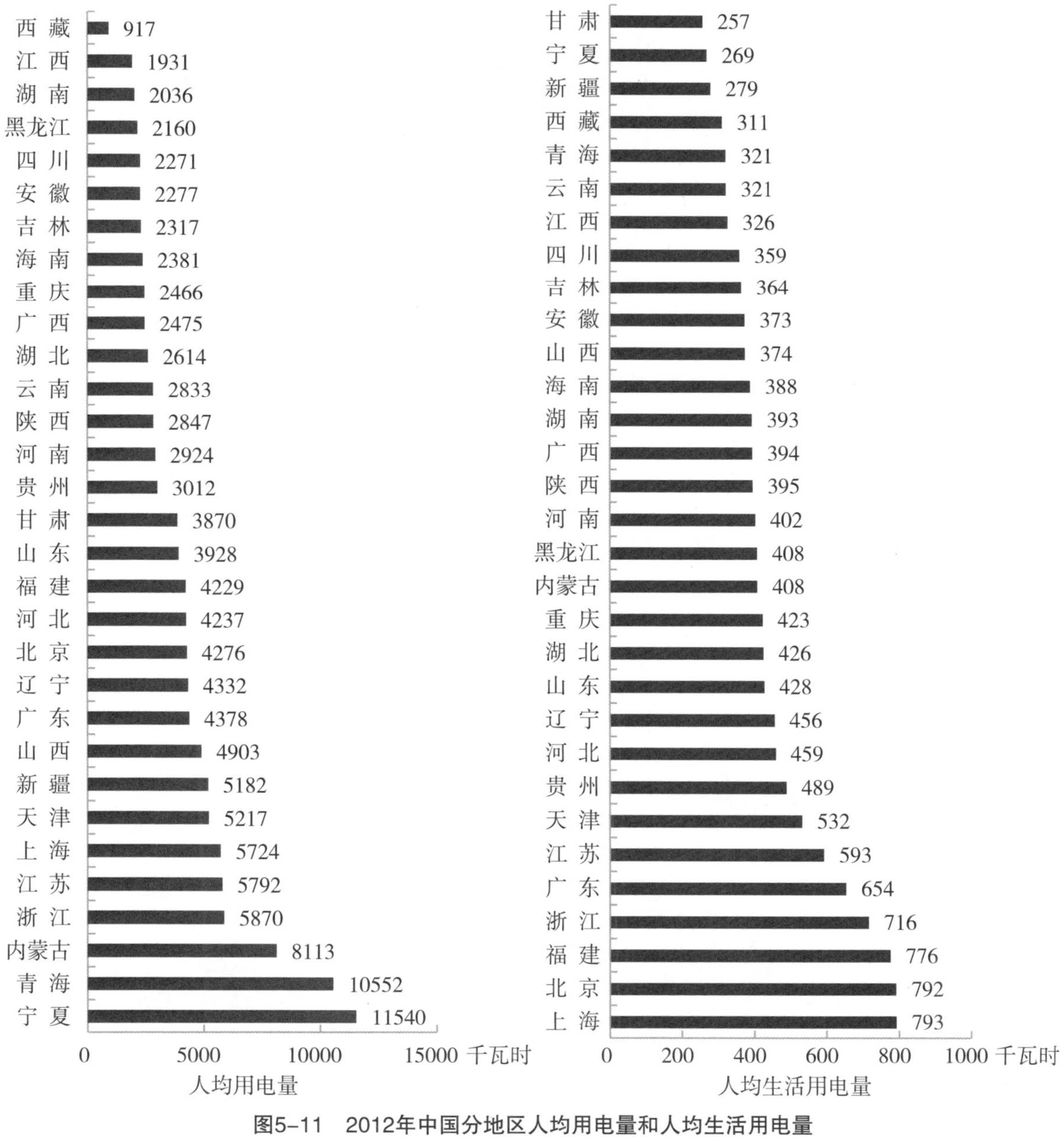

图5-11 2012年中国分地区人均用电量和人均生活用电量

数据来源：根据《中国统计年鉴2013》、《电力工业统计资料汇编2012》相关数据计算得到。

三、工业用电比重普遍较高，北京第三产业用电比重超过第二产业

分地区来看，虽然用电结构不尽相同，但大体上工业用电比重相对较高，集中在65% ~80%之间。江苏、广东、山东、浙江、河北、河南六个用电大省除广东（66.0%）外工业用电比重均在75%左右（见表5-2），工业的发展是拉动以上省份电力消费增长的主要动力。北京、上海、海南的工业用电比重与其他省市相比相对较低，其中，北京是全国唯一一个第三产业用电比重超过第二产业的省份。

表5-2　　2012年中国各地区分部门用电结构　　单位：%

地区	农、林、牧、渔业	工业	其中：重工业	建筑业	交通运输、仓储、邮政业	批发、零售业和住宿、餐饮业	其他行业	居民生活
全国	2	72.7	60.4	1.2	1.8	3.4	6.2	12.5
北京	2.1	34.1	28.1	2.6	4.4	9	29.3	18.5
天津	1.9	70.6	61.3	1.9	2.9	4.5	8	10.2
河北	3.2	76.8	68.4	1	2.3	2.3	3.5	10.8
山西	2.1	81.2	78.8	1.2	2.9	1.5	3.3	7.6
内蒙古	1.6	88.5	85.5	0.5	1	1.7	1.7	5
辽宁	1.4	74.9	68.1	1.5	2.1	4	5.7	10.5
吉林	1.3	68.1	60.7	1.5	2.3	4.2	6.9	15.7
黑龙江	4.4	64.4	58.7	1.3	1.4	3.1	6.5	18.9
上海	0.5	58.1	46.9	0.9	2.9	5.5	18.3	13.8
江苏	0.8	77.8	58.8	0.9	1	3	6.2	10.2
浙江	0.7	74.8	44.6	1.4	1	3.8	6	12.2
安徽	1.1	69.8	60.5	1.6	1.5	4	5.6	16.4
福建	1.2	67.2	46.2	1.5	1.3	4.1	6.3	18.4
江西	1.2	68.6	54.1	1.3	2.2	4	5.9	16.9
山东	1.9	76.4	61.4	0.9	1.7	2.9	5.2	10.9
河南	2.8	74.2	65.3	0.6	2	2.4	4.1	13.8
湖北	1.3	69.2	59.6	1.1	2	4.8	5.4	16.3
湖南	7.8	60.2	52.7	1.1	2.7	3.3	5.6	19.3
广东	1.7	66	40.7	1.1	1.5	5.4	9.3	14.9
广西	1.9	72.1	62.8	1	1.2	2.7	5	15.9

续表

地区	农、林、牧、渔业	工业	其中：重工业	建筑业	交通运输、仓储、邮政业	批发、零售业和住宿、餐饮业	其他行业	居民生活
海南	5.3	50.1	35.7	2.4	1.6	7.8	16.5	16.3
重庆	0.3	64.5	56	2.6	1.8	4.5	9.1	17.1
四川	0.6	70.3	63	2.1	1.8	3.8	5.7	15.8
贵州	0.4	74.8	70.4	1.3	2.5	1.8	3	16.2
云南	0.8	78	74.3	1.7	1.5	2.5	4.2	11.3
西藏	1.7	36.8	33.7	5.1	4	4.7	13.5	34.2
陕西	4	66.1	60.3	1.7	4.5	3.5	6.3	13.9
甘肃	5.7	77.9	75.9	1.3	3.3	1.6	3.5	6.6
青海	0.2	92.4	91.7	1	0.9	0.7	1.8	3
宁夏	1.7	91.6	89.9	0.8	1	1	1.5	2.3
新疆	7.9	79.5	72.8	1.2	0.9	1.8	3.3	5.4

数据来源：《电力工业统计资料汇编2012》。

第四节　电力消费强度

2013年中国单位GDP用电量（电力消费强度）为1045.6千瓦时/万元，比2012年减少5千瓦时/万元，同比下降0.5%，单位用电量创造的GDP为9.56元/千瓦时。从世界范围看，中国的电力消费强度仍然偏高，为世界平均水平的2.7倍；分地区看，电力消费强度呈现西高东低的特征。

一、电力消费弹性系数为0.97，电耗强度同比下降0.5%

2013年中国全社会用电量增长率为7.5%，较2012年提高1.9个百分点；GDP增长率为7.7%，与2012年持平。电力消费弹性系数为0.97，较2012年提高0.28，弹性系数有所回升，但仍小于1，如图5-12所示。

按2010年不变价格计算，2013年中国单位GDP用电量1045.6千瓦时/万元，较2012年减少5千瓦时/万元，同比下降0.5%，如图5-13所示。单位GDP用电量下降幅度较小，主要是受夏季极端高温天气影响，电力消耗较大。2013年中国每千瓦时用电量创造的GDP为9.56元，比2012年增加0.04元，如图5-14所示。

图5-12 2006~2013年中国电力消费弹性系数

注：电力消费弹性系数=电力消费年平均增长率/国民经济年平均增长率。

数据来源：GDP增长率来自《中国统计年鉴2013》、《2013年国民经济和社会发展统计公报》；用电增长率来自《电力工业统计资料汇编》、《电力工业统计快报2013》；电力消费弹性系数根据相关数据计算得到。

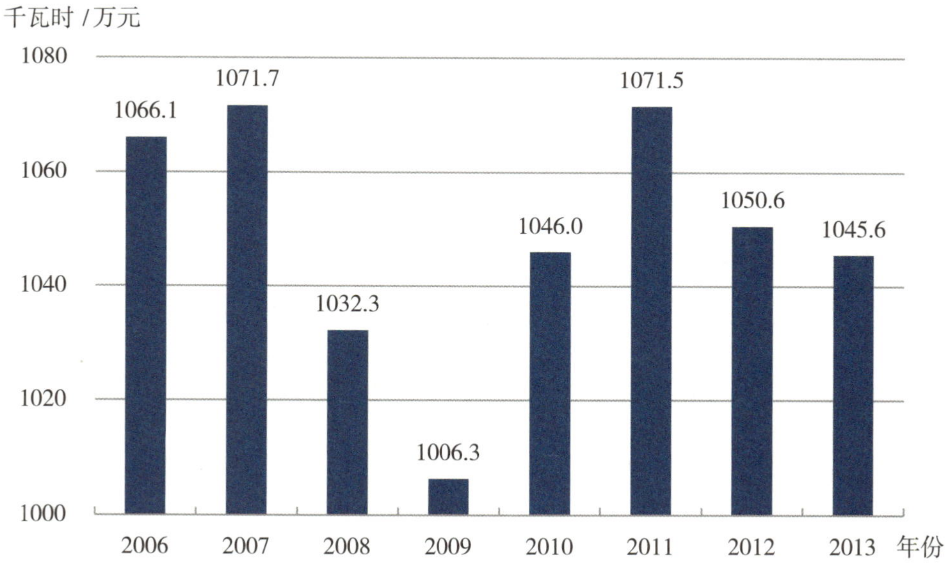

图5-13 2006~2013年中国单位GDP用电量

注：GDP按2010年不变价格计算。

数据来源：《电力工业统计资料汇编》、《电力工业统计快报2013》。

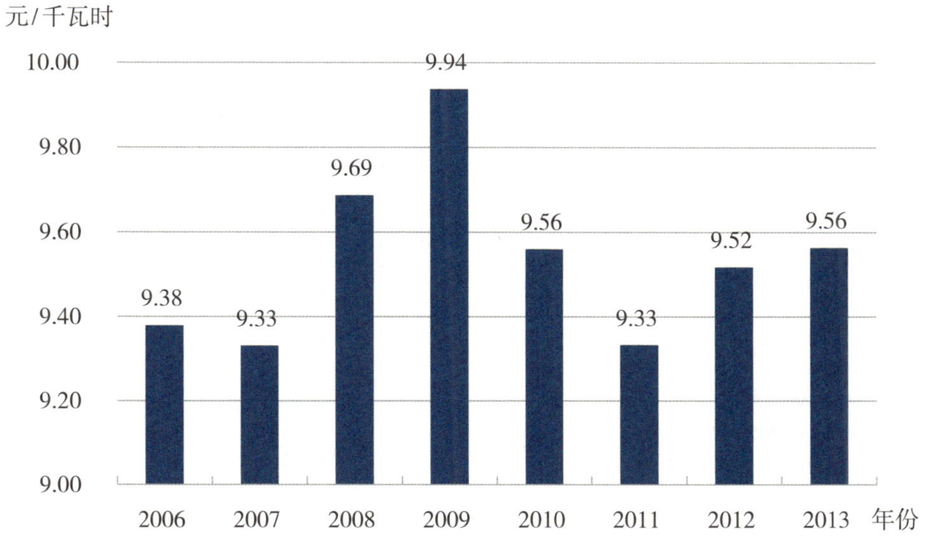

图5-14 2006~2013年中国单位用电量创造的GDP

注：GDP按2010年不变价格计算。

数据来源：《电力工业统计资料汇编》、《电力工业统计快报2013》。

二、电力消费强度为世界平均水平的2.7倍，高于其他金砖国家

从世界范围看，中国的电力消费强度明显偏高。根据IEA统计数据，按汇率法计算，2011年世界单位GDP用电量平均水平为0.39千瓦时/美元，其中美国、日本分别为0.31千瓦时/美元和0.22千瓦时/美元；巴西和印度分别为0.43千瓦时/美元和0.63千瓦时/美元。同期中国单位GDP用电量为1.06千瓦时/美元，为世界平均水平的2.7倍，美国的3.4倍、日本的4.8倍、巴西的2.5倍、印度的1.7倍，如图5-15所示。

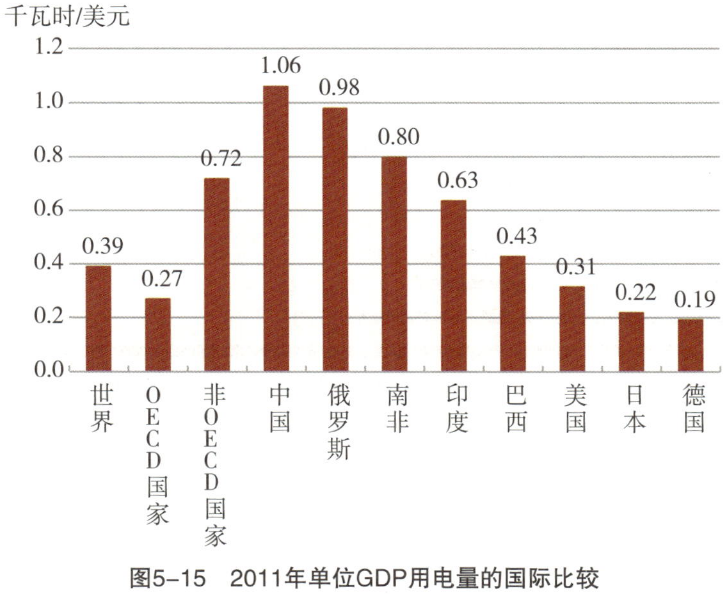

图5-15 2011年单位GDP用电量的国际比较

注：GDP按2005年美元价格计算。

数据来源：IEA《世界能源统计2013》。

三、单位GDP用电量西高东低，青海、宁夏远高于其他省份

中国的单位GDP用电量呈现西高东低的特点。2012年单位GDP用电量超过1500千瓦时/万元的省份均集中在西部地区，分别为青海（3180千瓦时/万元）、宁夏（3168千瓦时/万元）、甘肃（1760千瓦时/万元）和贵州（1528千瓦时/万元），排名后五位的省份为西藏（396千瓦时/万元）、北京（489千瓦时/万元）、吉林（534千瓦时/万元）、天津（560千瓦时/万元）、黑龙江（605千瓦时/万元）。排名最高的青海电耗强度是西藏的8倍，如图5-16所示。

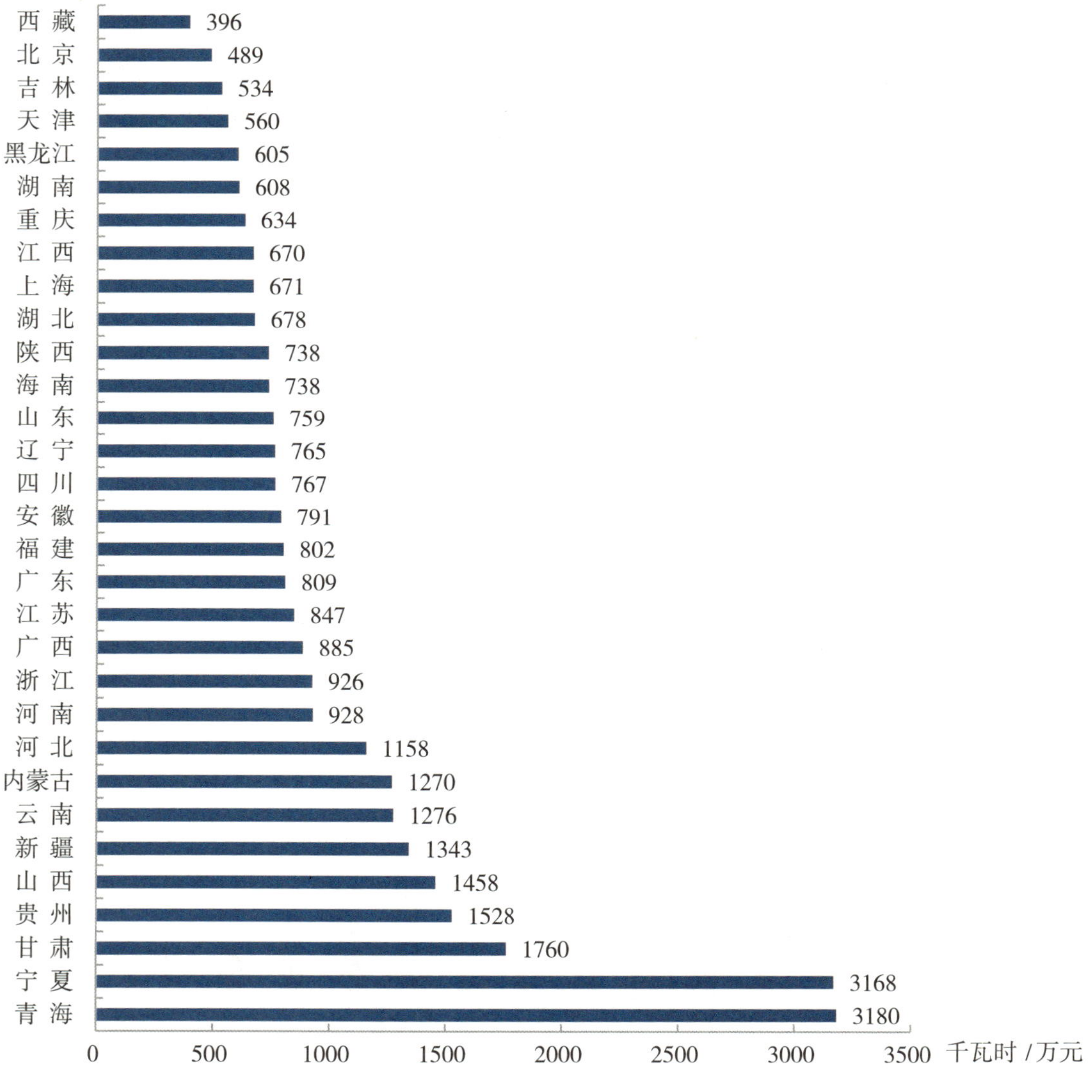

图5-16 2012年中国分地区单位GDP用电量

数据来源：根据《中国统计年鉴2013》、《电力工业统计快报2013》相关数据计算得到。

2013年中国的能源工业投资平稳增长，固定资产投资合计29081亿元，同比增长14.0%，增长率较2012年提高3.3个百分点，但比同期全社会固定资产投资增长率低5.6个百分点，主要原因是煤炭采选业投资出现负增长及电力、热力行业投资增速放缓。全国煤炭采选业固定资产投资5263亿元，同比下降2.0%；油气开采业固定资产投资3805亿元，同比增长23.7%；石油加工、炼焦和核燃料加工业固定资产投资2985亿元，同比增长19.4%；电力、热力生产和供应业固定资产投资14823亿元，同比增长14.5%；燃气生产和供应业固定资产投资2205亿元，同比增长37.4%。非化石能源投资方面，水电完成投资1246亿元，较2012年小幅增长0.6%；核电投资大幅降温，全年完成投资609亿元，较2012年减少22.4%；风电完成投资631亿元，较2012年增长3.9%，投资增速转负为正。

2012、2013年中国能源工业分行业投资（不含农户） 单位：亿元

项目	2012年投资额	2012年比重（%）	2013年投资额	2013年比重（%）	2013年增长率（%）
能源工业	25500.3	100.0	29081.3	100.0	14.0
煤炭采选业	5370.2	21.1	5263.0	20.6	-2.0
石油和天然气开采业	3076.5	12.1	3805.0	14.9	23.7
电力、热力生产和供应业	12947.9	50.8	14823.0	58.1	14.5
石油加工、炼焦和核燃料加工业	2501.0	9.8	2985.0	11.7	19.4
燃气生产和供应业	1604.7	6.3	2205.3	8.6	37.4

2013年中国的能源基础设施建设有序推进。截至2013年底，煤炭新增查明资源储量520.7亿吨，石油新增探明技术可采储量2.02亿吨，天然气新增探明技术可采储量3818.6亿$米^3$；新增炼油能力3310万吨/年，累计突破6亿吨大关；新增原油管道1520千米、成品油管道1050千米，分别达到2.03万千米和1.93万千米，石油管道累计近4万千米；新增天然气骨干管网5700千米，累计长度超过6万千米，新建储气能力112亿$米^3$，已投产LNG接收站9座，总接受能

力达到2800万吨/年；新增发电装机容量9400万千瓦，全口径发电装机容量达到12.47亿千瓦时，其中水电、火电、核电、风电和太阳能发电新增装机容量分别为2993万、3650万、221万、1406万千瓦和1130万千瓦，全国电网新增220千伏及以上输电线路长度3.95万千米，达到53.98万千米，新增220千伏及以上变电设备容量1.96万千伏安，达到26.23万千伏安。

2013年中国主要化石能源资源储量情况

储量分类	新增查明资源储量/新增探明地质储量	新增探明技术可采储量
煤炭（亿吨）	520.7	—
石油（亿吨）	10.84	2.02
天然气（亿米^3）	6164.3	3818.6

2013年中国能源基础能力建设情况

基础能力建设	新增	累计
炼油能力	3310万吨	6.13亿吨
原油管道	1520千米	2.03万千米
成品油管道	1050千米	1.93万千米
天然气骨干管道	5700千米	>6万千米
LNG接收能力	920万吨/年	2800万吨/年
发电装机容量	9400万千瓦时	12.47亿千瓦时

第六章 煤炭投资与建设

2013年中国煤炭采选业固定资产投资（不含农户）5263亿元，近年来首次出现负增长。煤炭新增查明资源储量520.7亿吨。煤炭采选业固定资产投资西移明显，晋、蒙、陕三省占比接近50%。淘汰落后产能政策不断出台，煤矿资源整合加速。

第一节 煤炭投资总量

2013年中国煤炭采选业固定资产投资同比下降2.0%，为近年来首次负增长，新增查明资源储量520.7亿吨，较2012年下滑36.6亿吨。2012年中国城镇煤炭采选业固定资产投资在建总规模同比增长8.9%，私人控股企业投资比例不断扩大。

一、煤炭采选业固定资产投资下滑2%，新增查明资源储量520.7亿吨

2013年中国煤炭采选业固定资产投资5263亿元，比2012年减少107亿元，同比下降2.0%，增长率较2012年回落11.3个百分点，2006年以来首次出现负增长。相比同期全社会固定资产投资（不含农户）的增长率低21.6个百分点，如图6–1所示。

煤炭资源勘探方面，根据国土资源部《2013年主要矿产资源储量增长和资源节约与综合利用情况》，2013年煤炭新增查明资源储量520.7亿吨，较2012年下滑36.6亿吨；新增大中型矿产地67处，较2012年增加14处。

二、煤炭采选业固定资产投资在建总规模上升8.9%，增幅连续4年收窄

由于近年来的高投入，全国城镇煤炭采选业固定资产投资在建总规模继续维持在较高水平，但增幅收窄。2012年全国城镇煤炭采选业固定资产投资在建总规模为12634亿元，较2011年上升1032亿元，同比增长8.9%，增长率较2011年回落4.3个百分点，如图6–2所示。

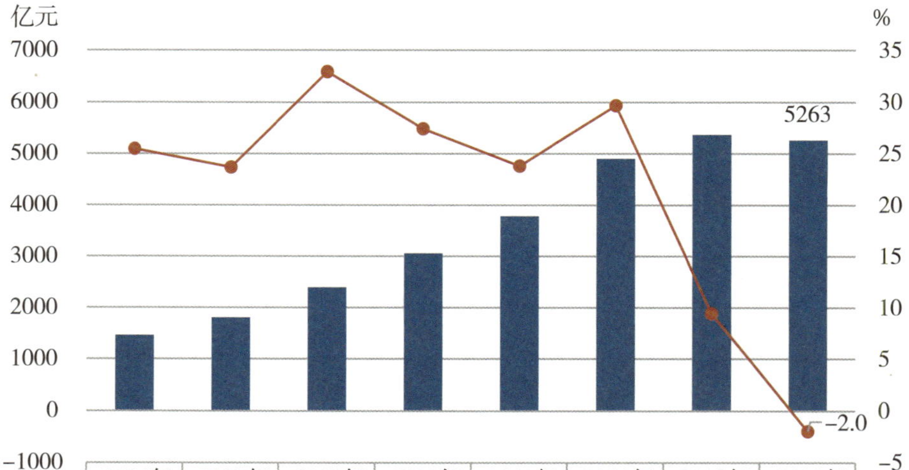

	2006年	2007年	2008年	2009年	2010年	2011年	2012年	2013年
■ 煤炭采选业固定资产投资（亿元）	1459	1805	2399	3057	3785	4907	5370	5263
投资增长率（%）	25.5	23.7	33.0	27.4	23.8	29.7	9.4	-2.0

图6-1　2006～2013年中国煤炭采选业固定资产投资（不含农户）

数据来源：2006～2012年数据来自《中国能源统计年鉴2013》，2013年数据来自《2013年国民经济与社会发展统计公报》。

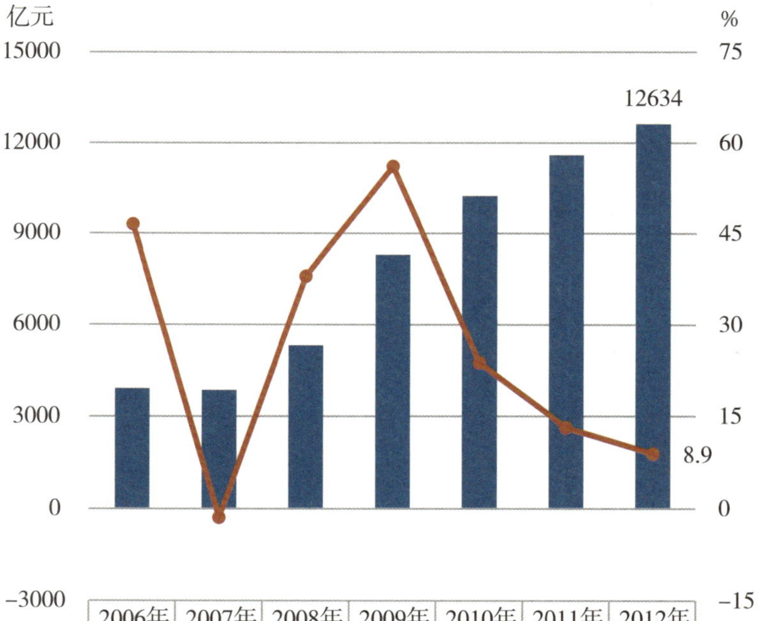

	2006年	2007年	2008年	2009年	2010年	2011年	2012年
■ 煤炭采选业固定资产投资在建总规模（亿元）	3904	3848	5307	8287	10253	11602	12634
增长率（%）	46.5	-1.4	37.9	56.2	23.7	13.2	8.9

图6-2　2006～2012年中国城镇煤炭采选业固定资产投资在建总规模

数据来源：《中国能源统计年鉴2013》、《中国统计年鉴2013》。

三、私人控股企业投资2239亿元，占比持续上升

近年来非公有制企业煤炭采选业固定资产投资占比逐年上升。2012年，私人控股企业全国城镇煤炭采选业投资2239亿元，较2011年增加177亿元，同比增长7.9%；占比达到43.55%，较2011年上升0.11个百分点。国有控股企业全国城镇煤炭采选业投资2424亿元，较2011年增加184亿元，同比增长8.2%；占比47.16%，较2011年下滑0.02个百分点，如图6–3所示。

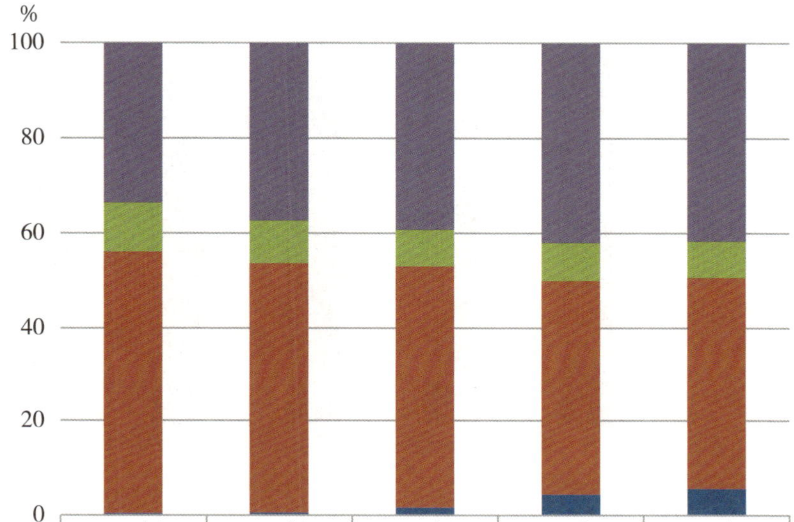

	2008年	2009年	2010年	2011年	2012年
私人控股企业（%）	33.6	37.3	39.3	42.0	41.7
集体控股企业（%）	10.3	9.0	7.7	8.0	7.6
国有控股企业（%）	55.7	53.1	51.4	45.6	45.1
港澳台、外商企业及其他（%）	0.4	0.6	1.6	4.3	5.6

图6–3　2008～2012年中国城镇煤炭采选业固定资产投资结构

数据来源：《中国统计年鉴2013》、《中国能源统计年鉴2013》。

第二节　分地区煤炭投资

中国的煤炭投资主要集中在煤炭资源丰富的省份。2012年东、中、西部地区煤炭采选业固定资产投资分别为396亿、2445亿元和2529亿元，新增煤炭投资主要集中在西部地区。山西、内蒙古、陕西三省投资总额约为2620亿元。

一、西部地区煤炭采选业投资占比超47%，东中部投资占比趋于下降

煤炭投资主要集中在中西部地区。2012年中国煤炭固定资产投资中，东部、中部和西部地区所占比重分别为7.4%、45.5%和47.1%（见图6–4），东、西部地区煤炭采选业固定资产投资比重较2011年略有上

升，中部地区略有下降。各区域煤炭投资总量均有所上升，2012年东、中、西部较2011年增加40.7亿元、200.6亿元、221.7亿元，分别增长11.4%、8.9%、9.6%。

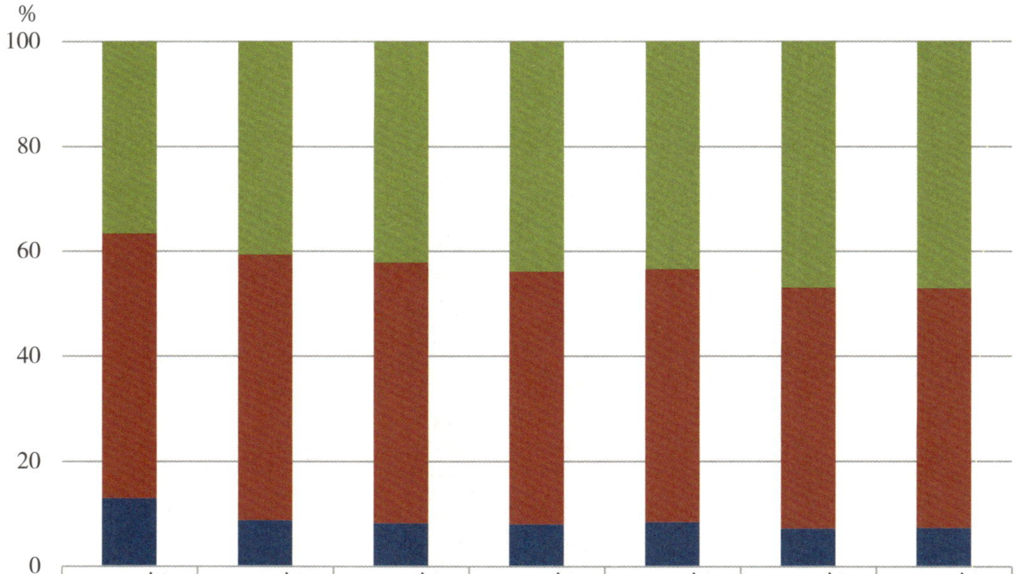

	2006年	2007年	2008年	2009年	2010年	2011年	2012年
西部（%）	36.7	40.7	42.2	43.9	43.4	47.0	47.1
中部（%）	50.3	50.5	49.5	48.0	48.1	45.7	45.5
东部（%）	13.0	8.8	8.3	8.1	8.5	7.2	7.4

图6-4　2006～2012中国分区域煤炭采选业固定资产投资

数据来源：《中国能源统计年鉴2013》。

二、晋、蒙、陕三省煤炭采选业投资占比近50%，黔、豫、鲁投资下滑

山西、内蒙古和陕西作为中国煤炭主产区，在煤炭采选业投资中占比较大。2012年上述三省合计投资2619.8亿元，占全国的48.7%，比重较2011年提高1.1个百分点。其中，山西煤炭采选业投资额占全国煤炭采选业投资总额的四分之一，达到1352.2亿元。其他省份中，四川、河南、贵州、湖南、黑龙江、安徽、云南、新疆、河北、宁夏、甘肃2012年煤炭采选业投资超百亿元，除河北外，均为中西部省份。主要产煤省份中，贵州、河南、山东煤炭采选业固定资产投资出现下滑，较2011年分别下降57.1%、19.6%、17.9%，见表6-1和图6-5。

表6-1　2006～2012年中国分地区煤炭采选业投资（不含农户）　单位：亿元

地　区	2006年	2007年	2008年	2009年	2010年	2011年	2012年
北京	0.4	0.7	0.7	1.9	2.6	2.7	
天津	0.2	—	—	—	—	3.7	—

续表

地　区	2006年	2007年	2008年	2009年	2010年	2011年	2012年
河北	57.2	52.2	55.6	71.9	114.1	135.0	164.2
山西	305.6	363.9	464.1	599.7	929.5	1240.2	1352.2
内蒙古	227.6	328.4	453.0	520.4	528.4	588.7	674.4
辽宁	22.0	23.8	32.8	31.9	69.9	62.4	72.3
吉林	34.6	28.9	52.3	57.5	59.9	88.1	97.7
黑龙江	47.5	55.5	95.4	139.4	201.1	171.7	207.9
上海	—	—	—	—	—	—	—
江苏	11.1	3.7	15.9	17.3	17.5	13.9	17.9
浙江	0.2	—	—	0.1	—	—	0.2
安徽	153.5	185.1	186.1	198.2	194.0	142.0	206.0
福建	5.3	5.6	12.9	24.3	18.9	43.7	62.2
江西	10.7	15.2	24.1	41.4	37.8	78.6	64.8
山东	88.3	70.7	77.4	99.6	97.2	93.6	79.4
河南	136.9	203.2	275.9	315.7	231.9	296.1	247.6
湖北	3.7	3.8	8.2	14.8	19.3	45.6	45.9
湖南	22.9	40.9	63.6	101.6	146.3	182.1	223.0
广东	—	—	—	—	0.5	0.5	—
广西	4.4	4.5	4.8	9.7	11.4	21.5	25.2
海南	—	—	—	—	—	—	—
重庆	33.7	34.8	49.4	62.1	69.9	89.8	92.0
四川	46.9	58.2	64.4	94.5	139.4	252.5	261.1
贵州	44.5	51.3	95.9	121.2	171.8	360.0	229.1
云南	25.0	36.2	51.3	60.5	74.9	106.4	175.8
西藏	—	—	—	—	—	—	0.2
陕西	48.2	68.3	107.1	205.5	316.0	507.1	593.2
甘肃	15.4	22.9	30.6	54.5	77.0	111.9	138.5
青海	4.9	6.5	11.8	7.6	9.4	14.4	23.8
宁夏	38.7	69.3	79.7	102.0	110.7	119.8	143.8
新疆	31.6	41.0	49.2	103.5	135.3	135.3	171.9

数据来源：《中国能源统计年鉴2013》。

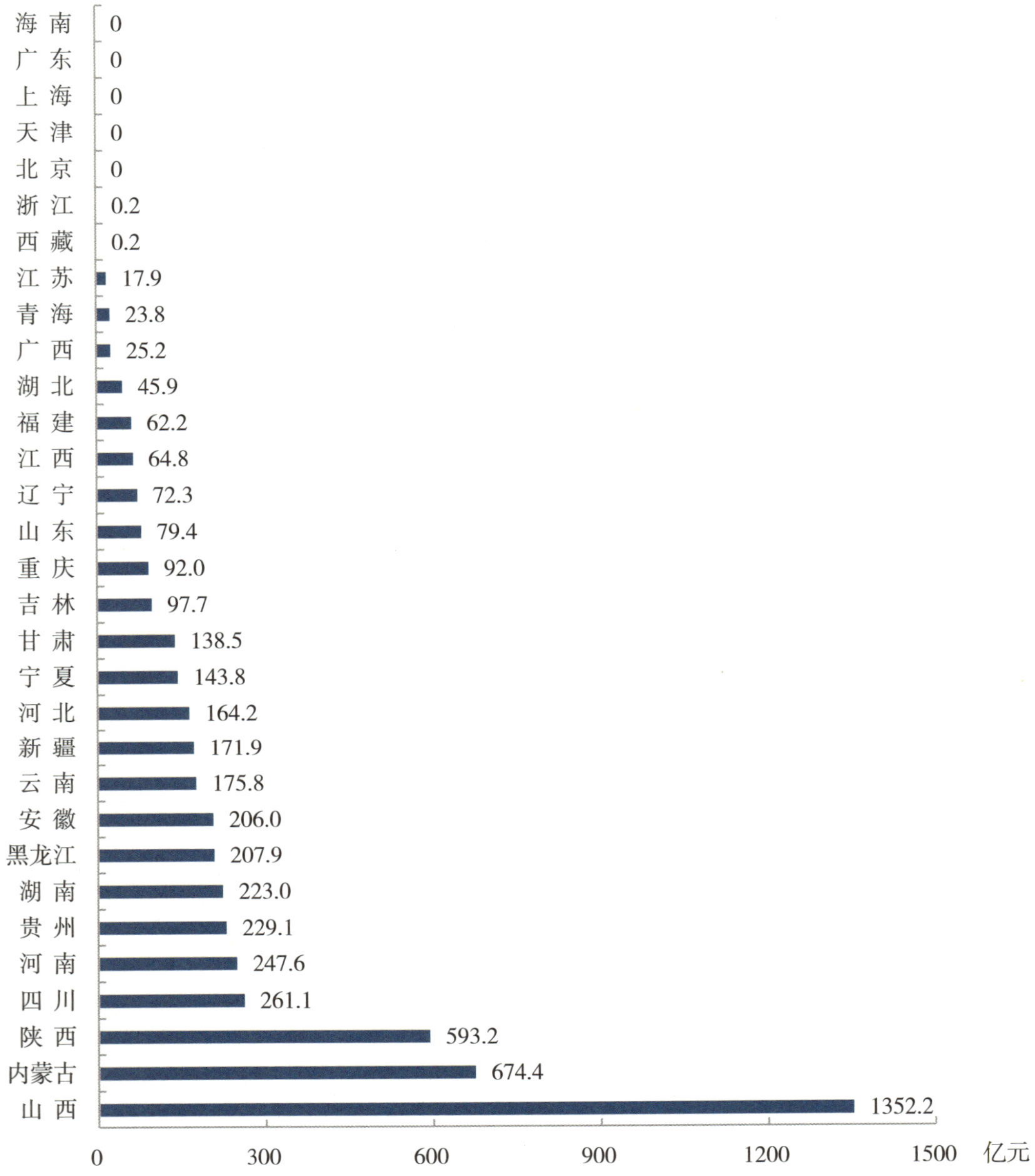

图6-5　2012年中国各地区煤炭采选业固定资产投资（不含农户）

数据来源：《中国能源统计年鉴2013》。

第三节　煤矿资源整合

中国《煤炭工业发展“十二五”规划》中就煤矿建设方面提出“在原有基础上，煤矿资源整合工作持续推进”。2013年，中央部委及地方政府出台相关政策，加速推动煤炭行业资源整合。3月18日，《关于做好2013年煤炭行业淘汰落后产能工作的通知》（国能煤炭〔2013〕145号）针对2013年落后产能淘汰问题作了新的要求，将淘汰落后产能作为调整优化煤炭产业结构的重要手段，如“对非法违法开采的煤矿，坚决予以关闭；对安全基础条件差且难以改造的小煤矿，要加强监管，积极引导其退出煤炭生产领域；对具备资源优势和改造提升条件的小煤矿，鼓励其参与煤矿企业兼并重组，实施改造升级”。该《通知》对各个省份淘汰落后产能、改造升级、兼并重组在数量上提出了具体的要求。计划在2013年，全国淘汰煤矿1256处，淘汰落后产能6418万吨。

10月12日，国务院办公厅发布《关于进一步加强煤矿安全生产工作的意见》（国办发〔2013〕99号）。在资源管理方面，强调加快落后小煤矿的关闭退出，严格煤矿安全准入。该《意见》明确了产能9万吨/年的煤矿及其他不具备安全生产条件的煤矿必须关闭，到2015年底全国关闭2000处以上小煤矿。同时加大政策支持力度，鼓励优势煤矿企业兼并重组小煤矿。在新建煤矿的准入上，也进行了严格的规定。停止核准新建生产能力低于30万吨/年的煤矿，停止核准新建生产能力低于90万吨/年的煤与瓦斯突出矿井。

2013年11月28日，国务院办公厅发布《关于促进煤炭行业平稳运行的意见》（国办发〔2013〕104号），在《关于进一步加强煤矿安全生产工作的意见》的基础上，提出了进一步的要求。在资源管理方面强调遏制煤炭产量无序增长，科学调控煤炭总量，严格新建煤矿准入标准。停止核准新建低于30万吨/年的煤矿、低于90万吨/年的煤与瓦斯突出矿井。要从完善安全生产管理入手，逐步淘汰9万吨/年及以下煤矿，重点关闭不具备安全生产条件的煤矿，加快关闭煤与瓦斯突出等灾害隐患严重的煤矿。

截至2013年，中国现有煤矿12000多个，其中生产煤矿占矿井总数的59%、在建煤矿占7%、改扩建煤矿占55%，另有拟建煤矿数十个。多个省份经过煤炭资源整合及兼并重组工作后，煤矿数量大幅下降，平均单井生产能力显著提高。一大批小型矿井由原来的生产矿井经整合后关闭或者进入改扩建期，特别是山西、贵州、四川、山西、河南等省改扩建矿井数量占总矿井数量的近50%，山西千余个煤矿中600多个在改扩建，煤矿资源整合成果显著。

第七章 石油投资与建设

2013年中国石油投资投资保持较快增长水平，投资重点在于上游勘探开发环节，海陆勘探均取得积极进展。石油管网运输能力进一步完善，原油和成品油运输管道合计近4万千米。炼化和深加工能力进一步提高，炼油能力突破6亿吨/年，深加工装置结构不断调整。

第一节 石油开采与加工投资

2013年石油开采固定资产投资完成3498亿元，比2012年增加857亿元，同比增长10.0%；石油开采施工项目352个，比2012年增加46个。石油加工固定资产投资完成2138亿元，比2012年增长27.9%。

一、石油勘探开发投资力度加大，重点集中在资源大省

2013年中国石油和天然气开采业固定资产投资完成3805亿元，同比增长23.7%，比全社会固定资产投资（不含农户）增长率高4.1个百分点，如图7–1所示。

根据石油和化学工业联合会统计数据，2013年石油开采施工项目352个，完成投资额3498亿元，同比增长10%。2013年各石油公司油气投资结构继续向上游业务倾斜。中石油注重投资回报，调整项目建设节奏，发生资本性支出人民币3187亿元，其中勘探与生产板块资本性支出为人民币2264亿元，资本支出比重为71.0%，与2012年同期相比明显上升。中石化2013年全年资本支出人民币1686亿元，其中油气勘探投资分别为888亿元，资本支出比重为52.7%，与2012年同期相比有所上升。

2013 年三大石油公司（中石油、中石化、中海油）在勘探上加大投资，在陆上、海上勘探方面取得了积极成果。中石油持续推进油气储量增长高峰期工程，强化预探和风险勘探，推进致密油气勘探，在四川盆地高石梯—磨溪地区和鄂尔多斯盆地姬塬地区取得重要成果，在塔里木盆地、准噶尔盆地、渤海湾盆地、松辽盆地和柴达木盆地获得重要发现，国内油气储量继续保持稳定增长。中石化优化筛选勘探目标，精心部署，在塔里木等新区取得重大勘探突破；加大流动勘探和油藏评价力度，准格尔西缘、塔河、胜利东部等七个产能建设工程有序推进；推进非常规油气开发，涪陵页岩气、川东南海相页岩气勘探均取得积极进展。中海油在中国海域勘探保持强劲势头，海外勘探陆续取得进展，全年共获得18个

新发现，并成功评价了20个油气构造。新发现渤中8–4标、垦利10–4，开创了渤海上斜坡带油气勘探新局面。

根据国土资源部公布数据，2013年石油勘查新增探明地质储量10.84亿吨，是新中国成立以来第11次也是连续第7次超过10亿吨的年份，仍保持高位增长。其中，中石油新增6.7亿吨，占61.8%；中石化新增0.9亿吨，占8.4%；中海油新增3.01亿吨，占27.7%；地方油气公司新增0.23亿吨，占2.1%。新增探明地质储量超过亿吨级的大油田有1个，为中石油长庆姬塬油田。石油新增探明技术可采储量2.02亿吨。其中，中石油新增1.32亿吨，占65.5%；中石化新增0.15亿吨，占7.6%；中海油新增0.51亿吨，占25%；地方油气公司新增0.04亿吨，占1.9%。

分地区看，石油和天然气开采业投资一般集中在油气资源蕴藏丰富的省份。2012年，石油和天然气开采业投资排名前五的地区是新疆、黑龙江、陕西、山东和吉林，这五个省份的投资额均超过200亿元，总计投资占全国投资的七成左右；还有一些省份没有油气开采的相关投资，例如北京、上海、浙江、福建、江西、湖南、云南和西藏，主要原因是这些地区油气资源比较缺乏或经济总量较小，开采投资的价值不大，见表7–1、图7–2。

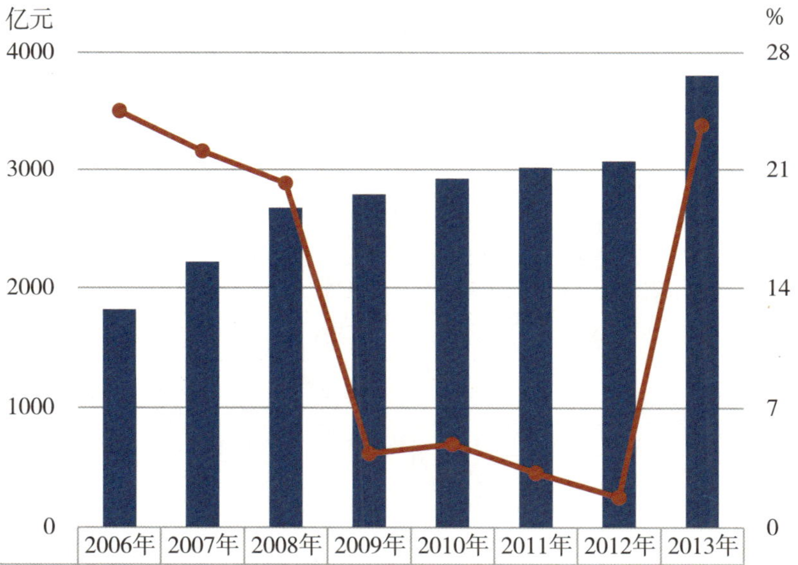

	2006年	2007年	2008年	2009年	2010年	2011年	2012年	2013年
固定资产投资额（亿元）	1822	2226	2675	2791	2928	3022	3077	3805
增长率（%）	24.5	22.1	20.2	4.4	4.9	3.2	1.8	23.7

图7–1 2006～2013年中国石油和天然气开采业固定资产投资（不含农户）

数据来源：2006～2012年数据来自《能源统计年鉴2013》，2013年数据来自国家统计局《全国固定资产投资（不含农户）统计快报》。

表7-1　2006～2012年中国分地区石油和天然气开采业投资（不含农户）　单位：亿元

地 区	2006年	2007年	2008年	2009年	2010年	2011年	2012年
北京	0.03	4.62	18.16	13.16	0.12	0.14	—
天津	182.19	179.06	268.25	393.16	306.39	219.77	172.02
河北	37.97	74.19	69.60	9.77	33.51	36.79	26.81
山西	—	0.44	1.90	16.49	21.62	65.68	88.31
内蒙古	35.94	110.18	225.70	187.33	196.58	96.48	53.64
辽宁	124.21	144.93	102.75	89.03	145.80	110.40	90.71
吉林	111.18	153.82	175.52	206.23	242.42	160.13	228.44
黑龙江	212.50	287.45	341.90	332.68	339.90	350.32	312.55
上海	2.14	14.80	29.03	8.21	0.33	0.57	—
江苏	14.97	11.85	19.20	25.34	27.35	15.01	28.20
浙江	—	—	—	—	—	—	—
安徽	0.01	0.20	0.67	0.20	1.63	1.04	0.66
福建	—	0.11	—	—	—	—	—
江西	—	—	2.42	—	—	—	—
山东	139.88	120.81	185.66	206.65	219.15	289.60	283.62
河南	55.33	68.40	72.75	75.88	71.46	59.03	59.54
湖北	17.87	29.94	30.76	30.53	3.64	4.45	0.56
湖南	0.04	—	—	0.59	0.44	2.11	—
广东	26.51	39.43	44.47	54.03	12.35	30.87	28.15
广西	0.14	1.38	0.85	1.89	1.75	4.94	0.35
海南	0.75	0.73	0.27	4.40	0.27	11.43	3.01
重庆	0.65	3.44	7.61	10.27	8.95	23.46	12.19
四川	17.53	22.84	26.22	17.55	10.48	—	6.19
贵州	0.54	—	0.04	0.42	—	1.08	—
云南	—	—	0.37	0.72	0.78	0.17	—
西藏	0.03	—	—	—	—	—	—
陕西	133.92	190.73	177.58	213.62	256.04	301.25	299.49
甘肃	8.86	15.19	22.40	17.56	11.72	20.98	75.24
青海	31.74	29.38	37.68	33.36	39.44	34.51	39.92
宁夏	1.47	1.64	4.00	4.10	1.58	0.95	0.86
新疆	308.45	360.56	366.39	323.37	387.93	431.36	440.50

数据来源：《中国能源统计年鉴2013》。

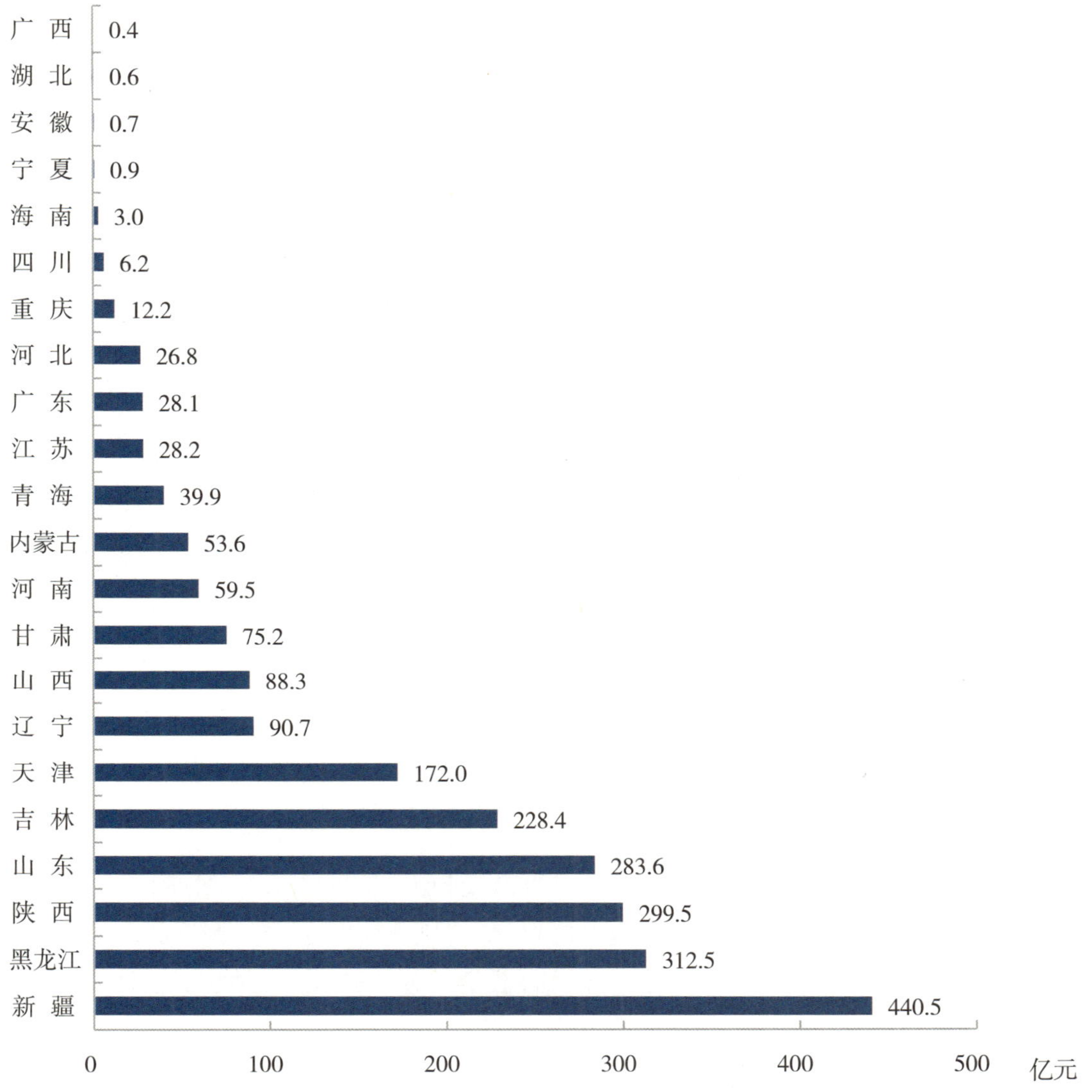

图7-2 2012年中国分地区石油和天然气开采业投资（不含农户）

数据来源：《中国能源统计年鉴2013》。

二、石油加工投资快速增长，主要用于原油加工及石油制成品制造

2013年中国石油加工及炼焦业完成固定资产投资2984.9亿元，同比增长19.4%，与全国固定资产投资（不含农户）增长率基本持平，如图7-3所示。

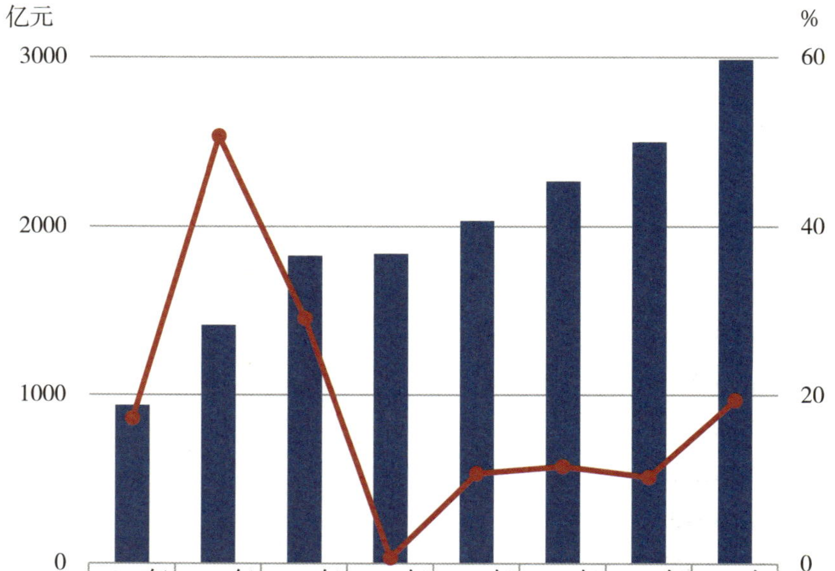

	2006年	2007年	2008年	2009年	2010年	2011年	2012年	2013年
固定资产投资（亿元）	939	1415	1828	1840	2035	2269	2501	2985
增长率（%）	17.2	50.7	29.1	0.7	10.6	11.5	10.2	19.4

图7–3　2006～2013年中国石油加工及炼焦业固定资产投资（不含农户）

数据来源：2006～2012年数据来自《能源统计年鉴2013》，2013年数据来自国家统计局《全国固定资产投资（不含农户）统计快报》。

根据石油和化学工业联合会统计数据，2013年石油加工业施工项目1337个，完成固定资产投资2137.6亿元，同比增长27.9%。石油加工业投资主要包括两部分，即原油加工及石油制造品制造和人造原油生产，其中原油加工及石油制成品制造的计划投资和实际投资的金额均达到石油加工业计划投资和实际投资总额的92.5%以上。

分地区看，石油加工及炼焦业投资主要集中在化石资源比较丰富或临海进出口便利的省份，2012年石油加工及炼焦业排名前五的是山东、辽宁、河北、福建和新疆，这五个省份加起来的投资总额占全国投资的41%；排名后五位的地区为资源较为匮乏或经济总量较小的浙江、湖南、北京、青海和西藏，这五个省份石油加工及炼焦业投资额总和仅为全国总投资额的2%，见表7–2、图7–4。

表7–2　　2006～2012年中国分地区石油加工及炼焦业投资（不含农户）　　单位：亿元

地 区	2006年	2007年	2008年	2009年	2010年	2011年	2012年
北京	15.08	6.85	4.45	8.57	5.85	6.72	8.66
天津	14.35	45.47	129.94	117.98	50.96	14.54	26.46
河北	45.01	74.12	123.72	121.44	155.33	137.03	215.20

续表

地 区	2006年	2007年	2008年	2009年	2010年	2011年	2012年
山西	74.49	92.32	101.48	102.55	96.42	98.43	101.78
内蒙古	114.45	115.68	165.30	156.93	90.16	158.87	126.10
辽宁	91.95	132.27	149.81	192.93	266.88	189.63	230.81
吉林	6.37	5.20	12.25	9.00	18.34	21.56	30.60
黑龙江	25.81	31.61	59.88	66.85	100.68	126.71	105.79
上海	6.41	29.85	16.65	25.87	24.80	26.59	36.86
江苏	18.22	22.50	27.68	26.78	60.64	72.35	116.97
浙江	10.53	13.92	10.99	17.34	21.19	22.41	24.41
安徽	20.27	20.39	34.33	27.77	25.30	68.47	59.72
福建	26.71	124.04	152.84	111.85	168.43	111.31	146.29
江西	6.42	9.35	20.36	34.55	15.17	29.29	26.05
山东	93.86	213.16	185.24	182.99	178.97	201.64	287.25
河南	25.28	37.56	44.65	59.17	74.80	96.29	77.10
湖北	21.68	21.40	16.32	19.62	83.37	129.38	116.05
湖南	3.85	9.21	16.00	20.80	34.63	33.06	18.98
广东	96.31	108.51	131.84	63.63	55.38	75.50	116.72
广西	9.72	25.41	77.28	48.01	63.15	67.69	55.95
海南	38.33	3.29	0.35	4.19	2.08	1.13	29.30
重庆	1.19	1.64	2.32	3.34	8.75	7.43	65.53
四川	7.96	10.50	21.10	28.94	37.81	101.76	43.39
贵州	3.13	13.06	20.28	19.30	21.76	38.09	39.35
云南	12.51	22.39	21.99	29.56	37.36	29.11	29.54
西藏	—	—	—	0.03	—	—	0.20
陕西	22.31	42.81	119.21	153.90	136.15	158.84	129.90
甘肃	37.14	23.50	22.59	60.02	66.86	48.57	31.04
青海	7.20	4.16	0.44	1.79	5.58	6.97	1.35
宁夏	2.21	15.46	27.66	17.23	21.64	60.99	56.96
新疆	80.53	139.74	110.56	106.89	106.63	128.10	146.13

数据来源：《中国能源统计年鉴2013》。

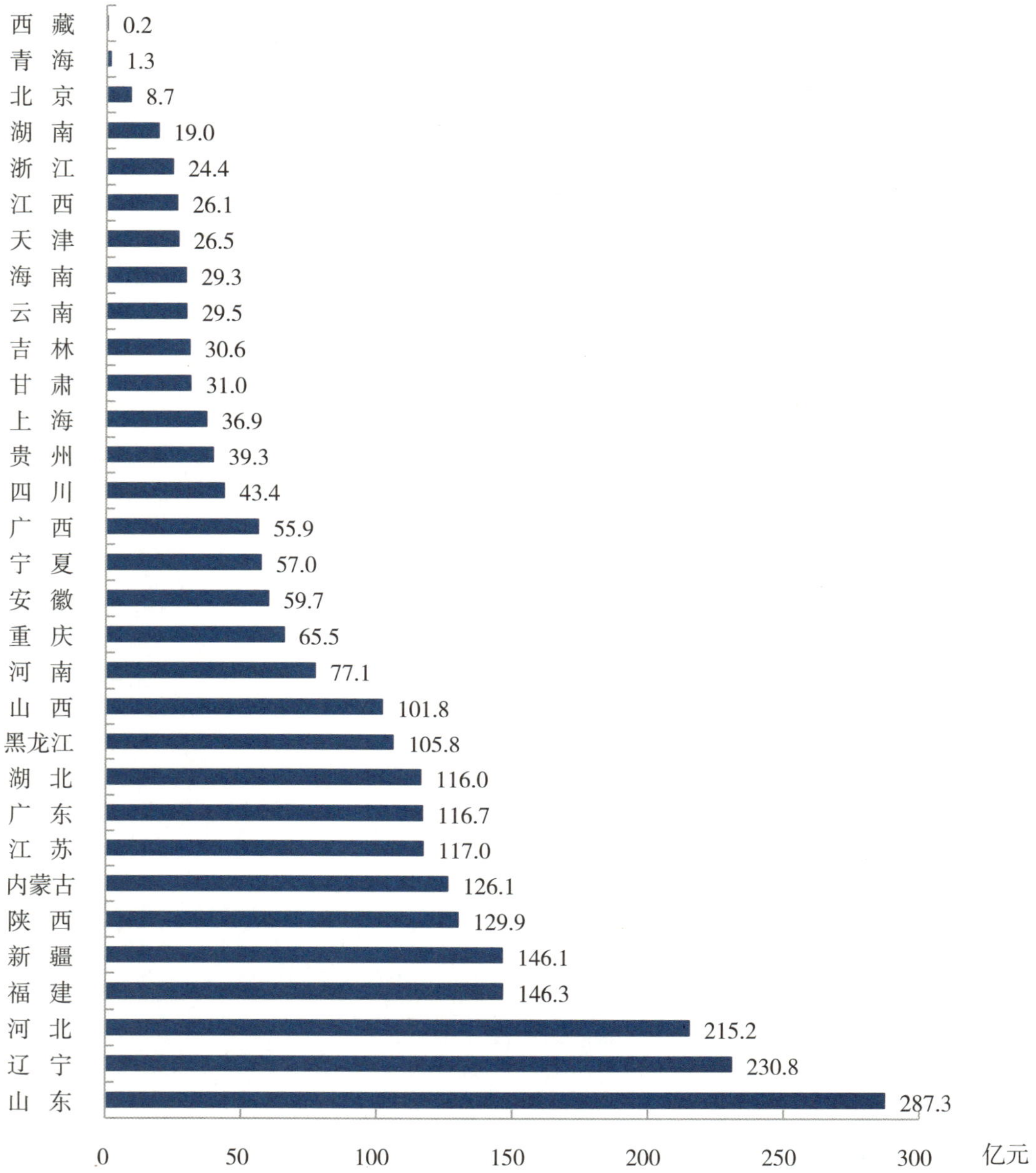

图7-4 2012年中国分地区石油加工及炼焦业投资（不含农户）

数据来源：《中国能源统计年鉴2013》。

第二节 石油管网运输能力建设

2013年中国原油管道战略性通道建设、成品油管道网络化建设进一步推进，全年新建原油管道1520千米，新建成品油管道1050千米。截至2013年底，中国已建成原油管道2.03万千米，成品油管道1.93万千米。

一、新建原油管道1520千米，主要用于进口资源调配

2013年新建原油管道1520千米，新增原油输送能力3500万吨/年；在建原油管道2616千米，建成后将新增原油输送能力6000万吨/年，见表7–3。新建原油管线主要用于海外进口资源的调配。根据进口资源的来源和油品市场需求，新建原油管线除分布在西北和西南地区外，在地炼企业相对集中的山东，也加强了原油管线的建设。目前，中国已初步形成位于东北、华北、华东和中南地区的东部输油管网；西北各油田内部管网相对完善，外输管道初具规模；海上进口原油登陆输送已基本实现管道化。原油供应的总体流向为：西油东运、北油南下、就近供应和海油登陆。

表7–3 2013年中国已建成和在建原油管道

项目名称		竣工时间	管道长度（千米）	新增输送能力（万吨/年）	隶属公司
当年建成	日照—东明	2013年	462	1000	中石油
	兰州—成都	2013年	882	1000	中石油
	黄岛—潍坊	2013年	176	1500	中化弘润
	小计		1520	3500	
在建	瑞丽—重庆	在建（2014年）	1631	2200	中石油
	烟台—淄博	在建（2014年）	425	1800	中海油、华力、烟台港
	仪征—九江	核准	560	2000	中石化
	小计		2616	6000	

数据来源：中石油经济技术研究院。

二、新建成品油管道1050千米，兰郑长管道干线建成投产

2013年新建成品油管道1050千米，新增成品油输送能力3131万吨/年；在建成品油管道4537千米，建成后将新增成品油输送能力9735万吨/年，见表7–4。新建成品油干线管道进一步完善网络化格局，当前已建成的1.93万千米的成品油管道与东北成品油下海南运航线初步构成全国性的成品油骨干管网。2013年11月，兰郑长成品油管道武汉—长沙末站干支线试运投产顺利完成，至此，兰郑长成品油管道干线全线建成投产。成品油供应的总体流向为：西油东运、北油南下。

表7–4 2013年已建和在建成品油管道

项目名称		竣工时间	管道长度（千米）	新增输送能力（万吨/年）	隶属公司
当年建成	福建炼化一体化南线（一期）	2013年	182	380	中石化
	武汉—长沙	2013年	339	1500	中石油
	甬绍金衢	2013年	378	760	中石化
	宁夏石化—内蒙古巴彦淖尔	2013年	380	191	中石油
	莱州—昌邑	2013年	110	1800	中国化工
	小计		1050	3131	
在建	昆明—玉溪	在建（2014年）	97	245	中石化
	吉林—长春	在建（2014年）	168	245	中石油
	南京—徐州	在建（2014年）	618	—	中石化
	呼和浩特—鄂尔多斯	在建（2014年）	321	350	中石油
	赣州—上饶	在建（2014年）	742	220	中石化
	驻马店—信阳	在建（2014年）	172	225	中石化
	洋浦—马村	在建（2014年）	120	250	中石化
	成都—乐山	在建（2014年）	233	300	中石油
	锦州—郑州	在建（2014年）	1636	1300	中石油
	甬台温	在建（2015年）	430	600	中石化
	小计		4537	3735	

注 武汉—长沙成品油管道为兰郑长管道一部分，只计管道长度，未计管道输送能力。

数据来源：中石油经济技术研究院。

第三节 石油炼化加工能力建设

2013年中国炼油工业总体保持平稳增长态势，炼油能力首次突破6亿吨/年，继续保持较快增长；炼油能力世界第二，与美国差距3亿吨/年；华北、东北和华南炼油能力分布集中，近年来地区分布有所调整优化。石油化工装置平均规模继续有所提升，装置工艺结构继续有所调整；一批大型新建和改扩建炼油项目继续推进，中国继续成为世界炼油工业建设发展的热点和亮点地区。

一、炼油能力持续增长，炼油结构逐步多元化

2013年中国炼油能力6.1亿吨/年，首次突破6亿吨大关，较2012年增加3310万吨/年，同比增长5.7%，

增长率较2012年下降1.2个百分点，比“十一五”期间年均增长率低2个百分点，如图7–5所示。其中，中石油和中石化原油一次加工能力分别达到1.7亿吨/年和2.7亿吨/年，占全国比重分别为28.4%和43.5%。中海油、中国化工及地方炼厂等原油一次加工能力合计近1.7亿吨/年，占比为27.8%；另外，外资权益炼油能力仍为824万吨/年，如图7–6所示。行业主体继续呈多元化发展趋势，国内市场竞争继续加剧。

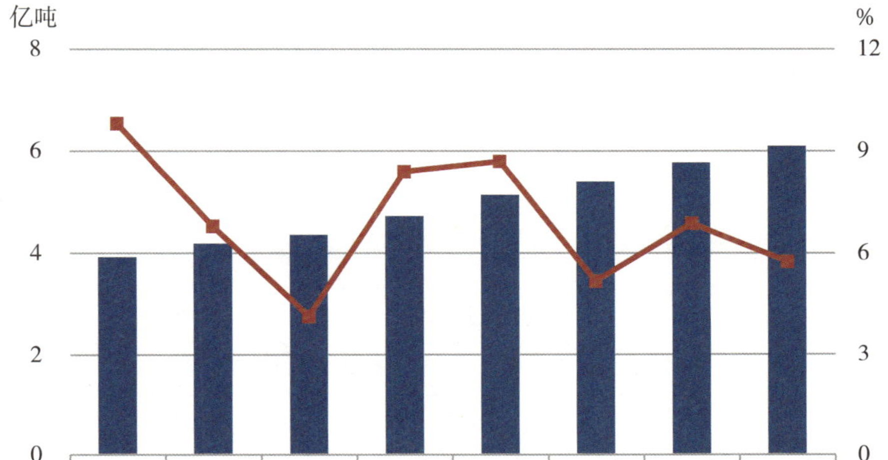

	2006年	2007年	2008年	2009年	2010年	2011年	2012年	2013年
炼油能力（亿吨）	3.9	4.2	4.4	4.7	5.1	5.4	5.8	6.1
增长率（%）	9.8	6.8	4.1	8.4	8.7	5.2	6.9	5.7

图7–5　2006～2013年中国炼油能力及增长率

数据来源：2006～2012年数据来自《BP世界能源统计》，
2013年数据为预计数。

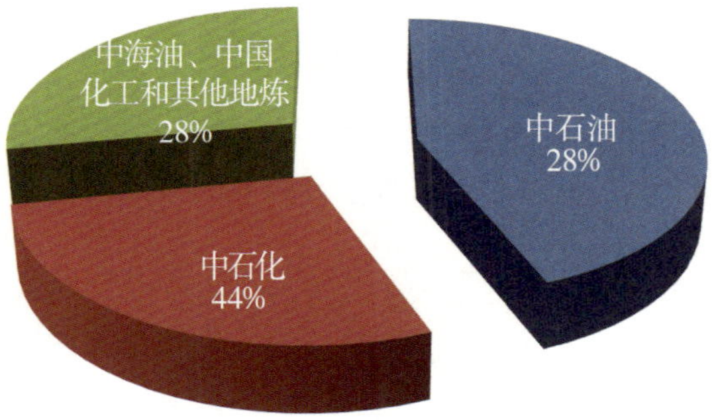

图7–6　2013年中国炼油能力企业分布

数据来源：中石油经济技术研究院。

新增炼油能力方面，中石油乌鲁木齐石化改扩建项目投产，新增炼能400万吨/年；中石化武汉、安庆及福建石化改扩建工程分别建成投产，新增炼能850万吨/年；中海油海南DCC项目新增炼能200万吨/年；地方炼厂如陕西延长集团的榆林炼厂新增炼油能力200万吨/年；其他地炼加快了改扩建步伐，部分民营企业走向规模化，玉皇石化、汇丰石化等企业合计新增炼油能力1660万吨/年，见表7–5、图7–7。

表7–5　　2013年中国新增炼能情况　　单位：万吨/年

炼厂名称		地点	新增能力
中石油	乌鲁木齐石化	新疆	400
	小计		400
中石化	安庆石化	安庆	350
	武汉石化	湖北	300
	福建石化	泉州	200
	小计		850
中海油	海南DCC	海南	200
	小计		200
地方炼厂	榆林炼厂	陕西	200
	玉皇石化	山东	300
	天弘化学	山东	350
	四川盛马	四川	200
	汇丰石化	山东	300
	富宇化工	山东	60
	岚桥石化	山东	300
	寿光鲁青	山东	150
	小计		1860
合计			3310

数据来源：中石油经济技术研究院。

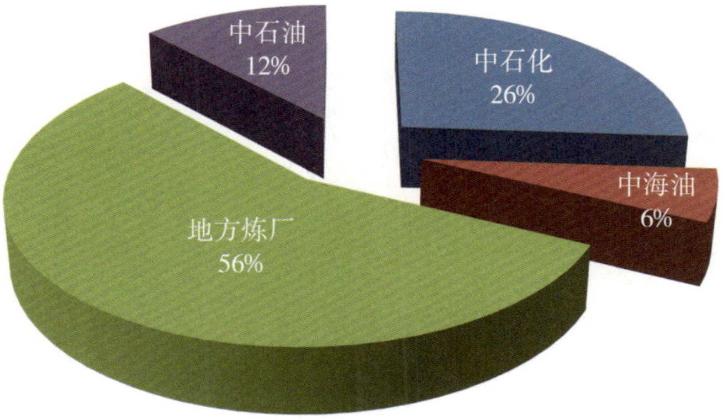

图7–7 中国新增炼油能力企业分布

数据来源：中石油经济技术研究院。

二、炼油能力世界第二，比美国低近3亿吨

从世界范围来看，炼油能力主要分布在经济总量大、经济发展快和石油资源蕴藏丰富的国家。根据BP统计数据，2012年美国的炼油能力为8.68亿吨/年，占世界炼油能力的19%，居世界首位。中国的炼油能力为5.77亿吨/年，居世界第二位，占世界炼油能力的13%，比俄罗斯和日本的总和高2个百分点，是印度的2.82倍。俄罗斯、日本和印度的炼油能力分别为2.87亿、2.12亿、2.05亿吨/年，分别位居世界第三位、第四位和第五位，如图7–8所示。

三、炼能集中在华北、东北和华南地区，区域分布趋于多元化

分地区来看，中国原油加工能力主要集中在华北（含山东）地区、东北和华南地区，这三大地区分别占全国炼油能力的29%、19%和16%，合计占比64%，形成了以东部为主、中西部为辅的梯次分布。山东是全国炼油能力最大的省份，其次为辽宁和广东。2013年山东省炼油能力增幅明显，较2012年增长1460万吨/年，达到1.37亿吨/年。全国成品油流向呈现“西油东进、北油南运及东油向西南推进”的格局。

近几年，中国炼油工业在增加产能建设的同时，注重调整结构、合理布局、优化配置资源和市场，全国炼油能力的区域分布构成有了一定的优化：2013年华中、华北地区所占比例同比有所上升，东北地区能力占比下滑、西南地区能力上升。目前，环渤海湾（包括山东、辽宁等）、长三角、珠三角地区炼油能力分别占全国总炼油能力的37%、14%和13%，如图7–9所示。

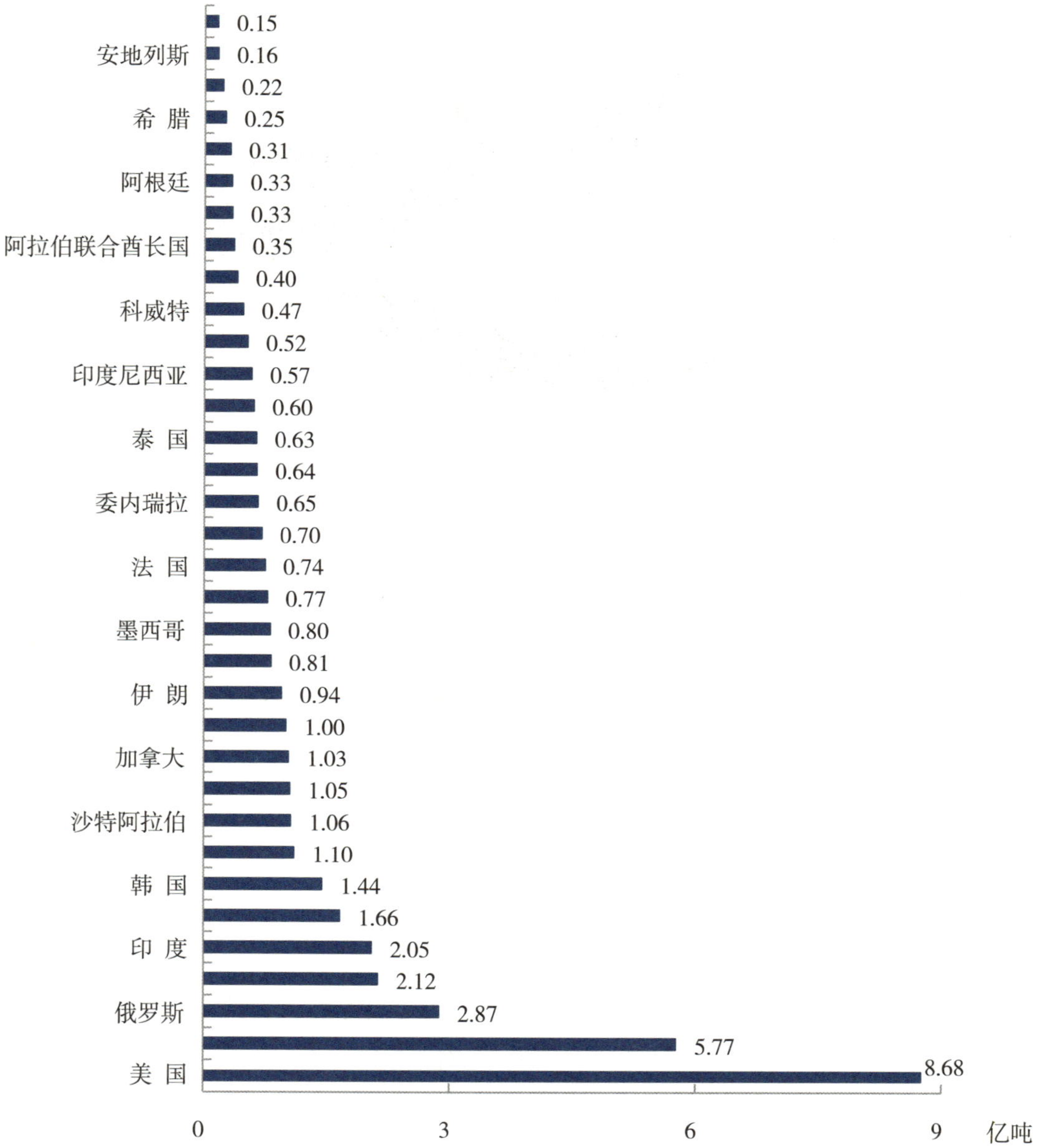

图7-8 2012年炼油能力国际比较

数据来源：《BP世界能源统计》。

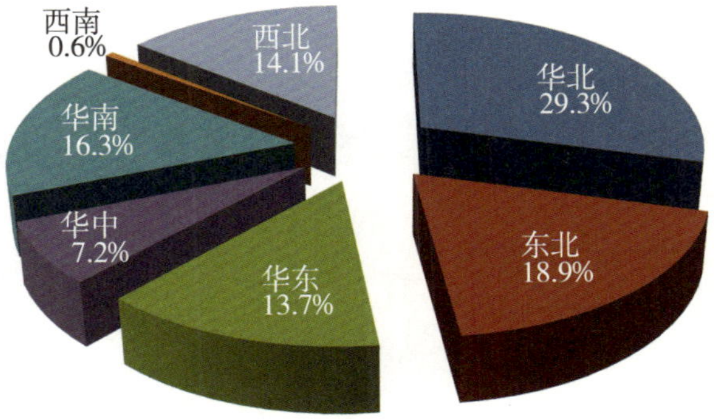

图7-9　2013年全国炼油能力地区分布

数据来源：中石油经济技术研究所。

四、装置结构不断调整，深加工能力继续加强

2013年，随着一批改扩建工程的建成投产，全国炼厂的平均规模继续上升，装置的大型化程度继续提高。目前，中石化、中石油已分别成为世界第二和第五大炼油公司，旗下的一批炼厂也跻身世界级规模之列。全国共计有22个千万吨级炼油基地，合计炼油能力2.8亿吨/年，占全国总能力的近一半。此外，这22座千万吨炼油基地中有14座带有乙烯装置，表明中国的炼化一体化建设逐步正在逐步推进，有望更好地发挥协同效应和产业集群的带动辐射效应。

随着进口原油的增加、原料劣质化和国内市场对油品质量要求的不断提高，中国炼油装置构成近年来不断调整，深加工、精加工及加工劣质原油的能力继续加强。其中，作为中国炼油业传统工艺的催化裂化能力占原油一次加工能力的比例在不断下滑，从2000年的36.1%下降至2013年内的30.2%；生产清洁化油品的加氢装置占加工能力的比例已从2000年的15.6%上升到2013年的33.1%，但与世界平均水平55%相比，仍有较大差距；作为深加工能力之一的延迟焦化能力占一次加工能力之比从2000年的7.7%增长至2013年的15.4%。

目前，中国炼油工业不仅可以生产汽柴油产品，还可以根据原油品种、产品结构和质量标准，优化选择加工工艺技术组合。全国共有20余家大型高硫原油加工炼厂。以加工进口原油为主的中石化现已建成10个高硫原油加工基地、6个高酸原油加工基地。中国炼油工业的装置结构调整顺应了世界的发展潮流，但要完全赶上世界先进水平，还需时日。

第八章 天然气投资与建设

2013年中国天然气勘探和基础建设取得了长足的进步。全年天然气开采完成固定资产投资额307.2亿元，新增探明技术可采储量达到3818.6亿米^3。天然气干线支干线管道新增5700千米，地区城市支线新建4700千米。

第一节 天然气勘探开采投资

2013年中国天然气勘探开采施工项目190个，完成固定资产投资307.2亿元，同比增长43.9%，是同期全社会固定资产投资增速的2.2倍。根据国家统计局公布的数据，截至2012年底，中国天然气剩余技术可采储量4.38万亿米^3，同比增长8.9%，增长率居2006年以来之首。根据国土资源部公布数据，2013年天然气新增探明技术可采储量3818.6亿米^3，考虑2013年中国天然气产量后，预计2013年底中国天然气剩余技术可采储量达到4.64万亿米^3，如图8-1所示。

2013年全国天然气新增探明地质储量6164.33亿米^3，大幅增长。其中，中石油新增5292.87亿米^3，占85.9%；中石化新增614.42亿米^3，占10.0%；中海油新增254.65亿米^3，占4.1%；地方油气公司新增2.63亿米^3，占0.04%。新增探明地质储量超过300亿米^{3}的大型气田3个。新增探明地质储量超过4000亿米^{3}的特大气田有1个，为中石油西南安岳气田。天然气新增探明技术可采储量3818.6亿米^3。其中，中石油新增3455.5亿米^3，占90.5%；中石化新增258.8亿米^3，占6.8%；中海油新增103.9亿米^3，占2.7%；地方油气公司新增0.34亿米^3[1]。

[1] 数据来源：国土资源部官方网站。

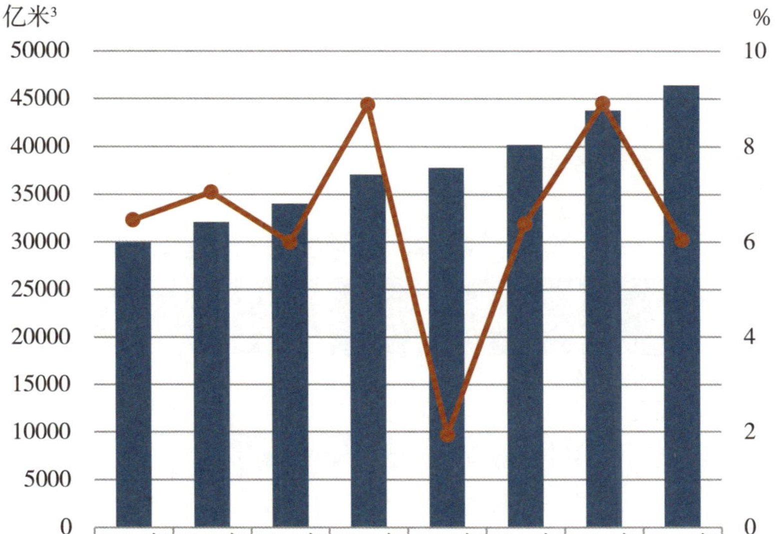

	2006年	2007年	2008年	2009年	2010年	2011年	2012年	2013年
■ 天然气剩余技术可采储量（亿米³）	30009	32124	34050	37074	37793	40206	43790	46438
增长率（%）	6.47	7.05	6.00	8.88	1.94	6.39	8.91	6.05

图8–1　2006～2013年中国天然气剩余技术可采储量及增长率

数据来源：2006～2012年数据来自国家统计局，2013年为预计数。

第二节　天然气储运建设

2013年中国天然气储气库建设进入高速发展期，当年新建储气能力112亿米^3。根据《天然气发展“十二五”规划》，“十二五”期间，中国将新增储气库工作气量约220亿米^3，到2020年预计将达到300亿米^3。天然气管网方面，2013年中国天然气干线支干线管道新增5700千米，累计长度超过6万千米，全国性的输气网络初步形成。地区城市支线新建4700千米，城市用气保障性和灵活性进一步提高。

一、储气库建设进入高峰期，新增储量112亿米^3

地下储气库在天然气生产消费中扮演着重要的角色：一是在工期系统的维护与维修及管线不可抗力的毁损在所难免，充沛的气源可保证安全应急供气；二是解决城市用气不均匀性问题，起到季节调峰作用；三是对大型长输管道的补充；四是可作为战略储备；五是进行商业运作，获得良好的经济效益。

长期以来中国天然气储气库建设比较滞后，截至2010年底，中国地下储气库有效工作气量只有18亿米^{3}❶。相比之下，美国2011年底的地下储气库有效工作气量有1900亿米^3，达到其当年消费总量的1/4以上。

❶ 数据来源：国家能源局《天然气发展“十二五”规划》。

国外储气库资源一般占天然气消费12%，而中国不到2%。

2013年中国地下储气库建设取得了突破性的进展。一年时间内有华北苏桥、大港板南、辽河双6、新疆呼图壁、重庆相国寺等一批地下储气库投产，新增有效工作气量达112亿米^3，见表8-1。其中，呼图壁也是中国第一座兼具战略储备功能的大型地下储气库。

表8-1　　截至2013年中国建成的主要地下储气库建设情况

储气库	所属公司	地点	类型	工作气能力（亿米^3）	最大注入率（万米^3/日）	投产时间
萨中东2-1（已停用）	中石油	大庆	枯竭	0.17	—	1969年
喇嘛甸	中石油	大庆	枯竭	1	—	1975年
大张坨	中石油	大港	枯竭	6	320	1999年起陆续投产
板876	中石油	大港	枯竭	2.17	100	
板中北	中石油	大港	枯竭	10.97	300	
板中南	中石油	大港	枯竭	4.7	225	
板808	中石油	大港	枯竭	4.17	360	
板828	中石油	大港	枯竭	2.57	360	
金坛	中石油	江苏	盐穴	1.8	—	2007年
京51	中石油	华北	枯竭	1.2	—	2010年
京58	中石油	华北	枯竭	3.9	—	
永22	中石油	华北	枯竭	3	—	
刘庄	中石油	江苏	枯竭	2.45	—	2011年
文96	中石化	中原	枯竭	2.95	—	2012年9月
双6	中石油	辽河	枯竭	16	—	2013年1月
呼图壁	中石油	新疆	枯竭	45	1123	2013年7月
相国寺	中石油	重庆	枯竭	23	1380	2013年6月
苏桥储气库群一期	中石油	华北	枯竭	23	1300	2013年6月
板南	中石油	大港	枯竭	5	240	2013年10月

数据来源：中石油经济技术研究院《2013年国内外油气行业发展报告》。

根据中国《天然气发展“十二五”规划》，未来中国将大力推进大型地下储气库的建设。“十二五”期间，中国将新增储气库工作气量约220亿米^3，到2015年天然气储气量占当年天然气消费总量的比重提高到9%。预计到2020年左右，中国储气库总工作能力将超过300亿米^3，加上LNG等其他形式的储备，中国天然气储备将达到年消费量的1/10，基本达到世界平均水平。

二、天然气干线支干线新增5700千米，管网布局进一步完善

2013年中国国内长输干线、支干线、联络线和地区支线的建设都在加速推进，新增天然气干线、支干线超过5700千米，累计总长度超过6万千米。主要投产的管道有中国—缅甸天然气管道干线、中贵联络线（中卫—贵阳）、大唐煤制气管道（克古线）、陕京三线良西段等，见表8-2。

（1）国内长输干线以输送进口天然气为主。中缅天然气管道干线全长1727千米，起于云南瑞丽，终点位于广西贵港，于2013年10月底实现全线运行。而另一条重要的长输干线西气东输三线的建设也在稳步推进。这一工程途径包括“一干九支”，途经新疆、甘肃、宁夏、陕西、河南、湖北、湖南、江西、福建等10个省份，主要供气源来自中亚国家。西三线工程西中东三段，西段霍乌段已经投产运行，中段乌鲁木齐至中卫段在2013年底完工，东段吉安至福州段已在2013年5月开工建设，预计2015年全线完工。

（2）国内支干线及联络线管道继续推进。随着兼具干线、联络线双重功能的中贵联络线的投产[1]，中国实现了中亚气、西气、川气和缅甸气的南北互通，使得天然气联网里程增加到4万千米，完善了天然气网络化布局，初步实现天然气资源在国内的统一调配。

（3）非常规气管道加速建设。2013年中国共有伊霍线、阜沈线、克古线3条煤制气管道投产。另一条前期设计中的中石化新粤浙煤制气管道预计将成为一条连接东西的煤制气大动脉。第一条页岩气管道长宁地区页岩气试采干线也在2013年开建。

表8-2　　2013年中国投产与在建的主要天然气管道情况

管道	所属公司	起点	终点	长度（千米）	输气能力（亿米^3）	投运时间
长输管道						
伊霍线	中石油	伊宁	霍尔果斯	64	300	2013年6月
中缅线	中石油	云南瑞丽	广西贵港	1727	100	2013年10月
阜沈线	大唐国际	阜新	沈阳	125	40	2013年10月
克古线	大唐国际	内蒙古克什克腾旗	北京密云古北口	359	40	2013年11月
柴北缘输气管道	中石油	青海油田牛东地区	涩北一号气田5号集气站	218	20	2013年11月
陕京三线良西段	中石油	良乡	西沙屯	92	150	2013年11月
克伦复线	中石油	克拉苏气田	西二线轮南外输末站	157.3	150	2013年11月
西三线	中石油	霍尔果斯	福州	5221	300	2015年

[1] 中贵线在中卫与西气东输一线、二线对接，在四川与川渝管网对接，在贵阳与中缅管道对接。

续表

管道	所属公司	起点	终点	长度（千米）	输气能力（亿米^3）	投运时间
长宁地区页岩气试采干线	中石油	宁201-H1井集气站	双河集输末站	95.6	15	—
新粤浙管道	中石化	新疆伊宁	广东韶关	8280	300	前期
陕京四线	中石油	陕西靖边	北京高丽营	1066	300	前期
联络管道						
中贵线	中石油	中卫	贵阳	1613	150	2013年10月
西二线与“川气东送”线互连工程	中石油	湖北武穴西气东输二线干线动火点	川气东送管道姜家湾阀室	1.58	—	2013年10月
永泰联络线	中石油	河北永清站	江苏LNG外输管道泰兴站	1120	150	在建

数据来源：中石油经济技术研究院《2013年国内外油气行业发展报告》。

三、地区支线建设加速，覆盖区域进一步扩大

连接区域市场的天然气地区支干线管道和区域性管道建设也逐步推进。2013年地区支线建设超过4700千米，扩大了管道气消费市场覆盖范围并提高了对大中城市的工期保障能力和灵活性。区域性管网建设中，广东省二期管网工程完工，与一期实现联通，并与大鹏LNG输气管道、珠海—中山管道实现互联；江西天然气管网二期实现与西气东输二线对接，使全省37个区（县、市）用上天然气；新疆南疆天然气利民工程竣工，在与“气化南疆”管线相连接后，完成了环塔里木盆地天然气管网；福建海西天然气管网二期工程在2013年9月开工，预计2015年建成后，将覆盖全省9个设区市，并与浙江、广东管网相连，见表8-3。

表8-3　2013年中国地区支线、区域管网建设情况

管道	所属公司	覆盖区域	长度（千米）	状态
地区支线				
中缅管道丽江、玉溪、都匀、桂林、河池、钦州、防城港支线	中石油	云南、广西	771	部分已建
供澳门天然气管道	中海油	广东、澳门	12.8	已建
博爱—郑州—薛店天然气管道	中石油	河南	108	在建
泰兴—芙蓉天然气管道	中石油	江苏	54.5	在建
“川气东送”江南联络线	安徽省天然气开发股份有限公司	安徽	100.4	前期

续表

管道	所属公司	覆盖区域	长度（千米）	状态
部分地方管网				
广东省二期管网	广东省天然气管网有限公司	广东	230	已建
江西省天然气管网二期工程	江西省天然气投资有限公司	江西	737	已建
新疆南疆天然气利民工程	中石油	新疆	2424	已建
福建海西天然气管网二期工程	中海油	福建	830	在建

数据来源：中石油经济技术研究院《2013年国内外油气行业发展报告》。

第三节　LNG接收站建设

2013年中国LNG接收能力新增920万吨/年，累计达到2800万吨/年。根据在建规模，预计2015年接收能力将达到4300万吨/年。商用LNG储备能力快速增长，接转储运项目和城市调峰项目加速建设。

一、LNG建设成绩突出，接受能力新增920万吨/年

近年来，中国LNG接收站建设高速发展，LNG接受能力已从2006年的370万吨/年提高到2013年的2800万吨/年。全国已投产和试运行的LNG接收站有9座，其中珠海金湾LNG、河北曹妃甸LNG、天津浮式LNG等3座为2013年新投产项目，3座LNG合计新增接收能力920万吨/年，见表8-4。

表8-4　　2013年中国已投产LNG接收站项目

项目名称	所在位置	所属公司	一期设计能力（百万吨/年）	一期投产时间
广东大鹏LNG	深圳大鹏湾	中海油	3.7	2006年6月
福建莆田LNG	莆田湄洲湾	中海油	2.6	2008年4月
上海洋山LNG	洋山深水港	中海油	3	2009年10月
江苏如东LNG	如东洋口港	中石油	3.5	2011年6月
辽宁大连LNG	大连大孤山半岛	中石油	3	2011年7月
浙江宁波LNG	宁波白峰镇中宅	中海油	3	2012年12月
珠海金湾LNG	广东珠海高栏港	中海油	3.5	2013年10月
河北曹妃甸LNG	唐山市唐海县曹妃甸港区	中石油	3.5	2013年12月
天津浮式LNG	天津港南疆港区	中海油	2.2	2013年12月

数据来源：中石油经济技术研究院《2013年国内外油气行业发展报告》。

二、在建规模继续扩大，2015年接收能力将达4300万吨/年

目前中国已核准在建的LNG接收站有6座，总接收达到1500万吨/年，见表8-5。预计到2015年，中国LNG接收站总接收能力将达到4300万吨/年，如图8-2所示。

表8-5 截至2013年中国在建LNG接收站项目

项目名称	所在位置	所属公司	一期设计能力（百万吨/年）	一期投产时间
山东青岛LNG	青岛胶南董家口	中石化	3	2014年
海南洋浦LNG	洋浦经济开发区黑岩港区	中海油	3	2014年
广东迭福LNG	深圳市大鹏新区迭福片区	中海油	4	2015年
广西北海LNG	北海市铁山港区	中石化	3	2015年
广东粤东LNG	粤东揭阳惠来县	中海油	2	2015年

数据来源：中石油经济技术研究院《2013年国内外油气行业发展报告》。

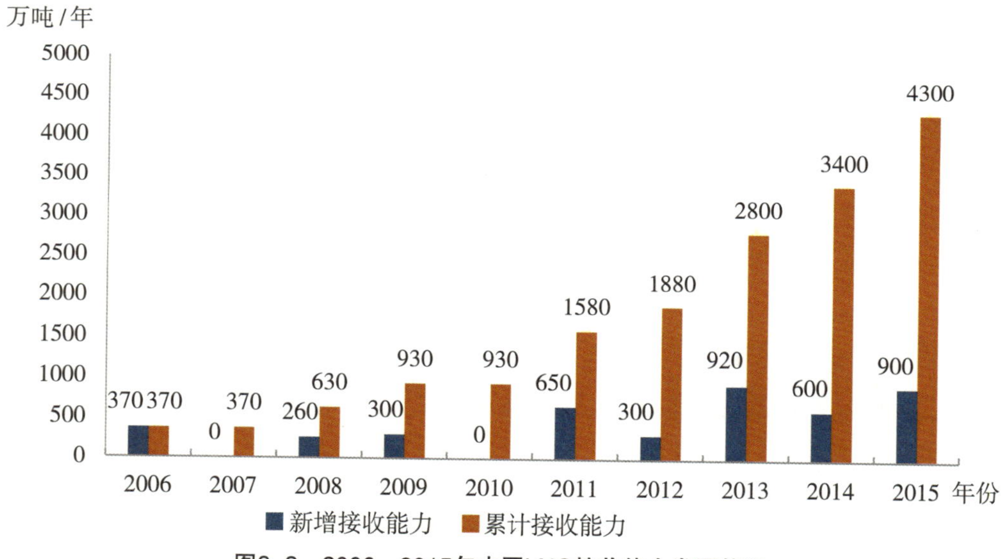

图8-2 2006～2015年中国LNG接收能力发展状况

数据来源：中石油经济技术研究院《2013年国内外油气行业发展报告》。

三、LNG商业储备能力增强，接转储运和城市储备项目有序推进

2013年之前，中国投产运行的接转储运项目只有上海五号沟和东莞九丰两个，年接转能力只有150万吨。而在2013年，中国在建、报批和拟建的LNG接转储运中心项目有十余个，见表8-6。

表8–6　　截至2013年中国部分已建、在建、拟建的LNG接转储运中心

项目名称	所在位置	所属公司	设计能力（百万吨/年）	项目状态	投产年份
五号沟LNG项目	上海	申能	0.5	已建	2008
九丰LNG项目	东莞红梅沙田镇	九丰	1	已建	2012
深南LNG项目	海口澄迈县	中石油	0.5	已建	2013
广西防城港LNG项目	广西防城港	中海油	0.6	开工准备	2014
启东LNG项目	南通港吕四港区	广汇	0.6	前期	待定
福建江阴LNG项目	福州江阴牛头尾港	中石油	0.1	拟建	待定
宁德LNG转运站	福建宁德	中海油	0.8	拟建	2018

数据来源：中石油经济技术研究院《2013年国内外油气行业发展报告》。

截至2013年中国城市调峰LNG储备也再加速建设，北京、上海、长沙、武汉、西安、成都等城市都建成了LNG储备站，见表8–7。

表8–7　　截至2013年中国部分城市LNG储备建设情况

项目名称	所在位置	所属公司	储气能力（万米^3）	项目状态	投产年份
福建石狮LNG储备站	福建石狮	泉州燃气	0.02	已建	2007
五号沟LNG储备站	上海	申能	10	已建	2008
西安LNG应急气源站	陕西西安	西安秦华天然气公司	0.35	已建	2009
西部LNG应急气源站	浙江杭州	杭州市燃气集团	0.495	已建	2011
江北液化天然气储备站	湖南邵阳	—	0.6	已建	2011
次渠LNG储备站	北京	北京燃气	0.06	已建	2012
长沙新奥燃气星沙储配站	湖南长沙	新奥燃气	2	已建	2012
LNG（应急）储备气化站	江苏常州	港华燃气	0.09	已建	2012
深南LNG储备库	海南海口	中海油	4	已建	2013
武汉LNG储备库	湖北武汉	—	2	已建	2013
成都LNG应急调峰储备库一期	四川成都彭州市	成都城建	1	在建	2013
杨凌液化天然气（LNG）应急储备调峰项目	陕西杨凌示范区	陕西燃气集团	6	在建	2014
液化天然气（LNG）应急气源储备站	山东威海	港华燃气	0.09	在建	2014
东部LNG应急气源站	浙江杭州	杭州市燃气集团	1	在建	2015
五号沟LNG储备二期扩建	上海	申能	20	在建	2016
西安液化天然气（LNG）应急储备调峰项目	陕西西安	陕西液化天然气投资发展有限公司	10	环评	待定
深圳天然气储备与调峰库项目	广东深圳	深圳燃气集团	8	前期	待定

数据来源：中石油经济技术研究院《2013年国内外油气行业发展报告》。

第九章　电力投资与建设

2013年中国电力工程建设完成投资7611亿元，其中，电网投资同比增长6.4%，电源投资同比下降0.4%。2013年全国发电装机新增9400万千瓦，累计装机容量达12.5亿千瓦。电网建设方面，截至2013年底全国220千伏及以上输电线路回路长度近54万千米，变电设备容量26亿千伏安。

第一节　电力投资

2013年中国电力工程建设完成投资7611亿元，其中电网工程建设投资占比51.2%。电源投资方面，近年来火电投资占电源投资比重有所下降，水电、风电及其他能源投资比重均有所提高。分地区看，资源禀赋的差异决定了电源投资的方向，四川、云南水电投资远超过其他地区，浙江、江苏两省火电投资均超过100亿元。

一、电力工程建设完成投资7611亿元，电网投资增加而电源投资减少

2013年中国电力工程建设完成投资7611亿元，较2012年增加218亿元，同比增长2.9%。其中，电源工程建设完成投资3717亿元，同比下降0.4%，连续三年出现负增长；电网工程建设完成投资3894亿元，同比增长6.4%，如图9-1所示。

从电源和电网完成投资的增长率来看，自2006年以来，中国电网投资增长率仅在2010年低于电源投资增长率，其余年份均高于电源投资增长率。这是由于此前中国发电站建设规模一直远超电网，以致部分区域富裕电力无法输出，为解决电力消纳问题，近年来国家逐渐将重点转移到电网建设上。反映在电力投资结构上，2013年电网完成投资比重达到51.2%，占电力工程总投资的一半以上，如图9-2、图9-3所示。

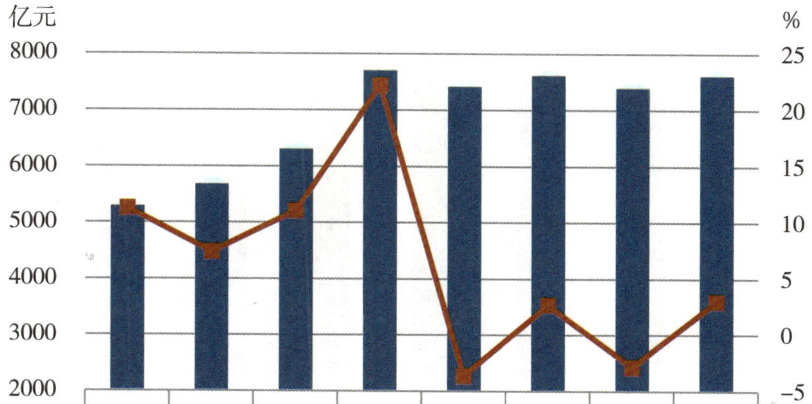

	2006年	2007年	2008年	2009年	2010年	2011年	2012年	2013年
电力工程建设投资总量（亿元）	5288	5677	6302	7702	7417	7614	7393	7611
增长率（%）	11.2	7.4	11.0	22.2	-3.7	2.6	-2.9	2.9

图9-1　2006～2013年中国电力工程投资总量与增长率

数据来源：《电力工业统计资料汇编》、《电力工业统计快报2013》。

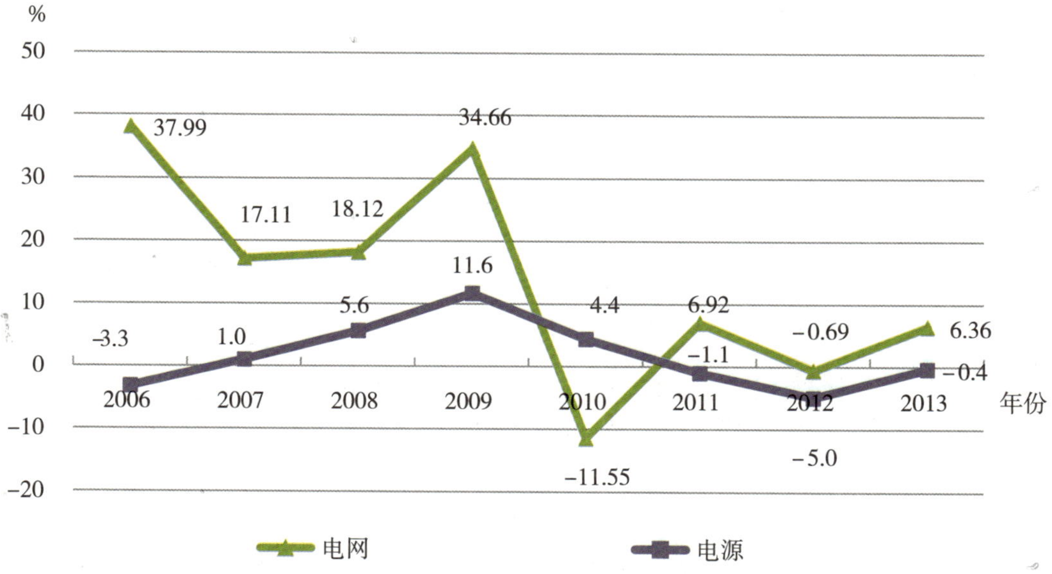

图9-2　2006～2013年中国电源与电网投资增长率

数据来源：《电力工业统计资料汇编》、《电力工业统计快报2013》。

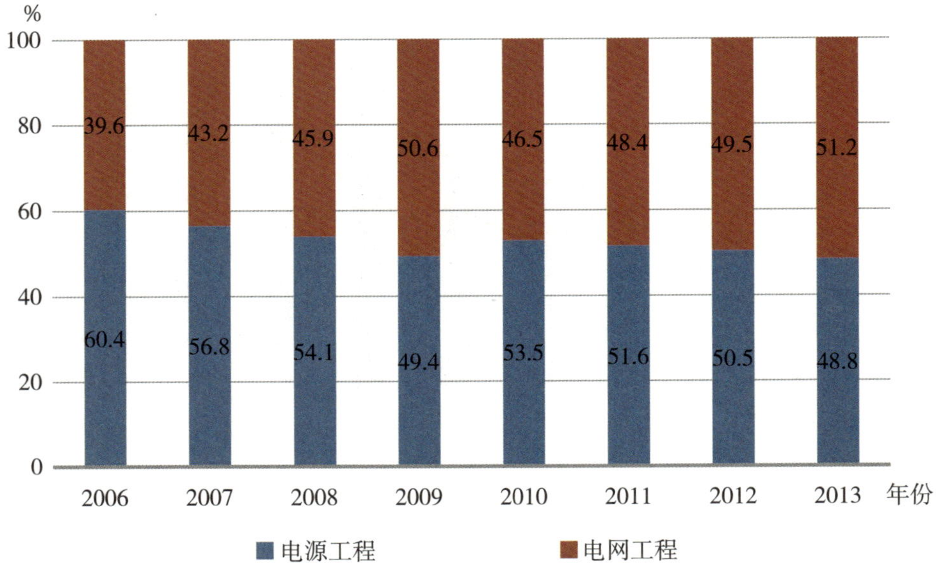

图9-3　2006～2013年中国电力工程建设完成投资结构

数据来源：《电力工业统计资料汇编》、《电力工业统计快报2013》。

二、电源投资结构进一步优化，清洁能源投资比重有所提高

在3717亿元电源工程投资中，水电完成投资1246亿元，较2012年小幅增长0.59%；火电完成投资928亿元，同比减少7.41%，延续逐年递减趋势；核电投资大幅降温，全年完成投资609亿元，同比减少22.38%；风电完成投资631亿元，比2012年增长3.87%，如图9-4所示。

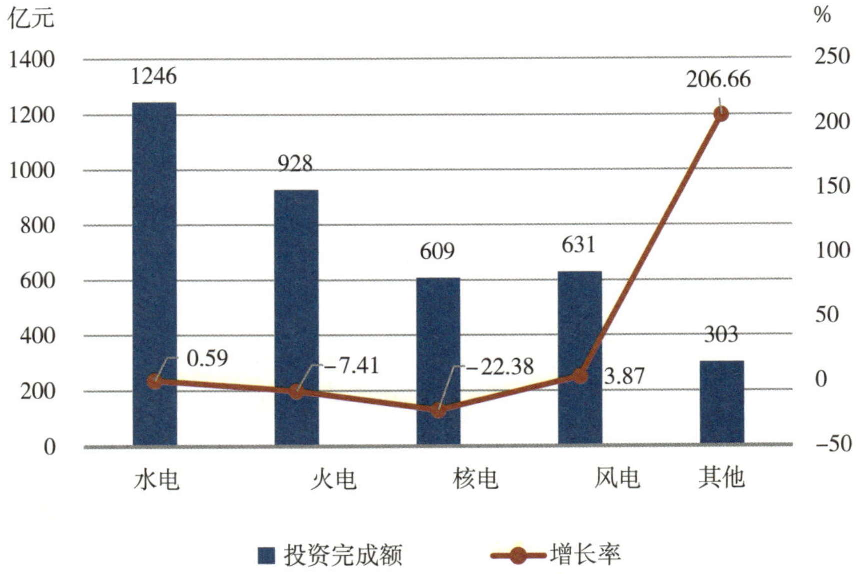

图9-4　2013年中国分电源完成投资额及增长率

数据来源：《电力工业统计快报2013》。

由于近年火电发电亏损严重，导致企业投资积极性不高，2006年以来火电投资完成额逐年减少，到2013年已降至1000亿元以下，不及2010年的七成，如图9–5所示。

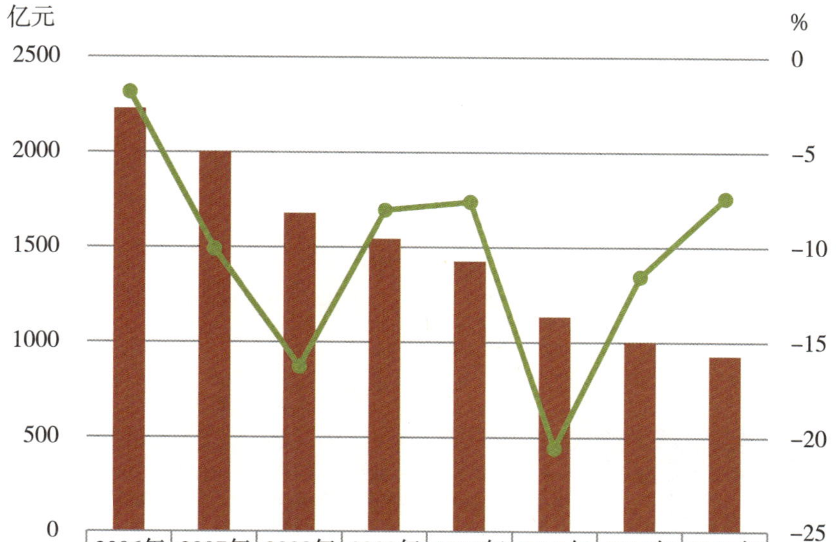

	2006年	2007年	2008年	2009年	2010年	2011年	2012年	2013年
火电完成投资额（亿元）	2229.3	2004.5	1678.5	1543.6	1426.1	1133.3	1002.5	928.2
增长率（%）	–1.8	–10.1	–16.3	–8.0	–7.6	–20.5	–11.5	–7.4

图9–5　2006～2013年中国火电完成投资额及增长率

数据来源：《电力工业统计资料汇编》、《电力工业统计快报2013》。

从电源投资结构来看，2013年水电完成投资比重为33.5%，较2010年提高12.9个百分点；火电、风电完成投资比重为25%和17%，较2010年分别下降10.9个百分点和9.2个百分点；核电完成投资比重为16.4%，与2010年基本持平，如图9–6所示。

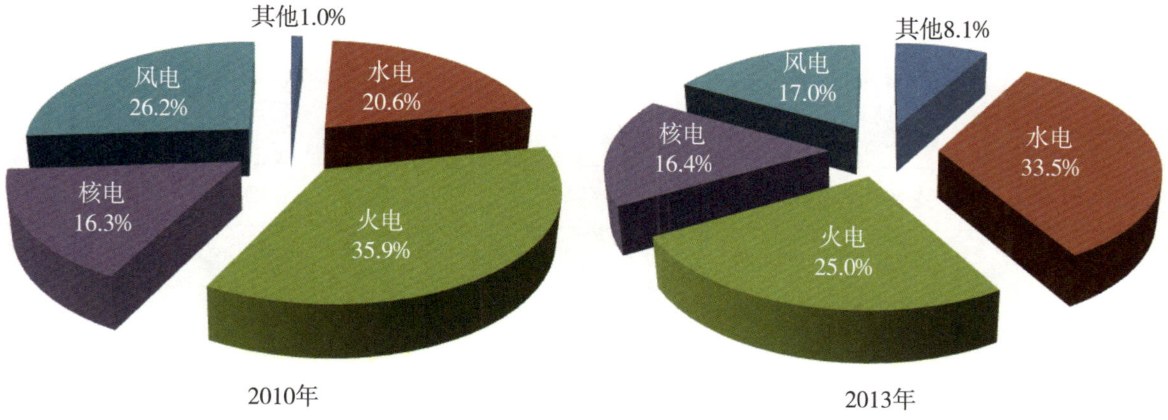

图9–6　2010年和2013年中国分电源投资结构

数据来源：《电力工业统计资料汇编2011》、《电力工业统计快报2013》。

三、各地区电源投资结构差异显著，浙江、江苏火电投资均超100亿元

中国电源投资的重点集中在资源大省。2012年电源工程建设完成投资排名前三的省份是四川、云南、广东，排名后三的省份是上海、重庆、天津。居首的四川电源投资是排名末位的上海的60.5倍。

水电方面，四川、云南投资远超过其他地区，另外西藏、重庆、湖南也主要以水电投资为主，比重均超过50%；火电方面，浙江、江苏两省尤为突出，投资额分别为109.1亿、103.7亿元，分别是排名第三位的贵州（57.4亿元）的1.9倍和1.8倍，另外排名第一的浙江的火电完成投资比排名后十位的省区的总和还多；核电投资主要分布在广东、福建、浙江、山东、辽宁、广西、海南、湖南，其中福建、广东、海南核电投资占电源总投资的比重超过70%；风电投资集中于内蒙古、云南、山东，均超过60亿元；太阳能发电投资主要分布在青海、新疆、甘肃，其中青海的太阳能发电投资比重达到93.8%，见表9-1、图9-7。

表9-1　　2012年中国分地区分电源投资额　　单位：万元

地区	合计	其中				
		水电	火电	核电	风电	太阳能发电
四川	6086019	6036948	49071	—	—	—
云南	4496918	3837927	19730	—	609161	30100
广东	3321072	117624	549274	2454153	181212	18809
福建	2139729	117909	181309	1728996	111515	—
浙江	2108840	63500	1090712	902651	51977	—
山东	1846187	—	569610	649082	602099	25396
辽宁	1779559	76586	340146	1014457	348370	—
江苏	1483784	105615	1037002	—	311167	30000
新疆	1226852	220616	430056	—	359785	216396
内蒙古	1180470	139455	300362	—	651342	89311
广西	1125216	100382	342545	622387	59901	—
贵州	1067515	364896	573530	—	129088	—
山西	1011130	—	559593	—	450938	600
河北	959399	—	559531	—	399868	—
甘肃	943982	198205	127120	—	429382	189275

续表

地区	合计	其中				
		水电	火电	核电	风电	太阳能发电
安徽	670883	49181	505684	—	116018	—
陕西	598416	16253	360600	—	205266	16298
黑龙江	583756	22826	255510	—	305420	—
海南	573762	51324	104257	415646	—	2535
湖北	545105	155534	321803	—	67768	—
江西	517700	96918	330256	—	90526	—
湖南	464504	242371	164102	57470	561	—
北京	437322	—	434667	—	—	2655
宁夏	426107	—	113354	—	259487	53266
吉林	401927	13102	174037	—	214788	—
河南	370105	10006	325497	—	34602	—
青海	297727	2209	—	—	16204	279314
西藏	264081	248574	—	—	1279	14228
天津	163614	—	132589	—	31025	—
重庆	125877	99877	26000	—	—	—
上海	100661	—	46805	—	35000	18856

数据来源：《电力工业统计资料汇编2012》。

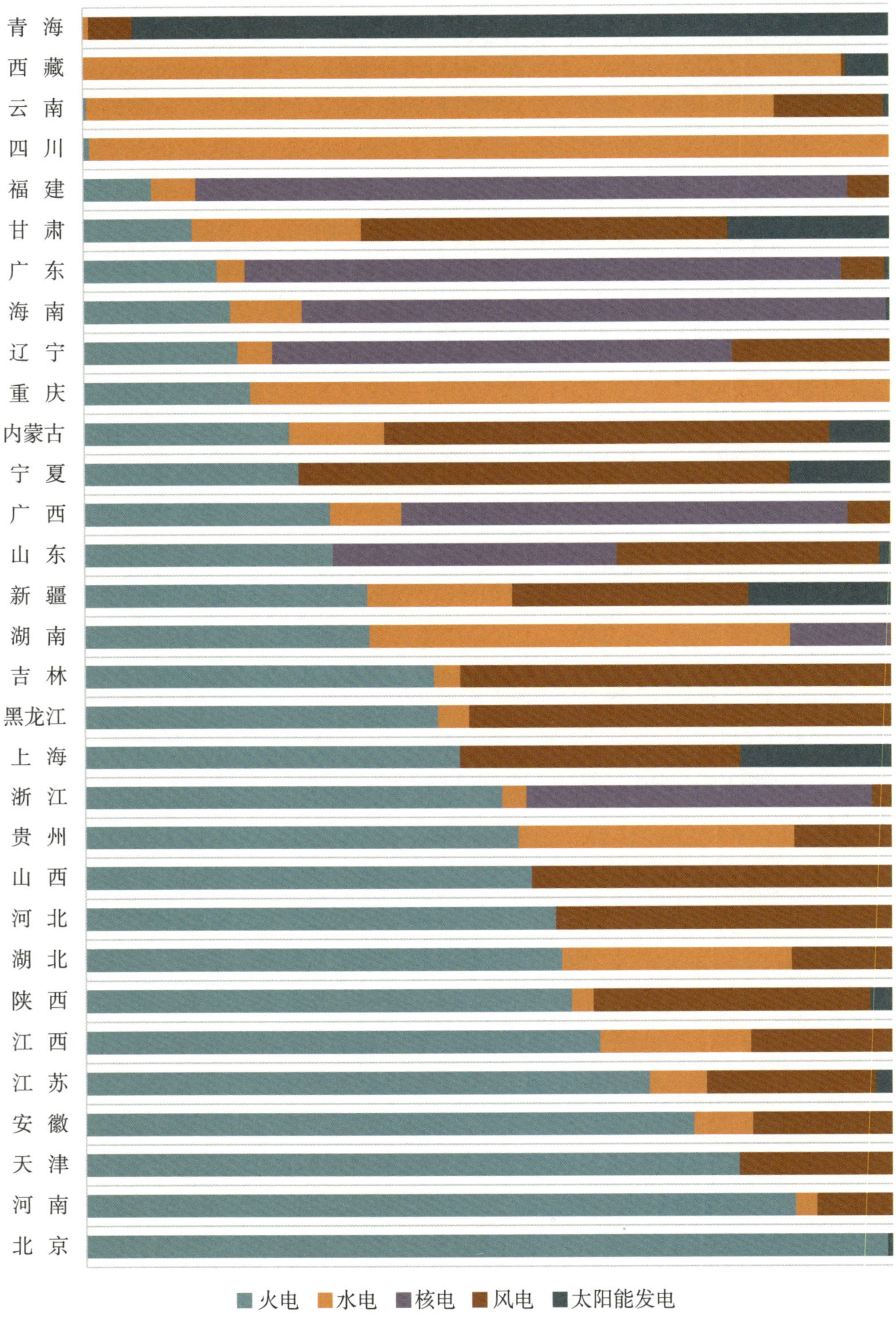

图9-7　2012年中国分地区电源投资结构

数据来源：根据《电力工业统计资料汇编2012》相关数据计算得到。

第二节 电源建设

2013年中国累计发电装机容量12.5亿千瓦，其中火电装机8.6亿千瓦，占比降至70%以下。与2010年相比，中国火电装机比重下降4.3个百分点，水电、核电基本持平，风电、太阳能等其他能源发电比重有所提高。比较各地区装机差异，广东（8353万千瓦）、内蒙古（8342万千瓦）、江苏（8229万千瓦）发电装机居前三，西南地区水电装机比重较高。

一、累计发电装机容量12.5亿千瓦，同比增长9.3%

2013年中国发电装机实现平稳较快发展，新增装机9400万千瓦。截至2013年底，累计发电装机容量12.5亿千瓦，同比增长9.3%。“十二五”前三年发电装机年均增长8.9%，基本符合《能源发展“十二五”规划》提出的“到2015年电力装机容量达到14.9亿千瓦，年均增长9%”的目标，电力建设正积极有序推进，如图9-8所示。

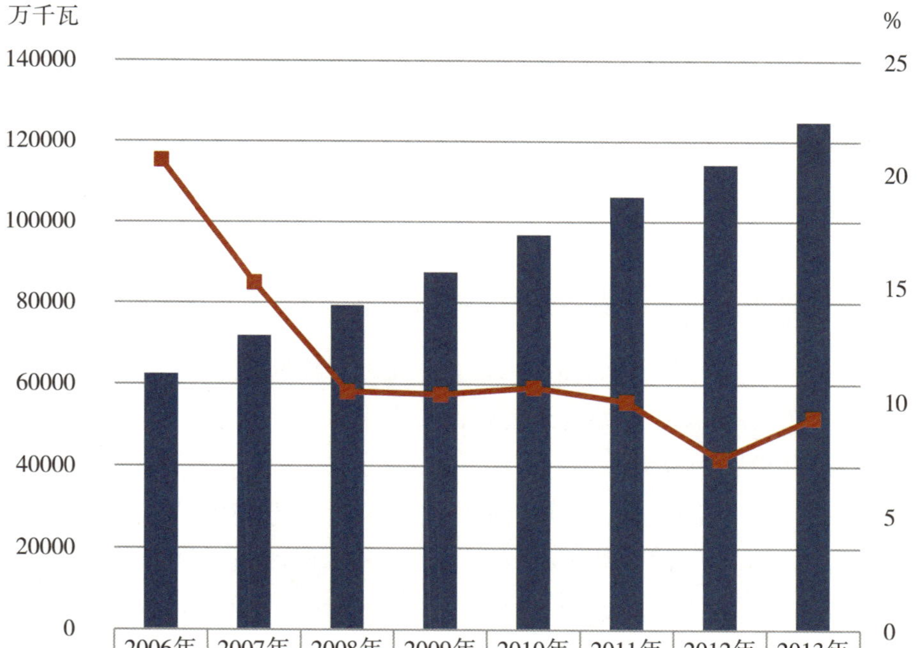

	2006年	2007年	2008年	2009年	2010年	2011年	2012年	2013年
装机容量(万千瓦)	62370	71822	79273	87410	96641	106253	114179	124738
增长率（%）	20.6	15.2	10.4	10.3	10.6	9.9	7.5	9.2

图9-8 2006～2013年中国发电装机容量与增长率

数据来源：《电力工业统计资料汇编》、《电力工业统计快报2013》。

根据IEA统计数据，2011年美国、日本、德国发电装机容量分别为10.55亿千瓦、2.92亿千瓦和1.63亿千瓦，而根据中国电力企业联合会发布的数据，同期中国发电装机容量为10.63亿千瓦，比美国多出725万千瓦，分别是日本、德国的3.6倍和6.5倍，如图9-9所示。

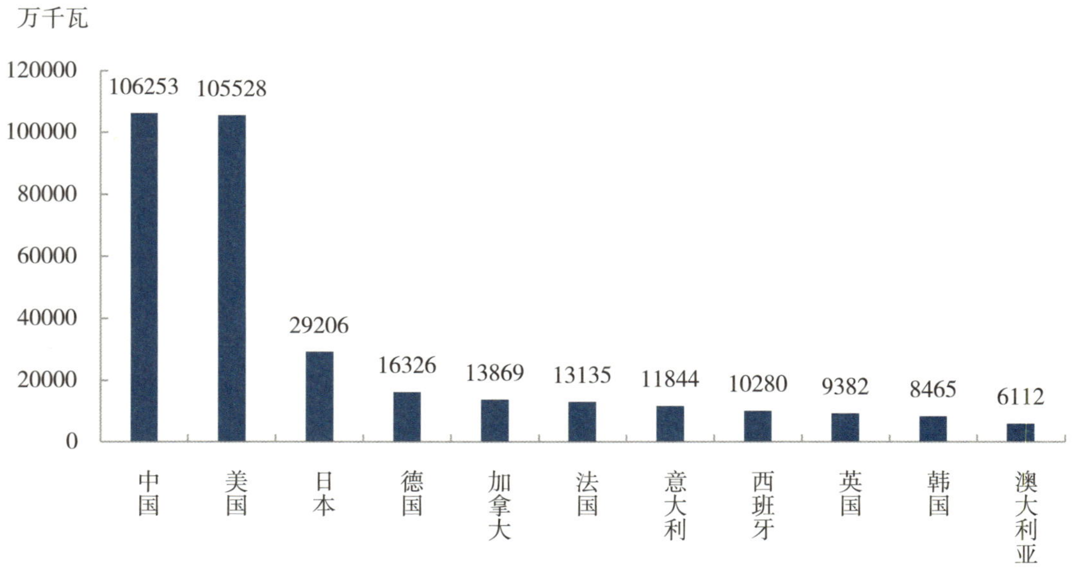

图9-9　2011年发电装机容量国际比较

数据来源：中国数据来自《电力工业统计资料汇编2012》，其他国家数据来自《IEA电力信息2013》（IEA：Electricity Information 2013）。

二、火电装机比重降至70%以下，风电、太阳能等其他能源发电装机比重有所提高

分电源来看，2013年中国水电、火电、核电、风电和太阳能发电新增装机容量分别为2993万千瓦、3650万千瓦、221万千瓦、1406万千瓦和1130万千瓦，分别占新增总装机容量的31.8%、38.8%、2.3%、15.0%和12.0%，如图9-10所示。

截至2013年底，中国水电、火电、核电、风电和太阳能发电累计装机容量分别为28002万千瓦、86238万千瓦、1461万千瓦、7548万千瓦和1479万千瓦，占总装机容量的22.4%、69.1%、1.2%、6.1%和1.2%。与2010年相比，火电装机比重下降4.3个百分点，水电、核电基本持平，风电提高3个百分点，太阳能等其他能源发电比重提高1.2个百分点，如图9-11所示。

2013年中国火电新增装机容量较2012年减少1586万千瓦，累计装机容量同比增长5.7%。火电在中国发电中一直处于主导地位，但2006年以来火电装机比重逐步下降，到2013年已降至70%以下，如图9-12所示。一方面是因为：受火电厂连年严重亏损的影响，企业火电项目投入明显减少；另一方面，国家大力鼓励发展新能源和可再生能源，尤其是近两年为了改善大气污染状况，要求压减燃煤，对火电发展产生很大影响。

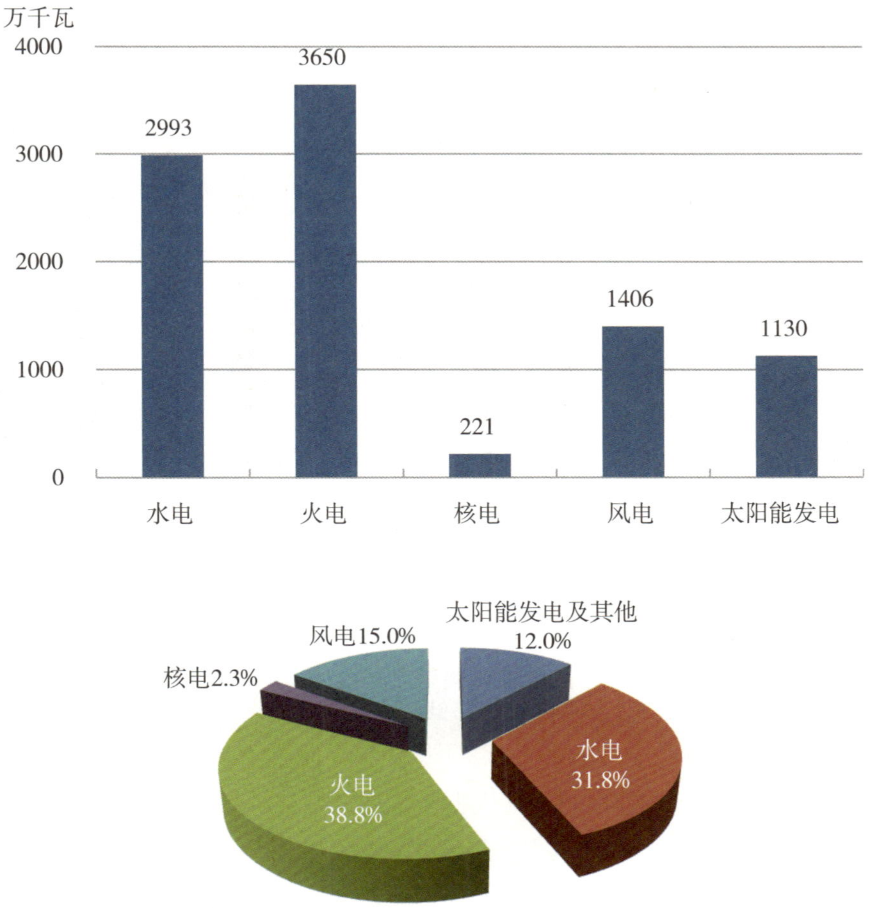

图9-10　2013年中国分电源新增装机容量与结构

数据来源：《电力工业统计快报2013》。

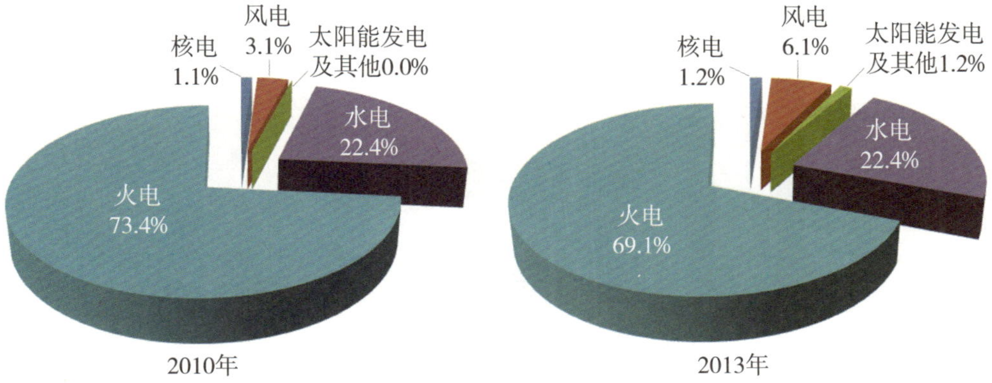

图9-11　2010年和2013年中国分电源累计装机结构

数据来源：《电力工业统计资料汇编2011》、《电力工业统计快报2013》。

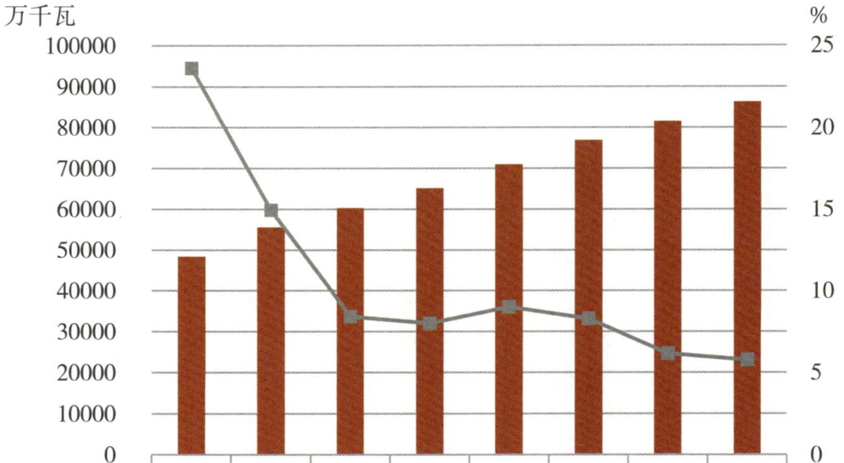

	2006年	2007年	2008年	2009年	2010年	2011年	2012年	2013年
火电装机容量（万千瓦）	48382	55607	60286	65108	70967	76834	81554	86238
增长率（%）	23.6	14.9	8.4	8.0	9.0	8.3	6.1	5.7

图9-12　2013年火电装机容量与增长率

数据来源：《电力工业统计资料汇编》、《电力工业统计快报2013》。

根据IEA统计数据，2011年美国、日本、德国火电装机容量分别为79883万千瓦、18681万千瓦和8184万千瓦，而根据中国电力企业联合会发布的数据，同期中国火电装机容量为76834万千瓦，比美国少3049万千瓦，分别是日本、德国的4.1倍和9.4倍。从火电装机占发电装机的比重来看，中国低于美国3.4个百分点，高出日本、德国8.3个百分点和22.2个百分点，如图9-13所示。

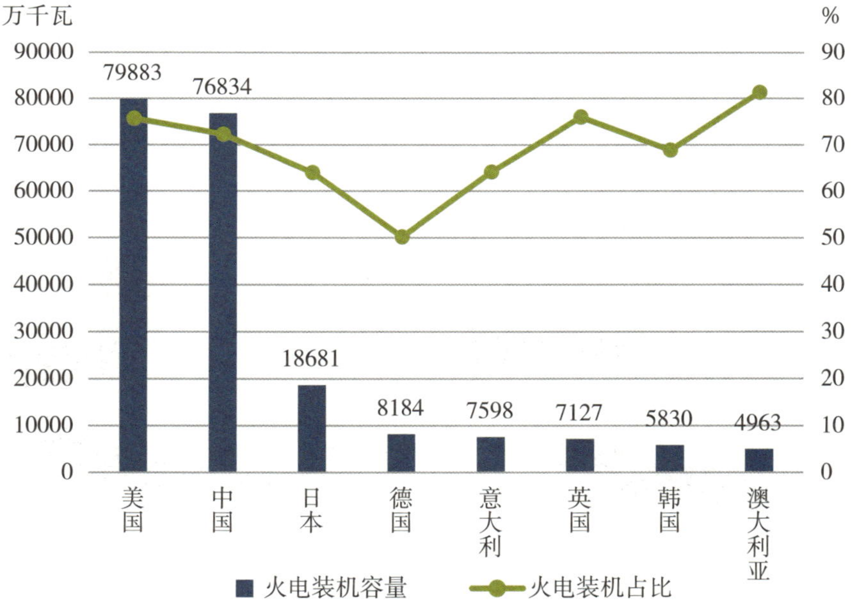

图9-13　2011年火电装机容量及其占总装机比重的国际比较

数据来源：中国数据来自《电力工业统计资料汇编2012》，其他国家数据来自《IEA电力信息2013》。

三、广东、内蒙古、江苏发电装机居前三，西南地区水电装机比重较高

2013年发电装机容量中排名前三位的省区分别为为广东（8353万千瓦）、内蒙古（8342万千瓦）、江苏（8229万千瓦），均超过8000万千瓦；排名后三位的省区分别为西藏（110万千瓦）、海南（510万千瓦）、北京（792万千瓦），均低于1000万千瓦。居首的广东发电装机容量是排名末位的西藏的76倍。

分电源装机容量及结构来看，各省区受资源禀赋影响较大。四川、云南、青海、湖北和西藏等省区以水电为主，占总发电装机的比重均超过50%，另外广西、重庆、贵州和湖南的水电装机比重也超过40%，其他省份则以火电为主导。核电则主要集中在辽宁、福建、广东、浙江、江苏五个省份中，风电主要分布于内蒙古、河北、甘肃、辽宁等地，太阳能发电则主要分布在甘肃、青海、新疆这些西部地区，见表9-2。

表9-2 2013年中国分地区发电装机容量 单位：万千瓦

地区	合计	其中				
		水电	火电	核电	风电	太阳能发电
广东	8353	1308	6270	612	163	1
内蒙古	8342	108	6385	—	1794	55
江苏	8229	114	7553	200	256	105
山东	7718	108	7098	—	500	12
四川	6862	5266	1582	—	11	3
浙江	6484	986	4995	440	45	18
河南	6052	395	5628	—	27	2
云南	6015	4439	1397	—	168	11
湖北	5896	3616	2240	—	35	5
山西	5767	243	5205	—	316	4
河北	5156	181	4182	—	785	7
贵州	4476	1908	2433	—	135	—
福建	4201	1285	2658	109	146	3
辽宁	3966	273	3028	100	563	2
安徽	3933	282	3597	—	49	5
新疆	3652	448	2426	—	501	277
甘肃	3489	755	1601	—	703	430
湖南	3364	1401	1929	—	34	0
广西	3186	1582	1563	—	37	4
陕西	2590	251	2273	—	59	6

续表

地区	合计	其中				
		水电	火电	核电	风电	太阳能发电
吉林	2513	445	1690	—	377	—
黑龙江	2391	97	1903	—	392	—
宁夏	2231	43	1731	—	302	155
上海	2162	0	2129	—	32	2
江西	2000	458	1504	—	30	8
青海	1710	1118	235	—	10	348
重庆	1450	650	790	—	10	—
天津	1137	1	1112	—	23	0
北京	792	101	675	—	15	—
海南	510	82	388	—	30	9
西藏	110	58	39	—	0	10

数据来源：《电力工业统计快报2013》。

第三节　电网建设

2013年全国新增220千伏及以上输电线路回路长度39534千米，新增220千伏及以上变电设备容量19631万千伏安。中国第三个特高压交流工程——1000千伏浙北—福州特高压交流输变电工程全面启动，标志着特高压电网进入加快发展、规模建设的新阶段。

一、220千伏以上输电线路近54万千米，变电设备容量达26.2万千伏安

2013年全国新增220千伏及以上输电线路回路长度39534千米，同比增长15.5%；新增220千伏及以上变电设备容量19631万千伏安，同比增长4.2%。到2013年底，全国220千伏及上输电线路回路长度539838千米，同比增长6.4%；220千伏及以上公用变电设备容量262338万千伏安，同比增长8.2%，见表9–3、表9–4。

表9–3　　2013年中国新增及累计输电线路长度

项目	线路长度（千米）	同比（%）
新增220千伏及以上输电线路	39534	15.50
其中：直流部分	6146	194.07
其中：±800千伏	3644	74.35

续表

项目	线路长度（千米）	同比（%）
±500千伏	2502	—
其中：交流部分	33388	3.89
其中：1000千伏	1298	—
750千伏	2218	199.33
500千伏	6792	43.07
330千伏	1598	629.54
220千伏	21482	-18.73
220千伏及以上输电线路	539838	6.40
其中：直流部分	21700	30.26
其中：±800千伏	8005	46.45
±660千伏	1400	—
±500千伏	11244	28.62
±400千伏	1051	—
其中：交流部分	518138	5.59
其中：1000千伏	1908	198.38
750千伏	10987	8.91
500千伏	146247	5.17
330千伏	24317	7.12
220千伏	334680	5.17

数据来源：《电力工业统计快报2013》。

表9-4　　　　2013年中国新增及累计变电设备容量

项目	变电设备容量（万千伏安）	同比（%）
新增220千伏及以上变电设备	19631	4.19
1000千伏	2100	
750千伏	1180	
500千伏	5380	-25.28
330千伏	573	54.03
220千伏	10398	-7.73
220千伏及以上公用变设备	262338	8.14

续表

项目	变电设备容量（万千伏安）	同比（%）
其中：直流部分	13777	8.38
其中：±800千伏	5054	15.92
±660千伏	946	—
±500千伏	7637	5.10
±400千伏	141	—
其中：交流部分	248561	8.12
其中：1000千伏	3600	100.00
750千伏	6310	18.61
500千伏	88474	6.31
330千伏	7874	9.85
220千伏	142303	7.50

数据来源：《电力工业统计快报2013》。

二、特高压建设有序推进，第三条1000千伏交流工程全面启动

特高压在保障能源安全、高效、清洁供应方面发挥了重要作用，尤其是针对中东部地区严重的雾霾问题，特高压无疑将扮演重要角色。尽管2013年国家电网公司“四交三直”特高压建设计划目前只核准了一条新线，但是仍有“三交三直”获批路条，“一交两直”在建。

2013年4月11日，1000千伏浙北—福州特高压交流输变电工程建设全面启动。这一工程是中国继晋东南—南阳—荆门特高压交流试验示范工程、淮南—浙北—上海工程之后的第三个特高压交流工程，是特高压电网进入加快发展、规模建设新阶段的标志性工程。9月25日，世界首个商业化运行的同塔双回路特高压交流输电工程——皖电东送淮南—上海特高压交流工程正式投运，这是继晋东南—荆门特高压交流、向家坝—上海、锦屏—苏南特高压直流之后，投运的第四个特高压工程，从而形成国家电网“两交两直”特高压输电格局。此外，在南方电网公司经营区域，第二条特高压——云南普洱—广东江门±800千伏特高压直流工程于2013年9月3日投运。

第十章 非化石能源投资与建设

2013年中国非化石能源发电完成投资2789亿元，较2012年减少59亿元，同比下降2.2%。其中，水电投资额为1246亿元，同比增长0.6%；核电投资额为609亿元，同比下降22.4%；风电投资额为631亿元，同比增长3.9%。2013年非化石能源发电新增装机5750万千瓦，累计发电装机容量3.85亿千瓦，同比增长18%。其中，水电、核电、风电及太阳能发电新增装机分别为2993万千瓦、221万千瓦、1406万千瓦和1130万千瓦。截至2013年底，中国累计装机容量分别为28002万千瓦、1461万千瓦、7548万千瓦和1479万千瓦，同比增长12.3%、16.2%、24.5%和335.1%。

第一节 水电投资与建设

2013年中国水电投资额为1246亿元，同比增长0.6%。新增水电装机容量2993万千瓦，累计水电装机容量2.8亿千瓦。“十二五”前三年水电装机容量年均增长达9%，高于“十二五”规划确定的年均增长5.7%的目标。

一、水电投资增速大幅下滑，累计实现“十二五”规划目标的43.2%

2013年中国水电投资额为1246亿元，较2012年微增7亿元，同比增长0.6%，增长率比2012年下降27个百分点。“十二五”开局前两年水电投资出现较大幅度的增长，到2013年增速明显放缓，如图10-1所示。

根据《水电发展“十二五”规划》，“十二五”期间水电建设计划投资8000亿元，其中大中型水电6200亿元、小水电1200亿元、抽水蓄能电站600亿元。“十二五”前三年水电累计完成投资3456亿元，仅实现规划目标的43.2%。要实现“十二五”规划目标，2014年、2015年水电建设年均投资需达到2272亿元。

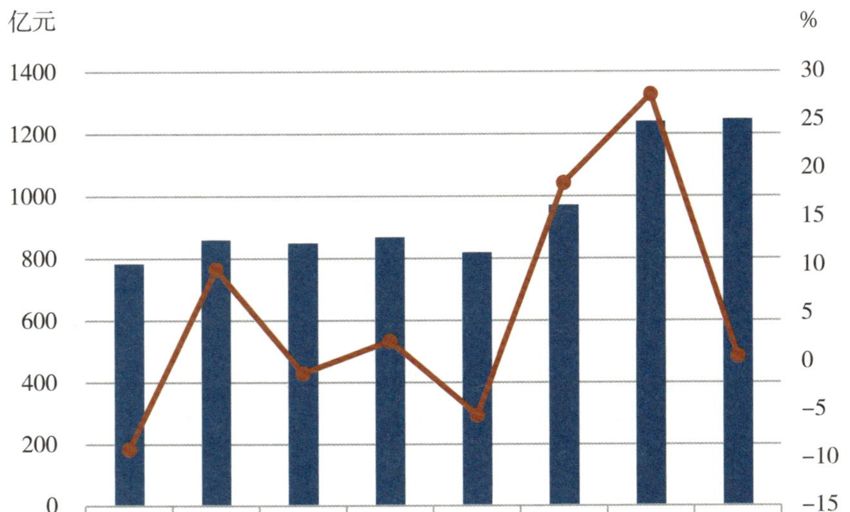

	2006年	2007年	2008年	2009年	2010年	2011年	2012年	2013年
水电完成投资额（亿元）	784	859	849	867	819	971	1239	1246
增长率（%）	-9.1	9.6	-1.2	2.2	-5.5	18.5	27.6	0.6

图10-1　2006～2013年中国水电完成投资额与增长率

数据来源：《电力工业统计资料汇编》、《电力工业统计快报2013》。

二、水电装机容量2.8亿千瓦，远超美国、日本等发达国家

2013年全国新增水电装机2993万千瓦，比2012年增加1317万千瓦。截至2013年底，水电装机容量累计28002万千瓦，比2012年增加3057万千瓦，同比增长12.3%。根据《能源发展“十二五”规划》确定的目标，到2015年水电装机容量达到2.9亿千瓦，年均增长5.7%。而“十二五”前三年年均增长率为9.0%，高于“十二五”规划目标，如图10-2所示。

2013年世界第三大、中国第二大水电站溪洛渡水电站首台机组于7月15日投产，半年内该电站投产机组达到12台，年投产装机容量达924万千瓦，刷新了由中国三峡电站创造的单座水电站年投产装机500万千瓦的世界纪录。

根据IEA统计数据，2011年美国、加拿大、日本水电装机容量分别为10094万千瓦、7508万千瓦、4842万千瓦。而根据中国电力企业联合会发布数据，同期中国水电装机容量为23298万千瓦，分别是美国、日本、加拿大的2.3倍、3.1倍和4.8倍。从水电占总发电装机容量的比重来看，中国高于美国、日本，但低于加拿大，如图10-3所示。

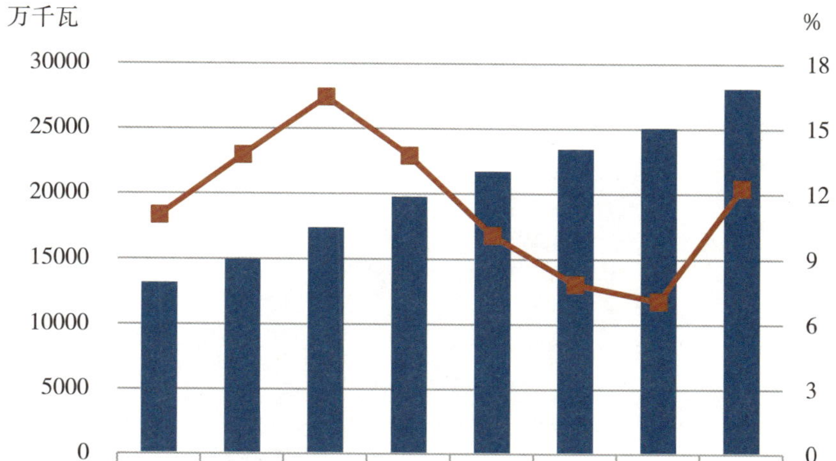

	2006年	2007年	2008年	2009年	2010年	2011年	2012年	2013年
水电装机容量（万千瓦）	13029	14823	17260	19629	21606	23298	24945	28002
增长率（%）	11.0	13.8	16.4	13.7	10.1	7.8	7.1	12.3

图10-2　2006～2013年中国水电装机容量与增长率

数据来源：《电力工业统计资料汇编》、《电力工业统计快报2013》。

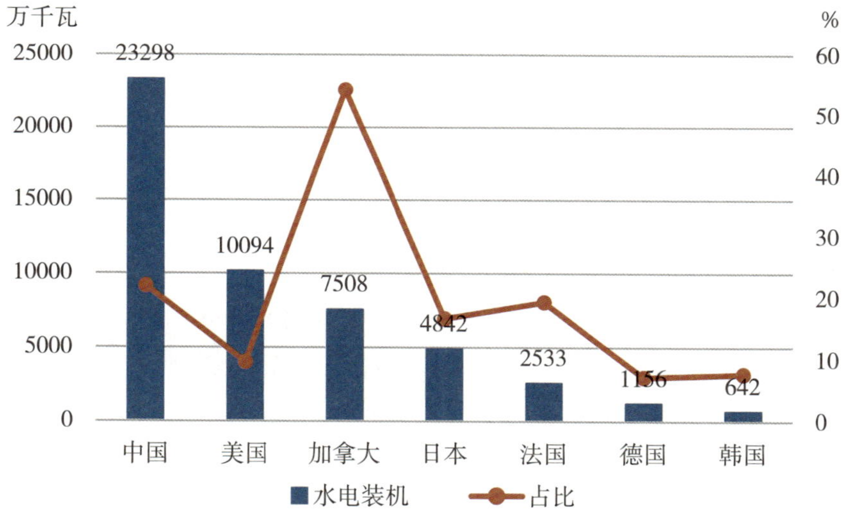

图10-3　2011年水电装机容量及其占总装机比重的国际比较

数据来源：中国数据来自《电力工业统计资料汇编2012》，其他国家数据来自《IEA电力信息2013》。

三、常规水电新增装机容量增长九成，抽水蓄能完成“十二五”规划装机容量目标有难度

2013年中国常规水电新增装机容量2873万千瓦，同比增长90.1%；累计装机容量25851万千瓦，同比增长12.8%。抽水蓄能新增装机容量120万千瓦，同比减少27.3%；累计装机容量2151万千瓦，同比增长

5.8%。

“十二五”以来，抽水蓄能新增装机容量逐年递减，截至2013年底，与《可再生能源发展“十二五”规划》提出的“到2015年抽水蓄能电站装机3000万千瓦”的目标还有800多万千瓦的缺口。据测算，“十二五”前三年年均增长率仅为8.3%，要完成规划目标，未来两年年均增长率应在18.1%左右，如图10–4所示。

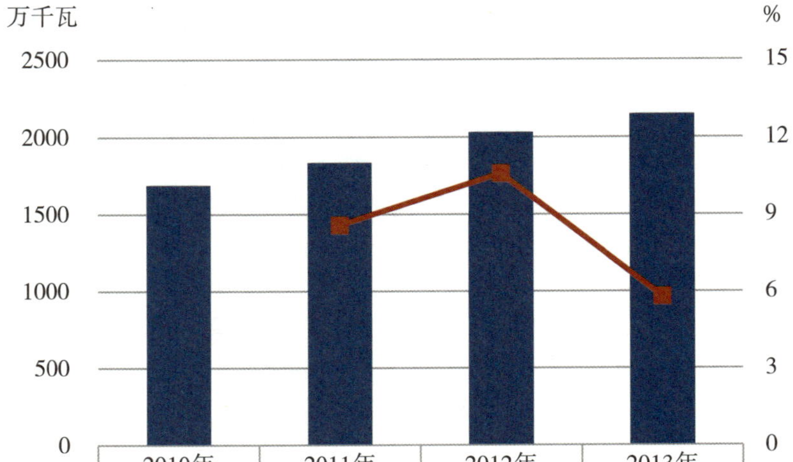

	2010年	2011年	2012年	2013年
■ 抽水蓄能电站装机容量（万千瓦）	1693	1838	2033	2151
增长率（%）	—	8.6	10.6	5.8

图10–4　2010～2013年中国抽水蓄能电站装机容量与增长率

数据来源：《电力工业统计资料汇编》、《电力工业统计快报2013》。

2013年4月，随着中国首座国产化的高水头抽水蓄能机组在福建仙游抽水蓄能电站投入运转，抽水蓄能电站建设进入新阶段。此外国家先后批准新疆阜康、江苏句容和山东沂蒙等抽水蓄能电站开展前期工作，同时还核准开工了海南琼中抽水蓄能电站。政策方面，国家能源局印发了《关于加强抽水蓄能电站运行管理工作的通知》（国能新能〔2013〕243号），加大力度促进抽水蓄能电站的建设。

第二节　新能源投资

2013年中国新能源发电完成投资1542亿元，较2012年增加52亿元，同比增长3.5%。其中，风电投资631亿元，较2012年增加24亿元，同比增长3.9%；核电投资609亿元，较2012年减少175亿元，同比下降22.4%。

一、风电完成投资631亿元，投资增速转负为正

2013年中国风电投资额为631亿元，较2012年增加24亿元，同比增长3.9%。“十二五”开局两年风电投资额连续下降，2013年略有反弹，增长率转负为正。与2010年相比，风电投资额减少407亿元。

根据《风电发展“十二五”规划》，“十二五”风电发展投资需求将达5300亿元，2011～2013年中国风电累计完成投资2140亿元，仅完成规划目标的40.4%，如图10-5所示。

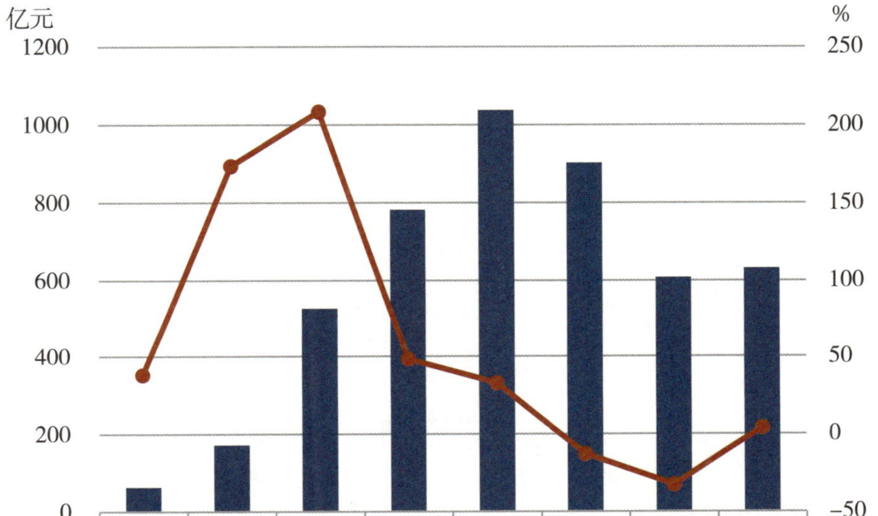

	2006年	2007年	2008年	2009年	2010年	2011年	2012年	2013年
风电完成投资额（亿元）	63	171	527	782	1038	902	607	631
增长率（%）	37.8	173.5	208.3	48.3	32.7	-13.0	-32.7	3.9

图10-5　2006～2013年中国风电完成投资额与增长率

数据来源：《电力工业统计资料汇编》、《电力工业统计快报2013》。

二、核电完成投资609亿元，投资增速大幅下滑

2013年中国核电投资额为609亿元，较2012年减少175亿元，同比下降22.4%。受日本福岛核事故影响，2012年核电投资增速大幅回落，2013年延续此前趋势，甚至出现负增长，如图10-6所示。然而，发展核电是中国非化石能源利用的必要选择，随着核电审批重新启动，预计未来核电投资仍将保持较快增速。

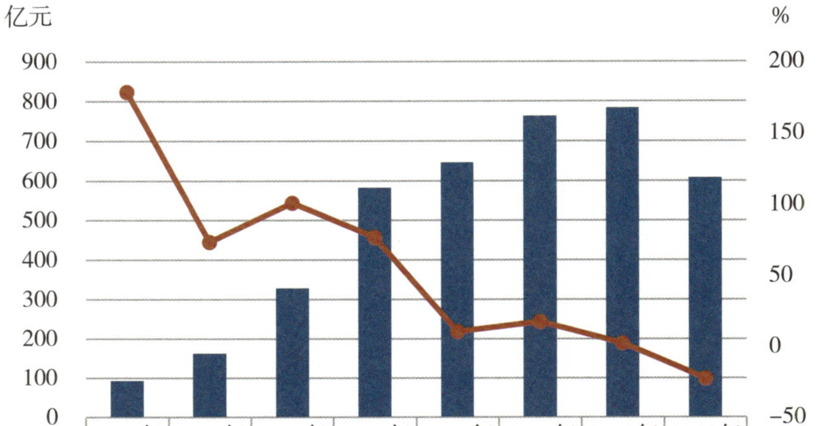

	2006年	2007年	2008年	2009年	2010年	2011年	2012年	2013年
核电完成投资额（亿元）	94	164	329	584	648	764	784	609
增长率（%）	179.2	73.9	101.4	77.2	10.9	18.0	2.7	-22.4

图10-6　2006～2013年中国核电完成投资额与增长率

数据来源：《电力工业统计资料汇编》、《电力工业统计快报2013》。

第三节　新能源建设

2013年中国新能源发电新增装机容量2757万千瓦，同比增长近一倍；累计装机容量10498万千瓦，同比增长36.7%。近年来，由于配套政策不完善、并网消纳限制、环保及安全要求提高等因素，中国新能源发展出现结构性不平衡的问题，相对风电而言，核电和光伏发电完成"十二五"规划的装机容量目标具有一定压力。

一、年内新增两台核电机组，距4000万千瓦规划目标存在较大差距

2013年新增核电装机容量221万千瓦，相比于2012年核电无新增装机容量的情况，2013年新增两台机组，分别是4月投产的福建宁德核电一期工程1号机组以及6月投产的辽宁红沿河核电厂一期工程1号机组。截至2013年底，中国在运核电机组17台，装机容量1461万千瓦，同比增长16.19%；在建核电机组31台，装机容量3385万千瓦，见表10-1。

"十二五"前三年核电装机容量年均增长为10.5%，要完成《能源发展"十二五"规划》提出的4000万千瓦装机容量目标，意味着未来两年年均增长率要达到65.5%，如图10-7所示。此外，"确保安全的前提下有序发展核电"的要求没有改变，环保及安全技术标准的提高又将给装机容量目标完成带来一定影响。可见，核电完成"十二五"规划目标具有较大压力。

表10-1　　中国在运及在建核电机组装机分布

地区	在运机组			在建机组		
	项目名称	台数	容量（万千瓦）	项目名称	台数	容量（万千瓦）
全国		17	1461		31	3385
浙江	秦山一期	1	32	方家山	2	216
	秦山二期	4	262	三门一期	2	250
	秦山三期	2	146	—		
广东	大亚湾	2	197	台山一期	2	350
	岭澳一期	2	198	阳江1～6号机组	6	648
	岭澳二期	2	217	—		
江苏	田湾	2	200	田湾二期	2	224
福建	宁德	1	109	宁德	3	324
	—			福清1～4号机组	4	432
辽宁	红沿河一期	1	100	红沿河一期	3	324
山东	—			海阳一期	2	250
				荣成石岛湾	1	21
广西	—			防城港一期	2	216
海南	—			昌江项目	2	130

数据来源：国家能源局《能源数据分析手册2013》。

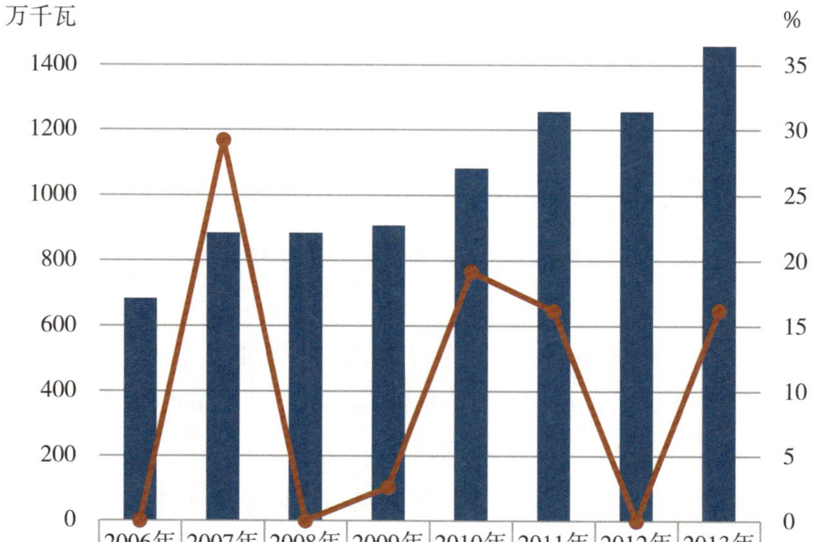

	2006年	2007年	2008年	2009年	2010年	2011年	2012年	2013年
核电装机容量（万千瓦）	685	885	885	908	1082	1257	1257	1461
增长率(%)	0.0	29.2	0.0	2.6	19.2	16.2	0.0	16.2

图10-7　2006～2013年中国核电装机容量与增长率

数据来源：《电力工业统计资料汇编》、《电力工业统计快报2013》。

根据IEA统计数据，2011年美国、日本、德国核电装机容量分别为10142万千瓦、4896万千瓦、1205万千瓦。而根据中国电力企业联合会发布数据，同期中国核电装机容量为1257万千瓦，仅为美国、日本的12.4%和25.7%，比德国略高出52万千瓦。从核电占总发电装机容量的比重来看，中国仅为1.2%，分别比美国、日本、德国低8.4个、15.6个、6.2个百分点，如图10–8所示。

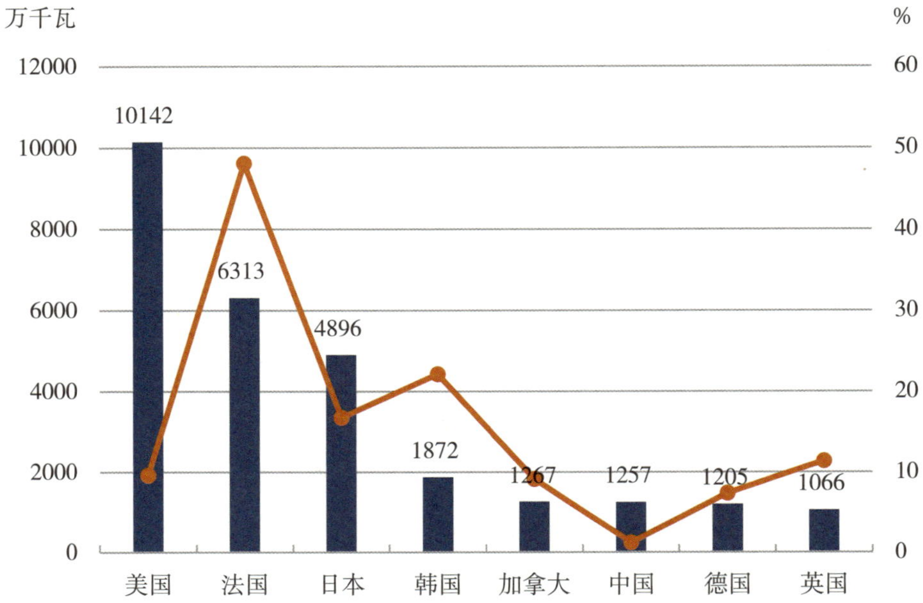

图10–8 2011年核电电装机容量及其占总装机比重的国际比较

数据来源：中国数据来自《电力工业统计资料汇编2012》，其他国家数据来自《IEA电力信息2013》。

二、风电装机容量增长放缓，但仍保持两位数增速

2013年全国新增风电装机容量1406万千瓦，比2012年增加110万千瓦。截至2013年底，风电装机容量累计7548万千瓦，同比增长24.5%。

2010年起风电装机容量增速呈逐年下滑态势，但仍保持较快增长。根据《能源发展“十二五”规划》，到2015年风电装机容量达到1亿千瓦，年均增长26.4%。“十二五”前三年年均增长36.7%，超过“十二五”规划确定的目标，如图10–9所示。

2013年国家能源局采取了一系列政策措施推动风电产业持续健康发展，进一步强化了规划的引领作用。通过实施风电年度发展计划，加强风电产业监测和评价体系建设，采取有针对性的措施解决弃风限电问题，有序推进风电基地建设，使风电产业发展更加理性。

根据2013年3月国家能源局公布的“十二五”第三批风电项目核准计划，列入计划的项目共491个，总装机容量2797万千瓦。2011～2013年国家先后公布了三批风电项目核准计划，风电布局重心呈现逐步

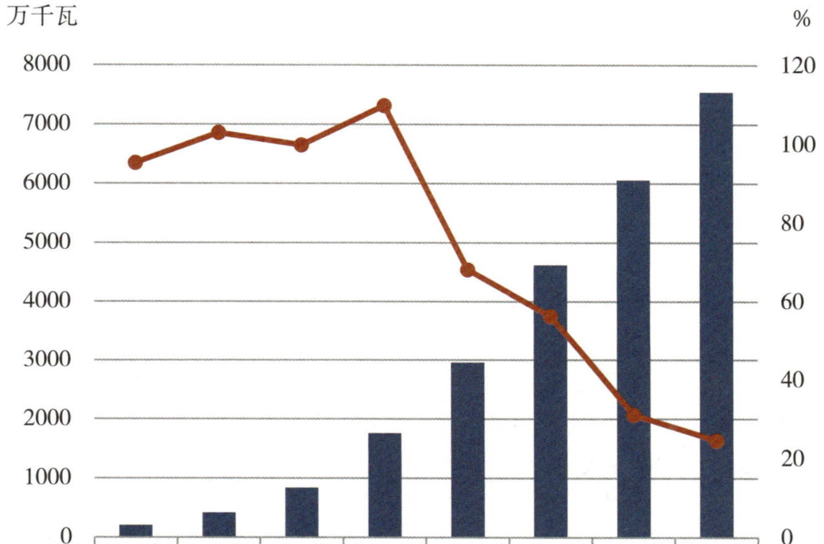

	2006年	2007年	2008年	2009年	2010年	2011年	2012年	2013年
■ 风电并网装机容量（万千瓦）	207	420	839	1760	2958	4623	6062	7548
—●— 增长率（%）	95.3	102.9	99.8	109.8	68.1	56.3	31.1	24.5

图10-9　2006～2013年中国风电装机容量与增长率

数据来源：《电力工业统计资料汇编》、《电力工业统计快报2013》。

由一、二、三类地区向四类地区转移的态势，四类地区较强的电力消纳能力以及相对充足的调峰电源有利于装机规模的增长。

三、太阳能发电井喷式发展，装机容量超过核电

随着国家对太阳能发电扶持力度增强，以及多晶硅价格下跌、组件成本下降，中国太阳能光伏发电试点工程逐渐增多、装机规模迅速增长。2013年全国新增太阳能发电装机1130万千瓦，比2012年增加1023万千瓦。截至2013年底，太阳能发电装机容量累计1479万千瓦，同比增长335%，如图10-10所示。“十二五”前三年年均增长率达到316.30%。但考虑到目前光伏电站的盈利能力相对较低，以及分布式发电的普及速度具有一定的不确定性，到2015年末光伏发电行业完成3500万千瓦的装机目标仍具有一定的压力。

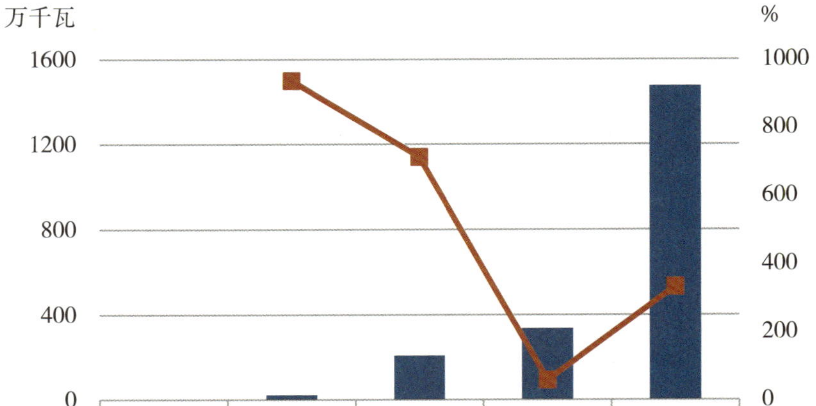

	2009年	2010年	2011年	2012年	2013年
■ 太阳能并网发电装机容量（万千瓦）	2.5	26	212	340	1479
增长率（%）	—	940.0	715.4	60.4	335.0

图10–10　2009～2013年中国太阳能发电装机容量与增长率

数据来源：《电力工业统计资料汇编》、《电力工业统计快报2013》。

2013年中国一次能源生产总量为33.9亿吨标准煤，同比增长2.1%。2013年中国能源自给率为90.4%，较2012年下降1.6个百分点。其中，煤炭产量36.8亿吨，同比增长0.8%；原油产量2.09亿吨，同比增长1.8%；天然气产量为1170.5亿立方米，同比增长9.4%。发电量5.35万亿千瓦时，同比增长7.5%。在一次能源生产中，煤炭产量所占比重为75.5%，比2012年下降1个百分点；原油产量所占比重为8.9%，与2012年基本持平；天然气产量占一次能源生产总量的4.6%，较2012年提高0.3个百分点；非化石能源占一次能源生产总量的比重达到11.0%，比2012年提高0.7个百分点。

2013年能源进口继续增长，能源对外依存度进一步提高。净进口煤炭首次突破3亿吨大关，达到3.2亿吨，同比增长12.7%，对外依存度升至8.0%；净进口原油2.80亿吨，同比增长4.4%，净进口石油3.01亿吨，对外依存度为59.1%比2012年提高0.6个百分点；累计进口天然气527亿米^3（LNG248亿米^3、管道气279亿米^3），增长25.3%，天然气对外依存度突破30%，达到30.1%，比2012年提高3.5个百分点。

2013年中国能源生产与供应

项目	生产	净进口	对外依存度
综合能源（亿吨标准煤）	33.9	—	—
煤炭（亿吨）	36.8	3.20	8.0%
石油（亿吨）	2.09	3.01	59.1%
天然气（亿米^3）	1170.5	503	30.1%
电力（亿千瓦时）	53474	—	—

注：对外依存度是指净进口与表观消费量的比值，表观消费量为生产量与净进口量之和。

第十一章　煤炭生产与供应

2013年中国原煤产量36.8亿吨，增速回落，原煤洗选比重持续上升。分地区来看，煤炭生产西移趋势明显，原煤生产增量集中于西部资源大省。进出口方面，中国煤炭进口大幅增加，近两年已成为世界最大煤炭进口国，对外依存度自2009年成为煤炭净进口国以来持续上升，2013年达到8.0%。

第一节　煤炭生产

2013年中国原煤产量36.8亿吨，较2012年增长0.8%，增长率回落2.9个百分点。原煤产量位居世界首位，占比达到46.4%。分地区看，产量地区差异显著，原煤生产西移趋势明显。原煤洗选比重为20.9%，煤炭加工利用水平进一步上升。

一、原煤产量36.8亿吨，增速回落2.9个百分点

根据《2013年国民经济和社会发展统计公报》，2013年中国原煤产量36.8亿吨，较2012年增加0.35亿吨，同比增长0.8%，增长率较2012年下降2.9个百分点，较煤炭消费增长率（3.7%）低2.9个百分点。日均煤炭生产量为1008.2万吨，比2012年增加9.6万吨。

按照《煤炭工业发展“十二五”规划》的要求，在调整优化结构、保障合理需求的原则下，2015年煤炭产量控制在39亿吨以内，较“十一五”末期增加6.65亿吨，计划年均增长率为3.8%，截至2013年已完成4.45亿吨增量，2011~2013年煤炭生产年均增长率为4.4%，高于“十二五”计划年均增长率0.6个百分点，但是低于“十一五”年均增长率2.2个百分点，如图11-1所示。在市场整体供过于求的情形下，原煤生产增速的不断下滑，在“十二五”末期将煤炭产量控制在39亿吨压力不大。

根据BP统计数据，2012年世界原煤产量为78.6亿吨，中国原煤产量占世界总产量的46.4%。世界原煤产量前六位的中国、美国、印度、澳大利亚、印度尼西亚、俄罗斯的原煤产量总和占世界的80.7%。中国作为世界第一大煤炭生产国，2012年原煤产量36.5亿吨，是美国（9.2亿吨）的4倍、印度（6.1亿吨）的6倍，相当于产量排名于中国之后的12个国家之和（36.6亿吨），见表11-1、图11-2。

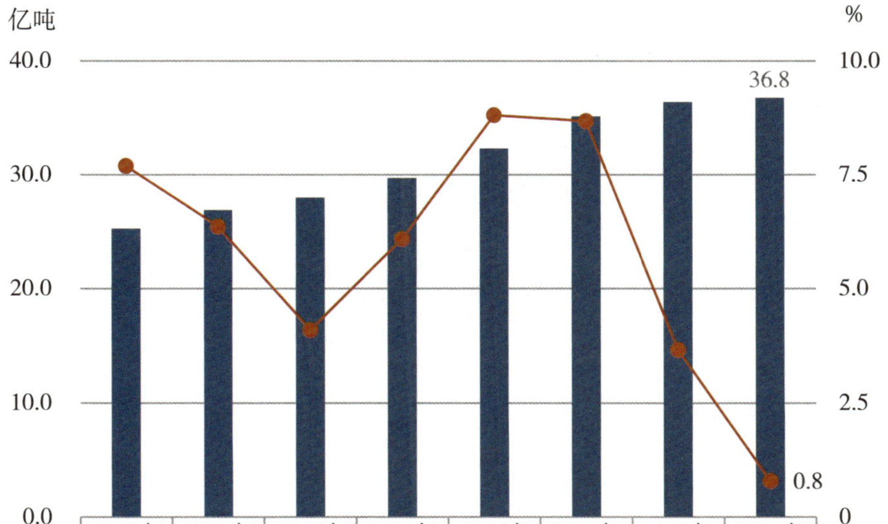

	2006年	2007年	2008年	2009年	2010年	2011年	2012年	2013年
■ 原煤产量（亿吨）	25.3	26.9	28.0	29.7	32.4	35.2	36.5	36.8
—●— 增长率（%）	7.7	6.4	4.1	6.1	8.8	8.7	3.7	0.8

图11–1　2006～2013年中国原煤产量及增长率

数据来源：2006～2012年数据来自《中国能源统计年鉴2013》，2013年数据来自《2013年国民经济和社会发展统计公报》。

表11–1　2006～2012年世界主要国家原煤产量　单位：亿吨

地区	2006年	2007年	2008年	2009年	2010年	2011年	2012年	2012年占比（%）
世界	63.6	65.9	68.2	69.0	72.5	76.9	78.6	100.0
非OECD国家	42.2	44.4	46.6	48.4	51.9	56.1	58.3	74.2
OECD国家	21.4	21.5	21.6	20.6	20.6	20.8	20.3	25.8
亚太地区	36.7	39.0	40.8	43.3	46.5	50.1	52.2	66.3
中国	25.3	26.9	28.0	29.7	32.4	35.2	36.5	46.4
美国	10.5	10.4	10.6	9.8	9.8	9.9	9.2	11.7
印度	4.5	4.8	5.2	5.6	5.7	5.7	6.1	7.7
澳大利亚	3.8	3.9	4.0	4.2	4.2	4.2	4.3	5.5
印度尼西亚	1.9	2.2	2.4	2.6	2.8	3.5	3.9	4.9
俄罗斯	3.1	3.1	3.3	3.0	3.2	3.4	3.5	4.5
南非	2.4	2.5	2.5	2.5	2.6	2.5	2.6	3.3
德国	2.0	2.0	1.9	1.8	1.8	1.9	2.0	2.5
波兰	1.6	1.5	1.4	1.4	1.3	1.4	1.4	1.8

续表

地区	2006年	2007年	2008年	2009年	2010年	2011年	2012年	2012年占比（%）
哈萨克斯坦	1.0	1.0	1.1	1.0	1.1	1.1	1.2	1.5
哥伦比亚	0.7	0.7	0.7	0.7	0.7	0.9	0.9	1.1
乌克兰	0.8	0.8	0.8	0.7	0.8	0.8	0.9	1.1
土耳其	0.6	0.8	0.8	0.8	0.7	0.8	0.7	0.9
加拿大	0.7	0.7	0.7	0.6	0.7	0.7	0.7	0.9

数据来源：《BP世界能源统计2013》。

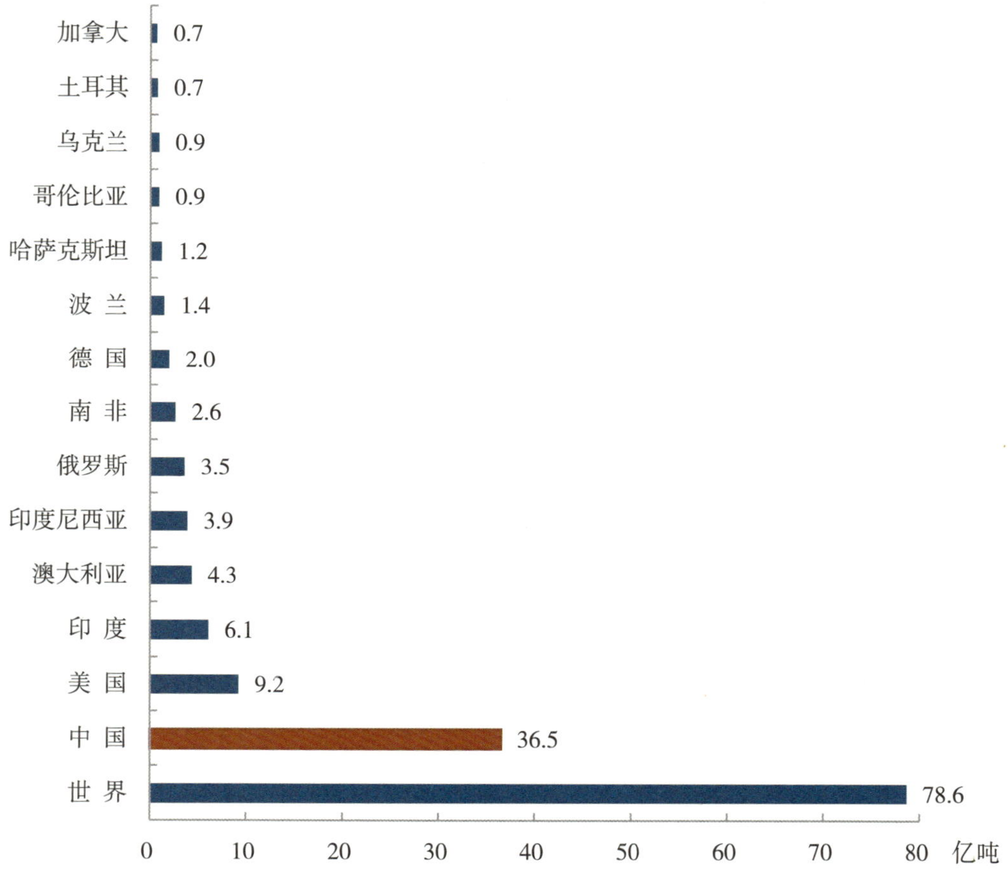

图11-2 2012年世界主要国家原煤产量

数据来源：《BP世界能源统计2013》。

二、煤炭生产西移趋势明显，产量地区差异显著

中国的煤炭生产集中在煤炭资源蕴藏丰富的省份。2012年中国原煤产量排名前三的省份为内蒙古、山西和陕西，产量分别为10.42亿吨、9.13亿吨和4.68亿吨。原煤产量超亿吨的省份还有贵州、山东、河南、新疆、安徽、河北、云南七省份，分别为1.81亿、1.77亿、1.59亿、1.54亿、1.5亿、1.18亿吨和1.04亿

吨，如图11-3所示。上述十个省份的原煤产量占全国原煤总产量的83.2%，煤炭生产进一步向产煤大省集中，见表11-2。除山东和河北以外，其余八省均位于中西部地区。

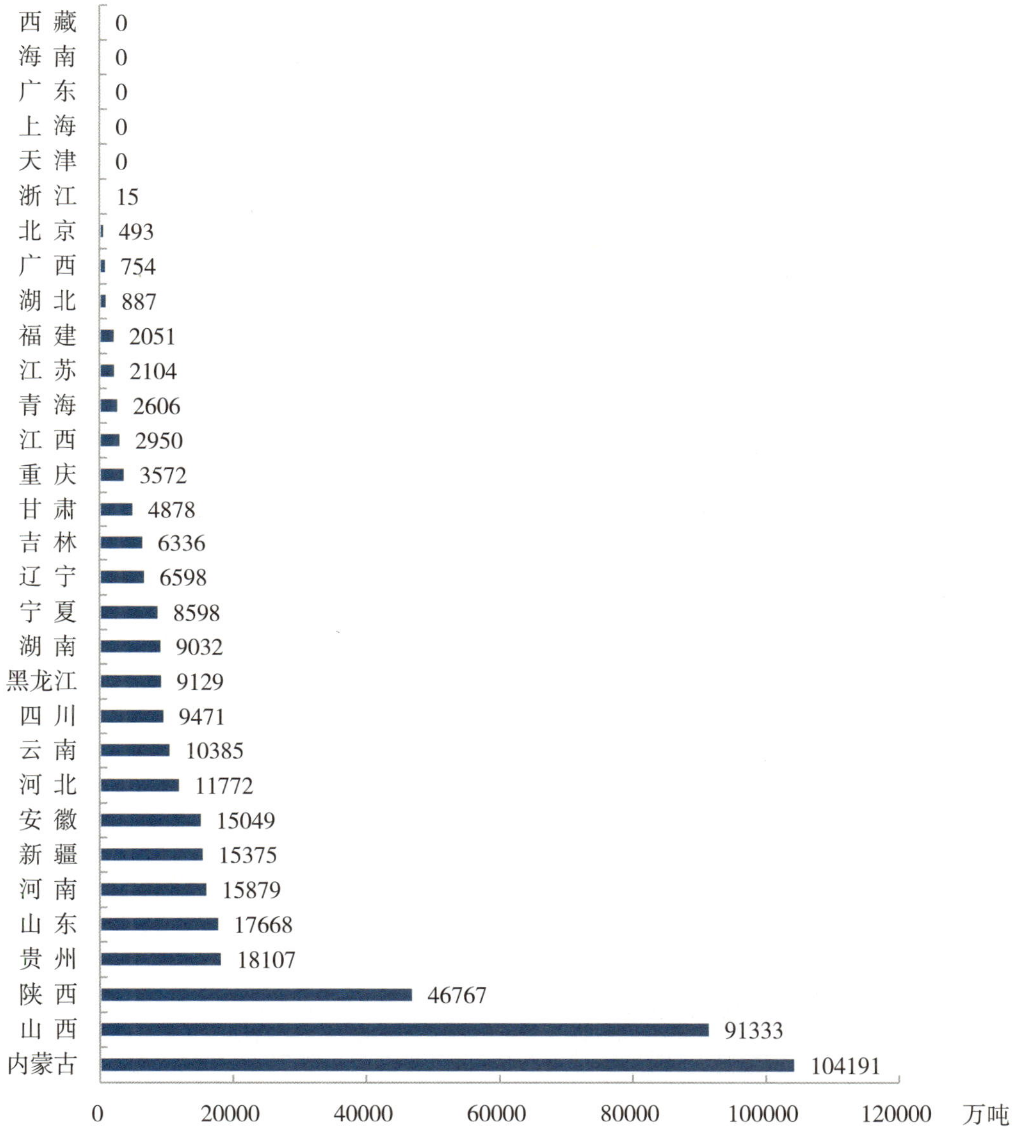

图11-3　2012年中国分地区原煤产量

数据来源：《中国能源统计年鉴2013》。

表11-2　　2006～2011年中国分地区原煤产量　　单位：万吨

地区	2006年	2007年	2008年	2009年	2010年	2011年	2012年	2012年占比（%）
北京	651	649	579	641	500	500	493	0.1

续表

地区	2006年	2007年	2008年	2009年	2010年	2011年	2012年	2012年占比（%）
天津	—	—	—	—	—	—	—	—
河北	8365	8663	8145	8495	10199	10585	11772	2.8
山西	58142	63021	64501	59354	74096	87228	91333	22.0
内蒙古	29760	35438	50223	60059	78665	97961	104191	25.0
辽宁	7367	6349	6495	6624	7525	7121	6598	1.6
吉林	3004	3354	3980	4402	5239	5393	6336	1.5
黑龙江	10282	10065	9760	8749	9707	9820	9129	2.2
上海	—	—	—	—	—	—	—	—
江苏	3048	2480	2430	2397	2091	2100	2104	0.5
浙江	18	12	13	13	15	15	15	0.0
安徽	8332	9266	11650	12849	13346	14080	15049	3.6
福建	1933	2050	2350	2466	2525	2621	2051	0.5
江西	2783	2997	3303	2983	2912	3237	2950	0.7
山东	14070	14518	13743	14378	15654	16114	17668	4.2
河南	19532	19287	21306	23018	22384	20957	15879	3.8
湖北	1116	1084	1073	1059	1292	953	887	0.2
湖南	5949	6217	6154	6573	7903	8415	9032	2.2
广东	—	—	11	—	—	—	—	—
广西	681	722	451	520	758	784	754	0.2
海南	—	—	—	—	—	—	—	—
重庆	3990	4294	4667	4291	4575	4364	3572	0.9
四川	8600	9558	9496	8997	9248	9378	9471	2.3
贵州	11817	10864	11320	13691	15954	15601	18107	4.4
云南	7339	7755	8030	5571	9763	9957	10385	2.5
西藏	—	—	—	—	—	—	—	—
陕西	18262	20354	24163	29611	36164	41135	46767	11.2
甘肃	3951	3949	4022	3876	4688	4701	4878	1.2
青海	695	964	1294	1284	2016	2176	2606	0.6
宁夏	3273	3772	4325	5510	6808	8124	8598	2.1
新疆	4317	4916	6736	7646	9927	11992	15375	3.7

数据来源：《中国能源统计年鉴2013》。

2012年中国东、中、西部地区原煤产量占比分别为9.8%、36.2%、54%。原煤生产进一步向中西部集中，西部地区较2006年占比上升14.1个百分点。中东部地区原煤产量占全国的比重逐年下降，其中，东部地区由2006年的14.9%下降到2012年的9.8%，下降了5.1个百分点；中部地区由2006年的46.0%降为2011年的36.2%，下降了9.8个百分点，如图11-4所示。

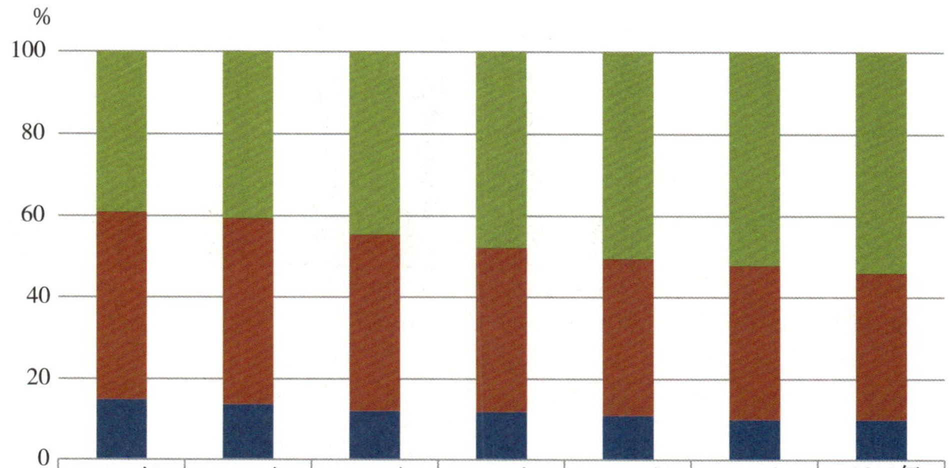

	2006年	2007年	2008年	2009年	2010年	2011年	2012年
西部（%）	39.1	40.6	44.5	47.8	50.4	52.2	54.0
中部（%）	46.0	45.6	43.4	40.3	38.7	38.0	36.2
东部（%）	14.9	13.7	12.0	11.9	10.9	9.9	9.8

图11-4　2006～2012年中国分区域原煤生产量

数据来源：《中国能源统计年鉴2013》。

按照“十二五”规划的要求，2015年东部（含东北）煤炭产量4.6亿吨，占全国的12%，其中黑龙江、山东产量保持稳定，其他省市下降；中部煤炭产量13.5亿吨，占全国35%，其中山西产量增加，河南、安徽产量保持稳定，其他省下降；西部煤炭产量20.9亿吨，占全国53%，其中内蒙古、陕西、新疆、宁夏和甘肃产量增加，贵州、云南产量略有增加，重庆和四川产量下降。由于大量新项目投产以及大型煤炭基地的建设，西部地区煤炭产量大幅攀升，提前完成“十二五”规划任务。截至2012年底，东部地区（含东北）产量为5.6亿吨，占全国13.5%，较“十二五”规划比重高1.5个百分点；中部地区产量为13.5亿吨，占全国32.5%，较“十二五”规划低2.5个百分点；西部地区产量为22.5万吨，占全国54%，较“十二五”规划预计值高1个百分点。

三、洗选煤数量近8亿吨，原煤洗选比重21%左右

近年来中国原煤洗选比重维持在21%左右，洗选煤数量不断增加。2012年原煤洗选比重为20.9%，较2011年下降1个百分点，较2006年上升1.4个百分点。原煤洗选数量由2006年的4.9亿吨增长到2012年的7.6亿吨，累计增长53.1%，如图11-5所示。

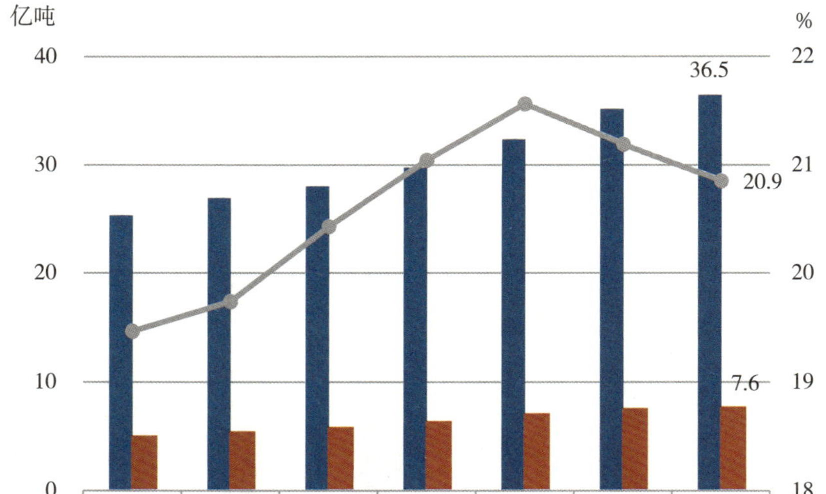

	2006年	2007年	2008年	2009年	2010年	2011年	2012年
原煤产量（亿吨）	25.3	26.9	28.0	29.7	32.4	35.2	36.5
原煤洗选量（亿吨）	4.9	5.3	5.7	6.3	7.0	7.5	7.6
原煤洗选比重（%）	19.5	19.7	20.4	21.0	21.6	21.2	20.9

图11-5　2006～2012年中国原煤洗选比重

数据来源：2009～2013年《中国能源统计年鉴》。

随着原煤洗选比重和原煤产量的不断提高，洗精煤产量也连年提高。2012年中国洗精煤产量为5.16亿吨，较2006年累计增长51.8%。洗精煤产量增长率则有所起伏，2012年增长率降至1.2%，较2011年下降8.9个百分点，如图11-6所示。

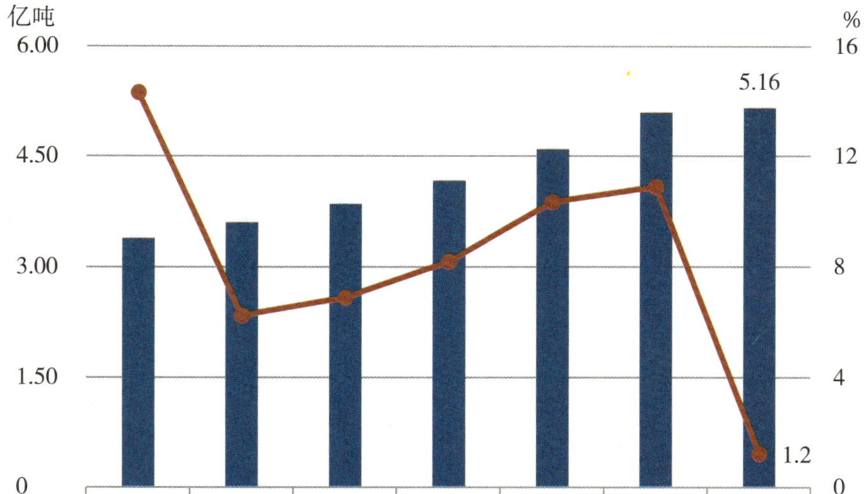

	2006年	2007年	2008年	2009年	2010年	2011年	2012年
洗精煤产量（亿吨）	3.39	3.60	3.85	4.16	4.59	5.09	5.16
增长率（%）	14.3	6.2	6.9	8.2	10.3	10.9	1.2

图11-6　2006～2012年中国洗精煤产量及增长率

数据来源：2009～2013年《中国能源统计年鉴》。

第二节　煤炭贸易

中国的煤炭消费地与产地分离的矛盾依然存在，煤炭主要由中西部调往东南沿海地区。国际贸易方面，中国的煤炭进口继续保持较快增长，全年进口煤炭3.27亿吨，出口751万吨，净进口3.2亿吨，近两年已成为世界最大煤炭净进口国，2013年煤炭对外依存度为8.7%。

一、煤炭净调出省主要分布在中西部，净调入省集中于东部沿海

中国煤炭资源丰富，但分布不均。主要煤炭消费集中在东部发达地区，产煤大省主要集中于西部地区。消费地与产地分离，使得地区调运成为煤炭供应的重要环节。煤炭省际间的调入调出对中国经济的健康运行有着极其重要的作用。

2012年中国煤炭净调出超过1亿吨的省份分别为内蒙古（7亿吨）、山西（5.5亿吨）和陕西（3亿吨）。而煤炭净调入量超过1亿吨的省份分别为江苏（2.4亿吨）、山东（2.3亿吨）、河北（1.8亿吨）、湖北（1.5亿吨）、浙江（1.3亿吨）、广东（1.1亿吨）、辽宁（1亿吨）。

2012年内蒙古、山西和陕西煤炭产量分别为10.4亿吨、9.1亿吨和4.7亿吨，其中分别有67.3%、60.1%和63.2%的煤炭产量向外省净输出；在煤炭净调入省份中，江苏、山东、河北、广东、辽宁煤炭净调入量占其煤炭供应量的比重分别达到88.2%、56%、55.8%、61.7%、57.7%；而上海、天津、湖北、浙江四省份90%以上的煤炭供应需要从外省调入。

《煤炭工业发展“十二五”规划》中提出，预测2015年煤炭调出省份净调出量16.6亿吨，其中晋陕蒙宁甘地区15.8 亿吨、新疆0.3 亿吨，主要供应甘肃西部、青海和川渝地区；云贵地区0.5 亿吨，主要调往广东、广西和湖南等地。煤炭调入省份净调入16.6 亿吨，其中华东、京津冀、中南和东北地区16.2 亿吨，川渝青地区0.4 亿吨，主要由新疆供应0.3 亿吨，其余由晋陕蒙宁甘补充供给。截至2012年，净调出省区调出量合计16.3亿吨，接近“十二五”规划值。其中，晋陕蒙宁四省调出量达到15.5亿吨，随着陇东等新的煤炭基地的建设，甘肃省未来也将成为煤炭调出的重要省份。煤炭调入方面，华东、京津冀、中南和东北地区调入15.6亿吨，较“十二五”规划预测值低0.6亿吨。2012年川渝地区合计调入0.6亿吨，较“十二五”规划预测值高1400万吨，如图11–7所示。

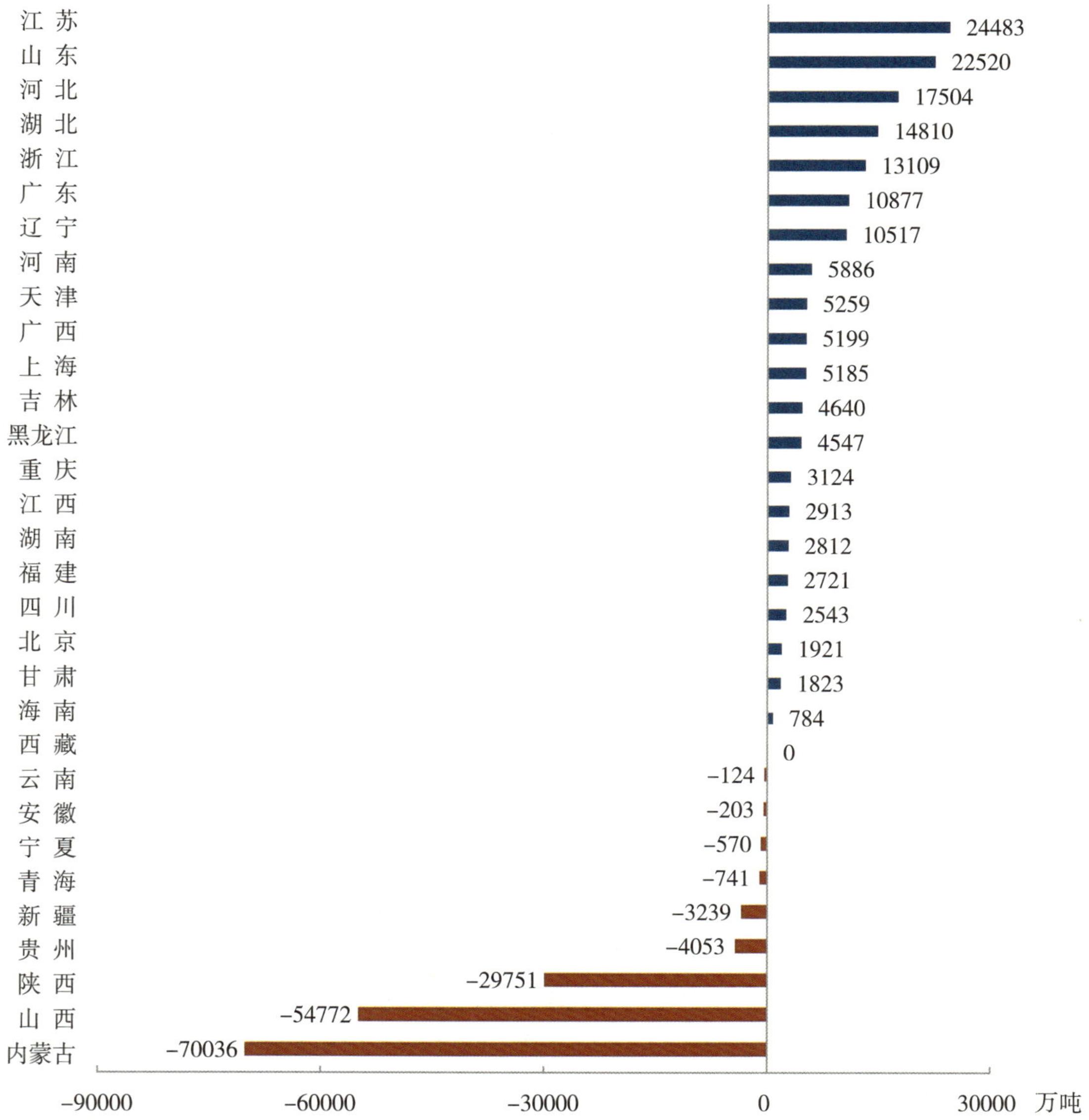

图11-7 2012年中各地区煤炭净调入、调出量

数据来源：《中国能源统计年鉴2013》。

二、煤炭进口规模3.27亿吨，外依存度持续上升至8.0%

根据《国民经济和社会发展统计公报2013》，2013年中国煤炭进口3.27亿吨，较2012年增加3866.9万吨，同比增长11.8%；出口751万吨，较2012年下降176.5万吨，同比减少23.5%；净进口3.20亿吨，较2012年增加4043.4万吨，同比增长12.7%，如图11-8所示。

2013年，中国煤炭对外依存度为8.0%，较2012年上升0.9个百分点。自2008年以来煤炭外依存度持续上升，2009年中国变为煤炭净进口国，对外依存度转负为正。2009年以来，煤炭对外依存度已累计提高

4.6个百分点，如图11-9所示。

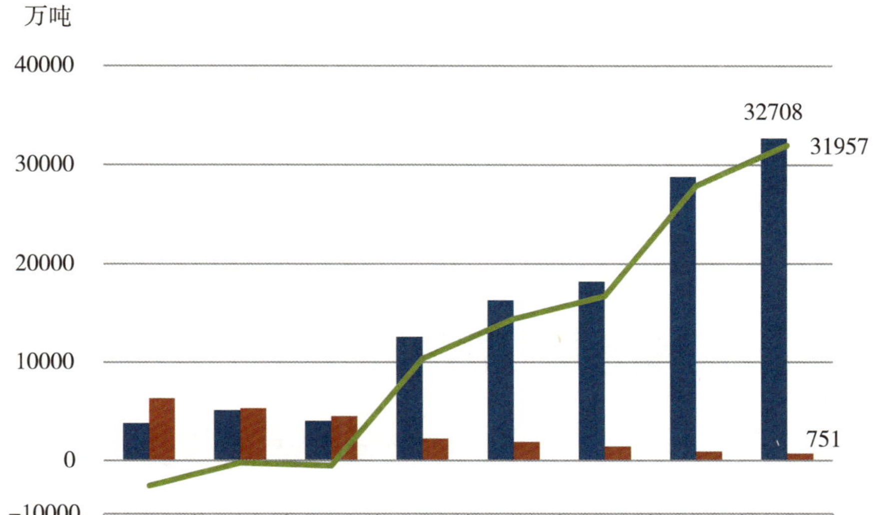

	2006年	2007年	2008年	2009年	2010年	2011年	2012年	2013年
煤炭进口量（万吨）	3801.6	5101.6	4034.1	12584.0	16309.5	18209.8	28841.1	32708.0
煤炭出口量（万吨）	6327.3	5318.7	4543.4	2239.6	1910.4	1465.8	927.5	751.0
煤炭净进口（万吨）	-2525.7	-217.1	-509.4	10344.4	14399.2	16744.0	27913.6	31957.0

图11-8　2006～2013年中国煤炭进出口

数据来源：2006～2012年数据来自《中国能源统计年鉴2012》；2013年数据来自《国民经济和社会发展统计公报2013》，为煤（包括褐煤）的进出口量。

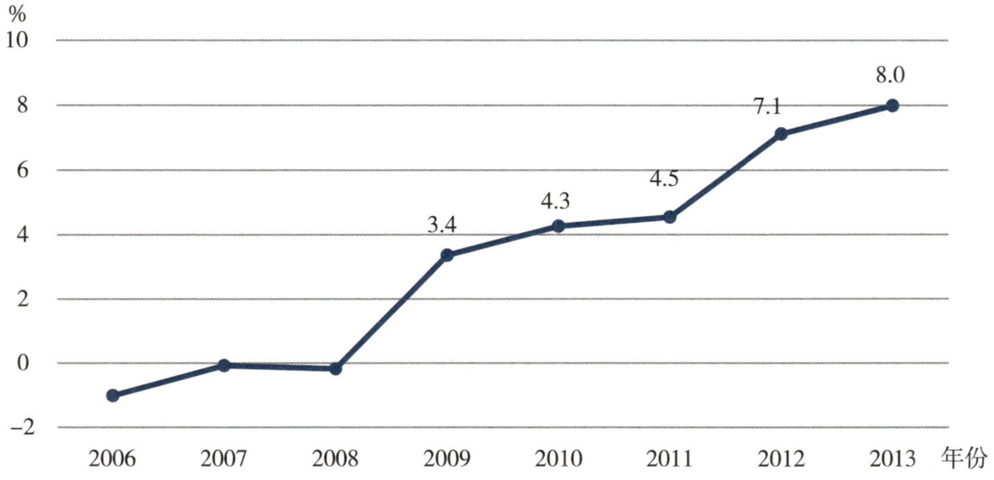

图11-9　2006～2013年中国煤炭对外依存度

数据来源：2006～2012年数据根据《中国能源统计年鉴2013》计算得到，2013年数据来自《2013年国民经济和社会发展统计公报》。

三、煤炭净进口持续增加，中国成为世界最大煤炭净进口国

从世界范围来看，2011年煤炭净进口超过亿吨标准煤的国家有日本、中国、韩国、印度，分别净进口煤炭1.54亿、1.18亿、1.14亿、1.06亿吨标准煤。净出口超亿吨的国家有澳大利亚（2.63亿吨标准煤）和印度尼西亚（2.51亿吨标准煤），美国净出口0.79亿吨标准煤。2012年，印度尼西亚超过澳大利亚成为世界第一大煤炭出口国，出口量达到3.11亿吨标准煤，同时，中国超过日本成为世界第一大煤炭净进口国，见表11-3、图11-10。

表11-3　　2006～2011年部分国家和地区煤炭净进口量　　单位：亿吨标准煤

国家或地区	2006年	2007年	2008年	2009年	2010年	2011年
日本	1.60	1.66	1.63	1.44	1.64	1.54
中国	−0.44	−0.25	−0.23	0.87	1.07	1.18
韩国	0.72	0.78	0.88	0.90	1.04	1.14
印度	0.42	0.48	0.52	0.66	0.95	1.06
中国台湾	0.57	0.60	0.58	0.53	0.59	0.59
德国	0.42	0.46	0.44	0.37	0.45	0.45
英国	0.45	0.38	0.38	0.33	0.22	0.28
意大利	0.24	0.24	0.24	0.18	0.20	0.22
土耳其	0.19	0.21	0.18	0.19	0.20	0.22
法国	0.20	0.18	0.20	0.15	0.17	0.15
巴西	0.15	0.16	0.17	0.13	0.17	0.19
荷兰	0.11	0.13	0.12	0.13	0.13	0.11
以色列	0.11	0.12	0.11	0.10	0.11	0.11
西班牙	0.19	0.19	0.16	0.13	0.10	0.12
比利时	0.07	0.06	0.07	0.03	0.04	0.04
波兰	−0.18	−0.12	−0.05	−0.04	−0.04	−0.01
加拿大	−0.07	−0.11	−0.11	−0.14	−0.17	−0.20
美国	−0.07	−0.18	−0.39	−0.32	−0.53	−0.79
南非	−0.64	−0.61	−0.56	−0.48	−0.62	−0.63
哥伦比亚	−0.58	−0.60	−0.63	−0.63	−0.64	−0.75
印度尼西亚	−1.54	−1.77	−1.84	−1.95	−2.23	−2.51
澳大利亚	−2.14	−2.35	−2.47	−2.41	−2.72	−2.63

注　负数表示净出口。

数据来源：《中国能源统计年鉴2013》。

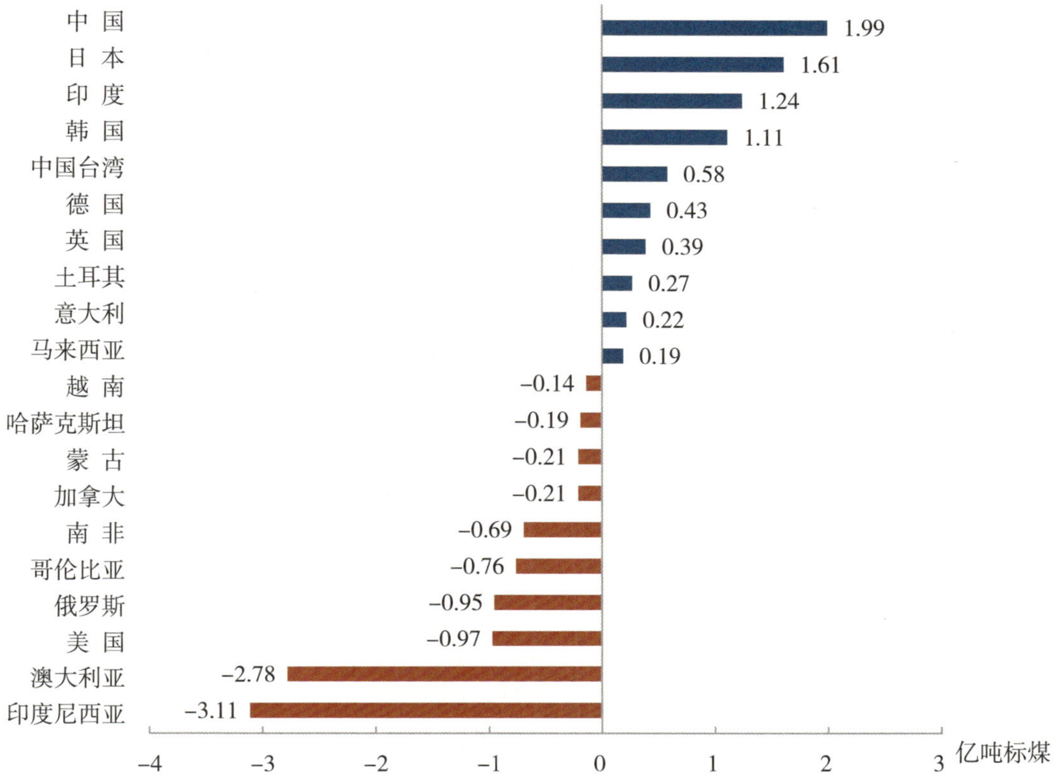

图11–10　2012年世界部分国家和地区煤炭净进口量

数据来源：中国煤炭净进口数据来自于《中国能源统计年鉴2013》，其他国家（地区）数据来源于IEA统计数据。

第三节　煤炭供应

中国拥有丰富的煤炭资源，且近年来煤炭进口保持较快增长，煤炭供应能力持续增强，煤炭库存持续增加，预计2013年全年新增煤炭库存约为7000万吨。2012年考虑生产、进出口与库存变动后，当年煤炭供应量为38亿吨，增速有所放缓，占世界煤炭供应量的49.3%。人均供应量为2.81吨。煤炭探明剩余可采储量居世界第三，但储采比、人均储量低于世界平均水平。煤炭资源量地区差异显著，新增储量主要集中于西部地区。

一、煤炭库存持续增加，去库存压力较大

近年来，中国的煤炭库存始终居高不下。2012年全年新增库存12380万吨，比2011年库存增量上升4597万吨，为2011年的1.6倍。2013年以来由于煤炭市场供过于求，使得价格下行，生产积极性下降，产量增速放缓，煤炭新增库存有所下降。2013年预计煤炭新增库存7000万吨，如图11–11所示。

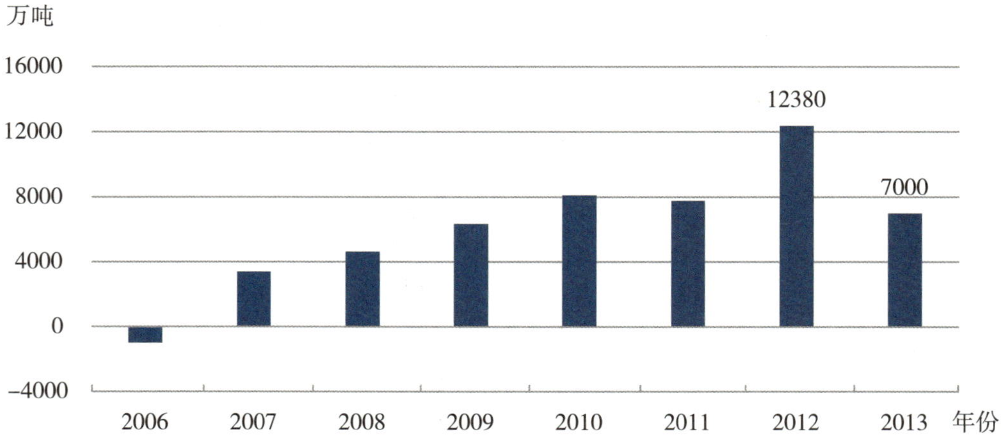

图11-11　2006～2013年中国煤炭新增库存

数据来源：《中国能源统计年鉴2013》，2013年为预计数。

二、煤炭供应量38亿吨，人均煤炭供应量为世界2.6倍

考虑生产、进出口、库存变动的因素，2012年中国煤炭供应量为38亿吨，同比增加1.94亿吨；增长率为5.4%，下降3.7个百分点，增幅趋缓。日均煤炭供应量为1067.5万吨，较2011年增加54.7万吨，增幅5.4%。人均供应量为2.81吨，较2011年增加0.13吨，同比增加4.9%，如图11-12所示。

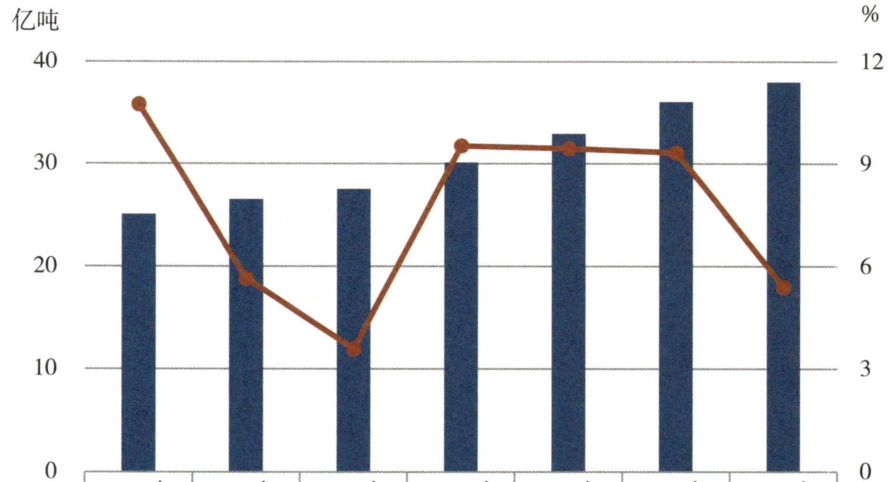

	2006年	2007年	2008年	2009年	2010年	2011年	2012年
煤炭可供量（亿吨）	25.1	26.6	27.5	30.1	33.0	36.1	38.0
增长率（%）	10.7	5.7	3.6	9.5	9.5	9.3	5.4

图11-12　2006～2012年中国煤炭供应量

数据来源：2006年数据来自《中国能源统计年鉴2009》，2007～2012年数据来自《中国能源统计年鉴2013》。

根据IEA统计数据，2011年世界煤炭供应量为37.72亿吨标准油。中国煤炭供应量占世界的49.3%，接近世界一半，是美国的3.9倍、印度的5.7倍、俄罗斯的6.6倍、日本的17.3倍，见表11-4。

表11-4　　2006～2011年部分国家和地区煤炭供应量　　单位：亿吨标准油

地区	2006年	2007年	2008年	2009年	2010年	2011年	2011年占比（%）
世界	31.41	32.56	33.12	33.38	35.91	37.72	100.0
非OECD国家	19.90	20.90	21.75	23.11	25.09	27.12	71.9
OECD国家	11.50	11.66	11.37	10.27	10.82	10.60	28.1
欧盟	3.22	3.25	3.02	2.64	2.77	2.82	7.5
中国	12.90	13.60	14.06	15.44	16.90	18.59	49.3
美国	5.51	5.55	5.46	4.85	5.03	4.79	12.7
印度	2.23	2.43	2.62	2.98	3.10	3.26	8.6
俄罗斯	1.15	1.11	1.17	0.95	1.15	1.16	3.1
日本	1.11	1.16	1.13	1.01	1.15	1.07	2.8
南非	0.94	0.96	1.06	1.03	1.01	0.98	2.6
韩国	0.53	0.56	0.63	0.65	0.73	0.80	2.1
德国	0.82	0.87	0.81	0.72	0.77	0.77	2.1
波兰	0.57	0.56	0.55	0.51	0.55	0.55	1.4
澳大利亚	0.52	0.52	0.52	0.53	0.50	0.48	1.3
乌克兰	0.40	0.41	0.42	0.36	0.38	0.41	1.1
中国台湾	0.40	0.42	0.40	0.38	0.41	0.41	1.1
哈萨克斯坦	0.31	0.32	0.35	0.32	0.35	0.38	1.0
土耳其	0.26	0.29	0.29	0.30	0.32	0.34	0.9
印度尼西亚	0.26	0.28	0.26	0.31	0.30	0.31	0.8

数据来源：IEA《世界能源平衡表2013》。

中国人均煤炭供应量居于世界前列。根据IEA统计数据，2011年中国人均煤炭供应量为1.38吨标准油，为世界平均水平的2.6倍，但低于爱沙尼亚、哈萨克斯坦、澳大利亚、南非、中国台湾、韩国、美国等国家和地区，如图11-13所示。

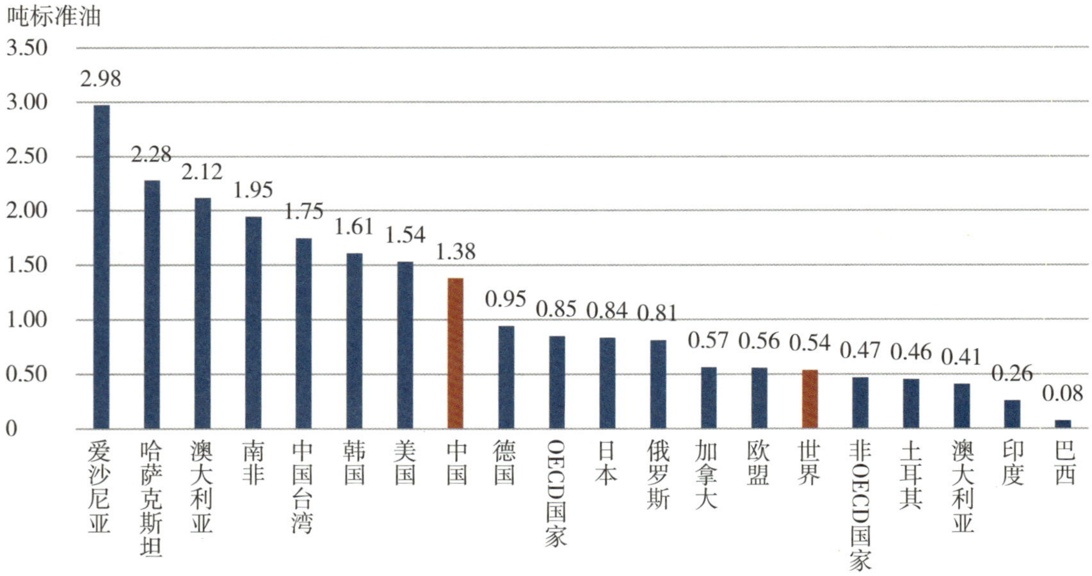

图11-13　2011年部分国家和地区人均煤炭供应量

数据来源：IEA《世界能源平衡表2013》。

三、煤炭资源储量地区差异显著，新增储量集中于西部地区

根据国土资源部《全国矿产资源储量通报2012》的数据，中国煤炭资源基础储量总量为2298.86亿吨，较2011年上升141亿吨，山西、内蒙古、新疆的煤炭基础储量位居全国前三，分别为908.4亿、401.7亿吨和152.5亿吨，浙江（0.4亿吨）、广东（0.2亿吨）和西藏（0.1亿吨）分列全国后三位。

从根据储量计算的储采比来看，全国为62.5，排名前五的省份分别为浙江（286.5）、山西（99.5）、新疆（99.2）、北京（75.6）、甘肃（69.9）和黑龙江（67.5）。而产煤大省内蒙古和陕西的储采比分别为38.6和23.3。湖南省的储采比最低，仅为7.3，见表11-5、表11-6。

表11-5　　2012年中国分地区煤炭资源储量　　单位：亿吨

地区	矿区数(个)	基础储量	储量	资源量	查明资源量	储采比
全国	7588	2298.86	412.71	11909.2	14208	62.5
北京	29	3.73	2.66	17.62	21.35	75.6
天津	2	2.97	—	0.85	3.82	—
河北	147	39.51	22.37	160.19	199.7	33.6
山西	608	908.42	—	1765.91	2674.33	99.5
内蒙古	408	401.66	38.51	3329.14	3730.8	38.6
辽宁	275	31.92	11.02	27.58	59.5	48.4
吉林	384	9.82	7.29	16.29	26.11	15.5

续表

地区	矿区数(个)	基础储量	储量	资源量	查明资源量	储采比
黑龙江	227	61.64	13.4	135.87	197.51	67.5
江苏	96	10.82	5.5	21.87	32.69	51.4
浙江	56	0.43	0.15	0.5	0.93	286.5
安徽	213	80.38	40.65	206.66	287.04	53.4
福建	208	4.44	1.9	7.44	11.88	21.6
江西	165	4.11	2.37	10.25	14.36	13.9
山东	183	79.73	40.84	209.71	289.44	45.1
河南	257	99.09	32.86	166.94	266.03	62.4
湖北	285	3.25	0.05	4.75	8	36.6
湖南	336	6.61	4.3	22.26	28.87	7.3
广东	170	0.23	0.12	5.75	5.98	—
广西	135	2.08	1.23	19.49	21.57	27.6
海南	3	1.19	0.39	0.47	1.66	—
重庆	340	19.85	10.19	21.22	41.07	55.6
四川	621	54.53	26.19	63.9	118.43	57.6
贵州	780	69.39	47.38	413.64	483.03	38.3
云南	455	59.09	27.74	254.48	313.57	56.9
西藏	23	0.12	—	0.44	0.56	—
陕西	224	108.99	3.3	1532.62	1641.61	23.3
甘肃	206	34.08	8.06	167.29	201.37	69.9
青海	95	15.97	8.52	35.45	51.42	61.3
宁夏	125	32.34	6.67	297.75	330.09	37.6
新疆	532	152.47	49.05	2992.84	3145.31	99.2

数据来源：产量数据来自《中国能源统计年鉴2013》，储量数据来自国土资源部《全国矿产资源储量通报2012》。

表11-6　　2012年中国分地区煤炭资源储量　　单位：亿吨

矿区	地区	新增查明资源储量
巴里坤哈萨克自治县三塘湖矿区汉水泉勘查区	新疆	117.4
准东煤田奇台县大井矿区三井田	新疆	55.8
榆横矿区红石桥—魏家峁勘查区	陕西	55.3
巴里坤哈萨克自治县三塘湖矿区石头梅勘查区	新疆	47.4

续表

矿区	地区	新增查明资源储量
鄂温克族自治旗伊敏外围勘查区	内蒙古	45.8
巴里坤哈萨克自治县三塘湖矿区库木苏勘查区	新疆	43.7
准东煤田奇台县将军隔壁二号露天煤矿	新疆	40.8
巴里坤哈萨克自治县三塘湖矿区条湖勘查区	新疆	38.9
榆横矿区小纪汗井田	陕西	31.6
准东煤田奇台县黑梭井井田	新疆	27.5
大城县大成煤矿	河北	23.7

数据来源：国土资源部《全国矿产资源储量通报2012》。

第十二章　石油生产与供应

2013年中国石油产量稳步增长，生产原油2.09亿吨、成品油2.96亿吨。塔里木、鄂尔多斯和四川等西部盆地和海上油田在中国油气储产量增长中的作用越来越明显。原油进口保持较高水平，全年净进口原油2.80亿吨；汽柴煤保持全面净出口，全年净出口成品油944万吨。对外依存度进一步提高，原油、石油的对外依存度分别为57.3%和59.1%。

第一节　石油生产

2013年中国油气开发形势稳定，主力油田稳产。全年原油产量2.09亿吨，同比增长1.8%，连续4年产量保持2亿吨以上，位居世界第四，低于俄罗斯、沙特阿拉伯和美国。成品油生产中，汽油、煤油保持较快增长，柴油增速继续放缓。

一、原油产量2.09亿吨，同比增长1.8%

2013年中国原油产量为2.09亿吨，比2012年增加370万吨，同比增长1.8%，增长率较2012年回落0.5个百分点，较“十一五”期间年均增长率低0.4个百分点。“十二五”期间原油产量已累计增长3%，如图12–1所示。

根据BP的统计数据，2012年世界原油产量为41.19亿吨，其中中国原油产量为2.07亿吨，占全世界产量的5.04%，为世界第四大产油国。世界第一大原油生产国沙特阿拉伯产量为5.47亿吨，为中国产量的2.64倍。俄罗斯、美国、加拿大分别位居第二、第三和第五大产油国。前五大石油生产国占全世界石油总产量的45.12%。伊朗因2012年产量较2011年下滑0.33亿吨，退出世界五大产油国，见表12–1。

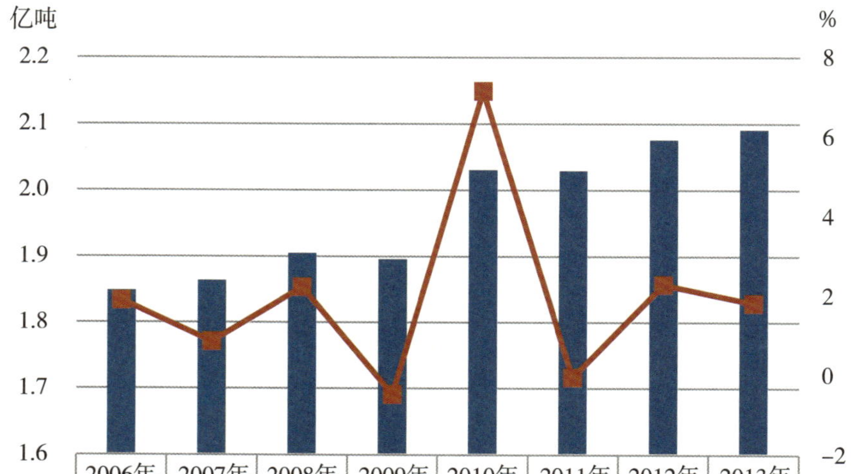

	2006年	2007年	2008年	2009年	2010年	2011年	2012年	2013年
原油产量（亿吨）	1.85	1.86	1.90	1.89	2.03	2.03	2.07	2.09
增长率（%）	1.9	0.8	2.2	−0.5	7.1	−0.1	2.3	1.8

图12–1　2006～2013年原油产量及增长率

数据来源：2006～2012年数据来自《中国能源统计年鉴2013》，2013年数据来自《2013年国民经济与社会发展统计公报》。

表12–1　　2012年世界主要国家和地区原油产量　　单位：亿吨

国家（地区）	2006年	2007年	2008年	2009年	2010年	2011年	2012年	2012年占比（%）
世界	39.63	39.50	39.92	38.91	39.78	40.19	41.19	100
非OECD国家	30.60	30.61	31.33	30.35	31.20	31.60	32.16	78.08
OECD国家	9.04	8.89	8.59	8.56	8.57	8.58	9.03	21.92
沙特阿拉伯	5.09	4.89	5.10	4.57	4.74	5.26	5.47	13.28
俄罗斯	4.86	4.97	4.94	5.01	5.12	5.18	5.26	12.78
美国	3.05	3.05	3.02	3.22	3.33	3.46	3.95	9.59
中国	1.85	1.86	1.90	1.89	2.03	2.03	2.07	5.04
加拿大	1.51	1.55	1.53	1.53	1.60	1.70	1.83	4.43
伊朗	2.09	2.11	2.15	2.06	2.09	2.08	1.75	4.25
阿拉伯联合酋长国	1.44	1.40	1.41	1.26	1.33	1.51	1.54	3.74
科威特	1.34	1.30	1.36	1.21	1.23	1.40	1.52	3.70
伊拉克	0.98	1.05	1.19	1.20	1.21	1.37	1.52	3.70
墨西哥	1.83	1.72	1.57	1.47	1.46	1.45	1.44	3.49
委内瑞拉	1.71	1.65	1.66	1.56	1.46	1.41	1.40	3.39
尼日利亚	1.17	1.10	1.03	1.07	1.21	1.18	1.16	2.82

续表

国家（地区）	2006年	2007年	2008年	2009年	2010年	2011年	2012年	2012年占比（%）
巴西	0.94	0.95	0.99	1.06	1.11	1.14	1.12	2.72
挪威	1.29	1.19	1.15	1.09	0.99	0.94	0.87	2.12
安哥拉	0.69	0.82	0.93	0.88	0.91	0.84	0.87	2.11
卡塔尔	0.57	0.58	0.65	0.62	0.72	0.78	0.83	2.02
哈萨克斯坦	0.66	0.68	0.72	0.78	0.82	0.82	0.81	1.97
阿尔及利亚	0.86	0.86	0.86	0.77	0.74	0.74	0.73	1.77
利比亚	0.85	0.85	0.86	0.77	0.78	0.22	0.71	1.73
哥伦比亚	0.28	0.28	0.31	0.35	0.41	0.48	0.50	1.21
阿曼	0.37	0.35	0.38	0.40	0.43	0.44	0.46	1.11
英国	0.76	0.77	0.72	0.68	0.63	0.52	0.45	1.09
印度尼西亚	0.50	0.48	0.49	0.48	0.49	0.46	0.45	1.08
阿塞拜疆	0.32	0.43	0.45	0.50	0.51	0.46	0.43	1.05
印度	0.38	0.38	0.38	0.37	0.41	0.42	0.42	1.02
埃及	0.34	0.34	0.35	0.35	0.35	0.35	0.35	0.86
阿根廷	0.39	0.38	0.37	0.35	0.34	0.32	0.31	0.75
马来西亚	0.33	0.34	0.34	0.32	0.32	0.29	0.30	0.72
厄瓜多尔	0.29	0.27	0.27	0.26	0.26	0.27	0.27	0.66
澳大利亚	0.23	0.24	0.25	0.25	0.25	0.22	0.20	0.48

数据来源：《BP世界能源统计2013》。

分区域看，中国的油气开发和生产主要集中在西北、东北和华北地区，2012年西北、东北和华北三地区原油产量占到全国原油生产总量的比重分别为31.2%、28.0%和17.7%，合计占到全国原油总产量的77%左右，见表12-2、表12-3。

表12-2　　2006～2012年中国分区域原油产量　　单位：万吨

区域	2006年	2007年	2008年	2009年	2010年	2011年	2012年
华北	2553.9	2584.29	2636.96	2896.05	3931.7	3773.9	3682.3
东北	6247.32	6000.93	5918.26	5640.62	5657.2	5745.4	5811.9
华东	2965.04	3009.46	3028.23	3021.34	2980.3	2910.55	2974.5
华中	571.79	570.62	560.22	555.39	584.4	564.5	555.5
华南	1352.26	1274.67	1402.63	1366.39	1309.8	1174.8	1230.6
西南	17.98	18.14	22.75	21.68	15.1	16.2	17.5

续表

区域	2006年	2007年	2008年	2009年	2010年	2011年	2012年
西北	4768.28	5173.72	5474.02	5447.49	5822.9	6102.2	6475.5
总量	18476.57	18631.83	19043.07	18948.96	20301.4	20287.55	20747.8

数据来源：《中国能源统计年鉴2013》。

表12-3　　2006～2012年中国分区域原油产量占比　　单位：%

区域	2006年	2007年	2008年	2009年	2010年	2011年	2012年
华北	13.8	13.9	13.8	15.3	19.4	18.6	17.7
东北	33.8	32.2	31.1	29.8	27.9	28.3	28.0
华东	16.0	16.2	15.9	15.9	14.7	14.3	14.3
华中	3.1	3.1	2.9	2.9	2.9	2.8	2.7
华南	7.3	6.8	7.4	7.2	6.5	5.8	5.9
西南	0.1	0.1	0.1	0.1	0.1	0.1	0.1
西北	25.8	27.8	28.7	28.7	28.7	30.1	31.2

数据来源：《中国能源统计年鉴2013》。

分省份看，中国的原油产量主要集中在原油储量丰富的地区。2012年原油产量排名前五的是黑龙江、陕西、天津、山东和新疆。这五个省份的原油产量总和约为16072.8万吨，占全国原油产量的77.5%。黑龙江的原油产量始终保持领先，近五年来，稳定维持在4000万吨以上，波动不大。陕西作为新开发油区，近五年来，产量一直在快速增加，2012年原油产量继续增加302.2万吨。天津则受益于渤海油田，但2012产量小幅下降89.5万吨，位居第三位。山东和新疆作为传统的产油区依然位列前五位，见表12-4、图12-2。

表12-4　　2006～2012年中国分地区原油生产量　　单位：万吨

地区	2006年	2007年	2008年	2009年	2010年	2011年	2012年
天津	1943.1	1924.3	1993.9	2297.0	3332.7	3187.8	3098.3
河北	610.8	660.0	643.1	599.1	599.0	586.1	584.0
辽宁	1226.5	1207.2	1199.3	1000.0	950.0	1000.0	1000.0
吉林	680.4	623.9	698.5	639.9	702.3	739.4	810.4
黑龙江	4340.5	4169.8	4020.5	4000.7	4004.9	4006.0	4001.5
上海	21.5	20.7	14.6	9.1	8.3	8.1	5.3
江苏	188.5	195.7	184.0	184.0	186.0	189.0	194.5
山东	2755.1	2793.1	2829.6	2828.2	2786.0	2713.5	2774.7
河南	492.1	485.1	476.3	474.5	497.9	485.5	476.6

续表

地区	2006年	2007年	2008年	2009年	2010年	2011年	2012年
湖北	79.7	85.5	83.9	80.9	86.5	79.0	78.9
广东	1337.8	1261.1	1387.7	1345.1	1287.1	1152.8	1209.3
广西	3.4	2.9	2.9	2.9	2.7	2.3	2.3
海南	11.1	10.7	12.1	18.4	20.0	19.7	19.0
四川	18.0	18.1	22.8	21.7	15.1	16.2	17.5
陕西	1988.9	2265.9	2463.6	2695.9	3017.3	3225.4	3527.6
甘肃	81.7	82.9	74.9	49.2	58.2	62.6	69.9
青海	223.0	220.7	220.4	186.4	186.1	195.0	205.0
宁夏	—	—	—	3.1	3.1	3.6	2.3
新疆	2474.7	2604.3	2715.1	2512.9	2558.2	2615.6	2670.7

数据来源：《中国能源统计年鉴2013》。

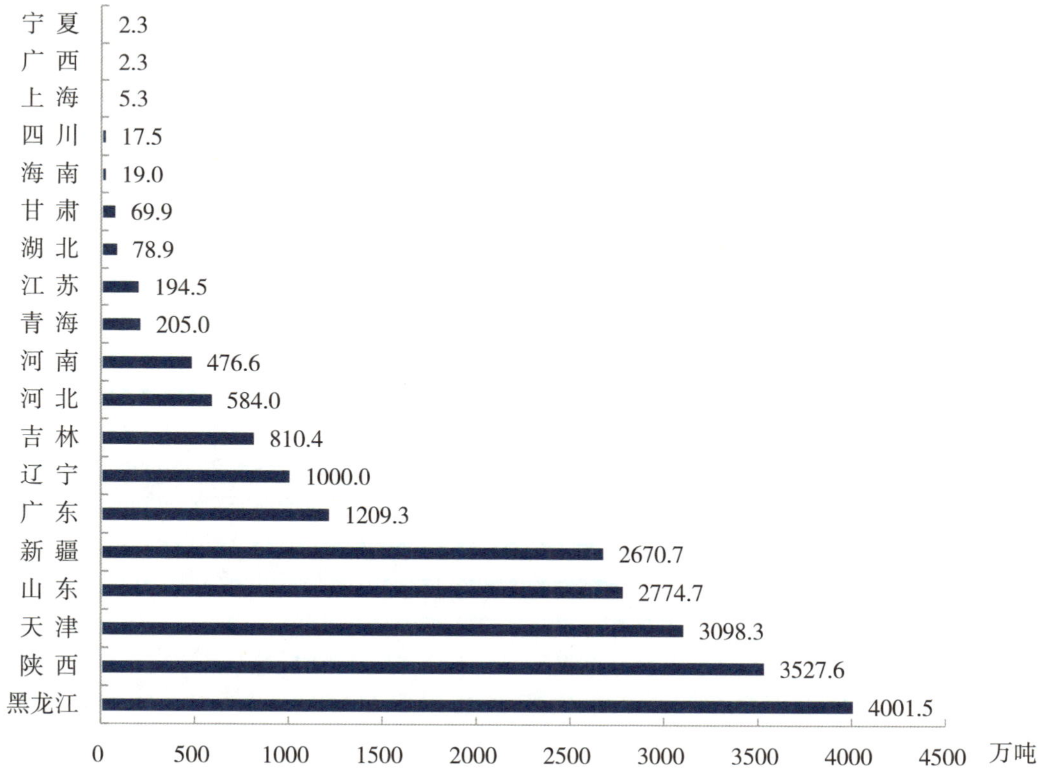

图12-2 2012年中国分地区原油生产量

数据来源：《中国能源统计年鉴2013》。

二、储采比远低于世界平均水平，原油生产持续保障能力不强

“十二五”前两年，延续“十一五”发展态势，石油勘探重大发现不断，陆上和海上加强成熟区勘

探，积极拓展新区和新领域，中西部和海上油田逐渐成为储量增长重点。其中，2012年新增石油探明地质储量15.2亿吨，为历史第二高丰年。

2012年中国原油剩余经济可采储量为24.5亿吨，较2011年增加0.9亿吨，而原油产量为2.07亿吨，因而2012年原油储采比为11.8，较2011年提高0.2个百分点。“十二五”期间至今，中国的原油储采比稳定在11～12之间，见表12-5。

表12-5　　2006～2012年中国原油剩余经济可采储量及储采比

年份	原油剩余经济可采储量（亿吨）	原油产量（亿吨）	储采比
2006	22.0	1.8	11.9
2007	21.0	1.9	11.3
2008	21.3	1.9	11.2
2009	21.6	1.9	11.4
2010	22.9	2.0	11.3
2011	23.6	2.0	11.6
2012	24.5	2.1	11.8

数据来源：国土资源部《全国油气矿产储量通报2012》。

从世界范围看，根据BP统计数据，2012年世界石油储采比为52.9。中国石油储采比为11.4，不足世界平均水平的1/4，排在主要产油国的末游。委内瑞拉、伊拉克、加拿大、伊朗和伊拉克的储采比均超过100，居世界前列。美国的储采比为10.7，略低于中国，见表12-6。

表12-6　　2012年可采储量及储采比国际比较

国家/地区	可采储量（亿吨）	占比（%）	储采比
世界	1668.9	100.0	52.9
委内瑞拉	297.6	17.8	＞100
沙特阿拉伯	265.9	15.9	63.0
加拿大	173.9	10.4	＞100
伊朗	157.0	9.4	＞100
伊拉克	150.0	9.0	＞100
科威特	101.5	6.1	88.7
阿拉伯联合酋长国	97.8	5.9	79.1
俄罗斯	87.2	5.2	22.4
利比亚	48.0	2.9	86.9
尼日利亚	37.2	2.2	42.1

续表

国家/地区	可采储量（亿吨）	占比（%）	储采比
美国	35.0	2.1	10.7
哈萨克斯坦	30.0	1.8	47.4
卡塔尔	23.9	1.4	33.2
中国	17.3	1.0	11.4
巴西	15.3	0.9	19.5
安德拉	12.7	0.8	19.4
阿尔及利亚	12.2	0.7	20.0
墨西哥	11.4	0.7	10.7

数据来源:《BP世界能源统计2013》。

分地区看，2012年中国原油剩余经济可采储量为245151万吨，黑龙江、新疆、渤海、陕西和河北分列前五位，剩余经济可采储量分别为39045万、36615万、31723万、24094万吨和22930万吨，四川、云南、广东、广西和海南分列后五位。

从储采比来看，全国原油储采比为11.8年。储采比排名前五的是宁夏、甘肃、河北、广西和吉林。其中甘肃的储采比为198年，主要原因是原油产量较小，而剩余经济可采储量又较大导致。除了河北和吉林外，宁夏和广西由于原油产量偏低而导致储采比较高，见表12-7。

表12—7　　2012年分地区储量及储采比　　单位：万吨

地区	累计探明地质储量			剩余技术可采储量	剩余经济可采储量	原油产量	储采比
	合计	已开发	未开发				
全国	3367260	2539230	828030	324579	245151	20748	12
天津	42452	33248	9204	2753	1631	3098	1
河北	248888	168719	80170	26830	22930	584	39
内蒙古	61684	40527	21157	8470	5901	—	—
辽宁	234561	191529	43031	16947	10553	1000	11
吉林	152257	96882	55375	18304	13646	810	17
黑龙江	615744	525260	90484	50137	39045	4002	10
江苏	30924	24881	6043	3059	1939	195	10
安徽	2635	1578	1058	260	167	—	—
山东	533710	453409	80301	34197	22901	2775	8
河南	81217	70994	10223	5181	2816	477	6
湖北	15907	12897	3010	1329	622	79	8
广东	60	54	6	8	8	1209	0

续表

地区	累计探明地质储量			剩余技术可采储量	剩余经济可采储量	原油产量	储采比
	合计	已开发	未开发				
广西	1708	1078	630	139	65	2	28
海南	1410	644	766	346	309	19	16
四川	8241	8241	0	20	-31	18	-2
云南	41	41	0	12	4	—	—
陕西	289121	228756	60364	31398	24094	3528	7
甘肃	139213	82304	56909	19184	13855	70	198
青海	50292	36323	13969	6497	3755	205	18
宁夏	15659	12719	2940	2299	1936	2	842
新疆	473203	304427	168776	50411	36615	2671	14
渤海	264856	168145	96710	34857	31723	—	—
东海	2710	853	1856	517	511	—	—
南海	100769	75721	25047	11424	10158	—	—

数据来源：国土资源部《2012年全国油气矿产储量通报》。

从主要产油盆地看，原油剩余经济可采储量最高的是渤海湾盆地，剩余经济可采储量为59193万吨，占全国原油剩余经济可采储量的24.1%，其次是松辽盆地、鄂尔多斯盆地、渤海海域和准噶尔盆地（见表12-8），这五个盆地原油剩余经济可采储量总和占全国原油剩余经济可采储量的82.9%。

表12-8　　2012年中国分盆地原油储量　　单位：万吨

地区	累计探明地质储量			剩余技术可采储量	剩余经济可采储量
	合计	已开发	未开发		
全国	3367260	2539230	828030	324579	245151
松辽盆地	766644	622539	144105	67921	52000
海拉尔盆地	22780	13414	9366	3971	3041
依兰伊通盆地	8241	4890	3351	1196	991
二连盆地	31404	21677	9727	3712	2486
彰武盆地	1040	871	169	148	91
银根盆地	615	148	467	111	74
渤海湾盆地	1109277	893323	215954	83276	59193
苏北盆地	33559	26458	7101	3320	2106
江汉盆地	15907	12897	3010	1329	622
南襄盆地	30511	23705	6805	2483	1546

续表

地区	累计探明地质储量			剩余技术可采储量	剩余经济可采储量
	合计	已开发	未开发		
鄂尔多斯盆地	427095	309747	117347	51657	39178
四川盆地	8241	8241	0	20	-31
准噶尔盆地	240848	165187	75661	28551	21234
吐鲁番—哈密盆地	34518	29174	5344	4015	1759
焉耆盆地	2021	1715	306	91	32
塔里木盆地	187329	102398	84931	16821	12942
三塘湖盆地	8486	5953	2533	934	647
柴达木盆地	50181	36323	13858	6475	3739
酒西盆地	16730	14032	2698	1239	728
酒东盆地	168	0	168	-15	-21
民和盆地	111	0	111	22	16
三水盆地	60	54	6	8	8
百色盆地	1708	1078	630	139	65
景谷盆地	41	41	0	12	4
渤海海域	264856	168145	96710	34857	31723
东海盆地	2710	853	1856	517	511
珠江口盆地	77000	63616	13384	8493	7736
北部湾盆地	25178	12749	12429	3277	2731

数据来源：国土资源部《2012年全国油气矿产储量通报》。

分公司看，2012年，中石油的原油剩余经济可采储量为15.55亿吨，占全国原油剩余经济可采储量的63.44%，中石化和中海油的原油剩余经济可采储量基本持平，为4.25亿吨和4.24亿吨，分别占全国原油剩余经济可采储量的17.3%和17.2%，三大石油公司共占据全国原油剩余可采储量的98%，见表12-9。

表12-9　2012年分公司原油探明储量　　单位：万吨

地区	累计探明地质储量			剩余技术可采储量	剩余经济可采储量
	合计	已开发	未开发		
全国	3367260	2539230	828030	324579	245151
中石油	2051937	1553656	498281	206687	155534
中石化	844485	658592	185893	64075	42454
中海油	367473	243866	123607	46769	42362
地方	105214	83115	22099	7537	5283

数据来源：国土资源部《2012年全国油气矿产储量通报》。

三、汽油产量超9800万吨，同比增长9.6%

2013年中国汽油产量为9833.3万吨，较2012年增加957万吨，同比增长9.6%，增长率较2012年下降3.8个百分点，但相较“十一五”期间年均增长率依旧高出3.2个百分点，如图12-3所示。“十二五”期间汽油产量累计增长33.6%。

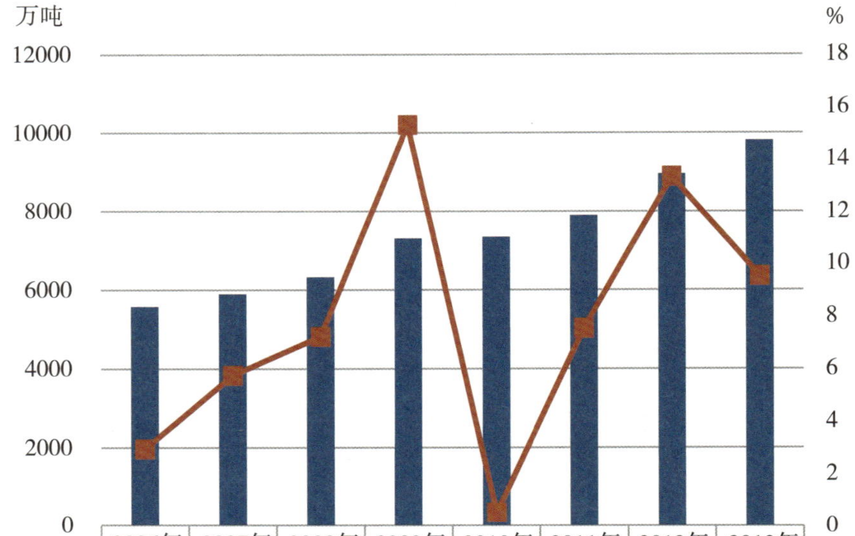

	2006年	2007年	2008年	2009年	2010年	2011年	2012年	2013年
产量（万吨）	5595.0	5917.9	6347.2	7320.7	7360.5	7917.9	8976.1	9833.3
增长率（%）	3.0	5.8	7.3	15.3	0.5	7.6	13.4	9.6

图12-3　2006～2013年中国汽油产量及增长率

数据来源：2006～2012年数据来自《中国能源统计年鉴2013》，
2013年数据来自国家统计局。

中国的汽油产量主要集中在华东、东北和西北三大地区。2012年三个地区合计产量占比达到65.4%。尽管东北地区汽油产量绝对规模在上升，但在全国所占的比重在下降。华北地区汽油产量绝对值少量下降，这与华北地区的总体经济发展程度是相对应的。华东和华南地区海洋运输便利，炼制海外原油的数量增加较多，同时该地区经济非常活跃，对汽油的需求旺盛，因此汽油产量的规模一直在上升。西北在2012年的汽油产量增加了232.4万吨，占全国生产量的比重也有小幅度上升，见表12-10、表12-11。

表12-10　　2006～2012年中国分区域汽油生产量　　单位：万吨

区域	2006年	2007年	2008年	2009年	2010年	2011年	2012年
华北	576.18	607.9	647.16	733.85	737	759.3	754.4
东北	1579.51	1562.06	1574.97	1625.77	1683.64	1692.63	1746.9

续表

区域	2006年	2007年	2008年	2009年	2010年	2011年	2012年
华东	1480.4	1521.87	1823.3	2178.24	2401.96	2508.5	2843.19
华中	443.15	463.43	470.47	539.04	573.3	625.3	720.9
华南	491.89	685.67	735.37	840.96	976.2	1160.4	1277.4
西南	32.47	45.53	52.46	69.4	57.8	76.2	65.2
西北	991.16	1102.98	1131.03	1208.22	1246.15	1335.73	1568.08
总计	5594.76	5989.44	6434.76	7195.48	7676.05	8158.06	8976.07

数据来源：《中国能源统计年鉴2013》。

表12–11　　2006～2012年中国分区域汽油产量占比　　单位：%

区域	2006年	2007年	2008年	2009年	2010年	2011年	2012年
华北	10.3	10.1	10.1	10.2	9.6	9.3	8.4
东北	28.2	26.1	24.5	22.6	21.9	20.7	19.5
华东	26.5	25.4	28.3	30.3	31.3	30.7	31.7
华中	7.9	7.7	7.3	7.5	7.5	7.7	8.0
华南	8.8	11.4	11.4	11.7	12.7	14.2	14.2
西南	0.6	0.8	0.8	1.0	0.8	0.9	0.7
西北	17.7	18.4	17.6	16.8	16.2	16.4	17.5

数据来源：《中国能源统计年鉴2013》。

分地区看，受经济发展推动，中国大部分省份汽油产量都有所增长。山东源于其传统的炼油大省、陕西由于西部大开发的继续进行，汽油产量有了大幅度的增加；宁夏的较快增速与其汽油产量基数较低有关，见表12–12。

表12–12　　2006～2012年中国分地区汽油生产量　　单位：万吨

地区	2006年	2007年	2008年	2009年	2010年	2011年	2012年
北京	172.9	181.7	215.5	272.6	257.1	251.2	261.9
天津	129.8	150.1	117.2	136.4	164.6	178.2	183.6
河北	212.9	230.2	272.5	275.2	270.0	292.8	293.6
山西	—	—	—	—	3.2	2.8	—
内蒙古	60.6	45.9	42.0	49.7	42.1	34.3	15.3

续表

地区	2006年	2007年	2008年	2009年	2010年	2011年	2012年
辽宁	1032.3	1005.4	1017.3	1043.6	1057.7	1017.4	1088.1
吉林	159.7	154.0	166.8	151.7	163.0	193.5	195.3
黑龙江	387.4	402.7	390.8	430.5	462.9	481.7	463.5
上海	248.2	211.1	244.9	260.0	259.7	274.4	305.0
江苏	200.6	223.7	232.2	318.2	286.5	298.5	344.4
浙江	254.9	259.6	288.8	321.3	305.1	315.2	284.5
安徽	86.9	89.4	87.9	97.5	97.0	96.3	83.0
福建	102.6	98.6	83.4	122.4	149.6	137.1	170.3
江西	86.9	81.3	86.6	96.6	108.6	100.7	130.6
山东	500.3	558.2	799.7	962.2	1195.5	1286.3	1525.4
河南	140.9	157.8	159.4	189.4	208.0	191.4	239.2
湖北	178.1	175.7	173.2	216.5	239.8	242.9	241.0
湖南	124.2	129.9	137.8	133.2	125.5	191.0	240.7
广东	401.4	417.4	459.8	538.7	635.7	635.5	674.1
广西	24.8	29.6	31.5	37.9	77.3	229.7	300.6
海南	65.7	238.7	244.1	264.3	263.2	295.2	302.7
重庆	—	—	0.8	—	—	—	—
四川	32.5	45.5	51.6	69.4	57.8	76.2	65.2
贵州	—	—	—	—	—	—	—
云南	—	—	0.0	—	—	—	—
西藏	—	—	—	—	—	—	—
陕西	410.3	465.9	465.1	526.2	572.5	610.8	737.7
甘肃	239.1	276.0	289.3	314.4	287.9	398.6	375.0
青海	31.5	32.6	30.9	23.6	40.8	46.3	42.1
宁夏	58.2	51.7	65.6	69.4	76.8	46.5	174.0
新疆	252.0	276.8	280.2	274.6	268.2	233.5	239.3

数据来源：《中国能源统计年鉴2013》。

2012年汽油产量排名前五的省份分别是山东（1525万吨）、辽宁（1088万吨）、陕西（738万吨）、广东（674万吨）和黑龙江（464万吨），占比分别为17.0%、12.1%、8.2%、7.5%和5.2%，这五个省份的汽油产量总和占全国汽油产量的一半左右，其中山东和辽宁的汽油生产量超过1000万吨。排名后五的省份是内蒙古、青海、四川、安徽和江西，主要为经济欠发达或者石油资源匮乏的省份，如图12-4所示。

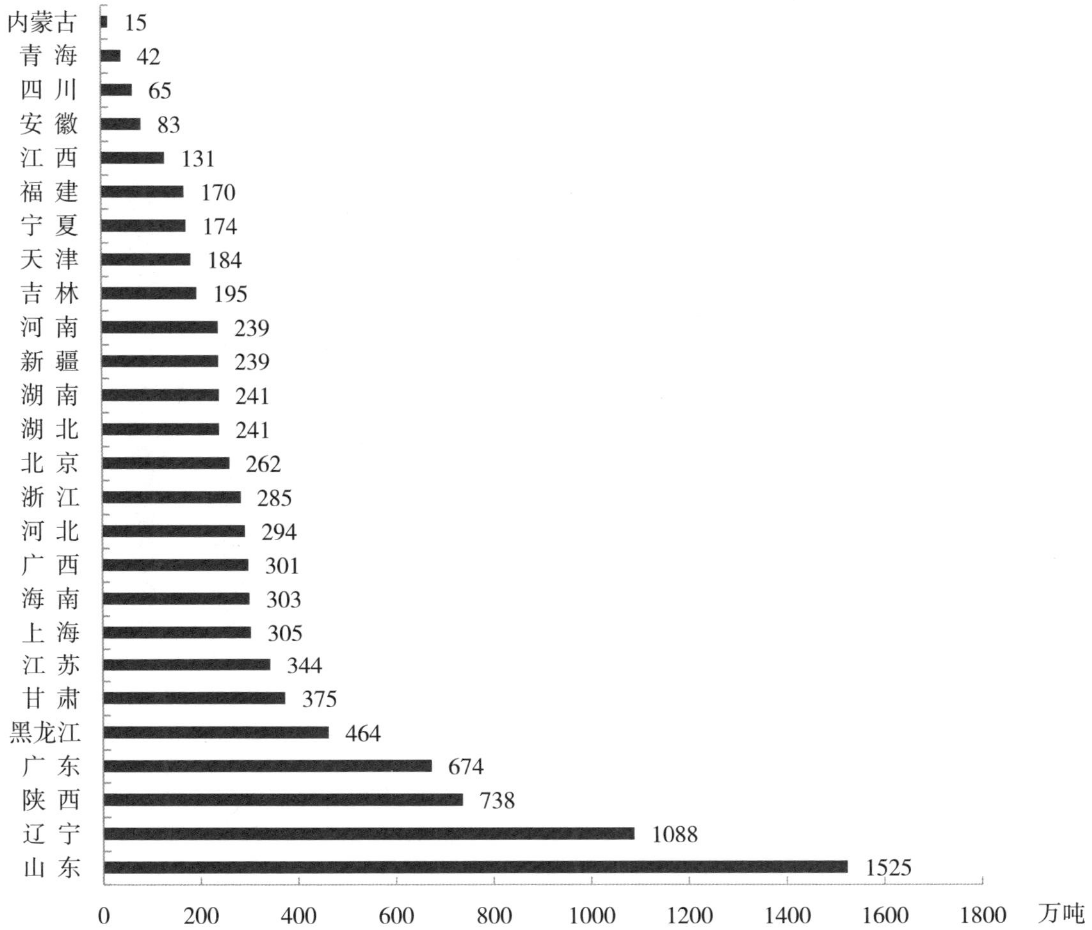

图12-4 2012年中国分地区汽油生产量

数据来源:《中国能源统计年鉴2013》。

四、柴油产量保持稳定，小幅增长1.2%

2013年柴油生产量为17273万吨，较2012年增加209万吨，同比增长1.2%，增长率较2012年下降7.5个百分点，较“十一五”期间年均下降4.9个百分点。“十二五”期间柴油产量已累计增长15.7%，如图12-5所示。

分区域看，华东、东北、西北和华南地区是柴油主要产区。2012年四个地区产量占据全国产量的84.5%。其中华东地区产量一直遥遥领先于其他区域，这是由于该地区存在大量的市场需求。西北、华中和华北柴油产量增长较快，这主要源于需求的带动以及资源勘探和开发。2012年，西北柴油生产量增速为4%，华中地区柴油生产量增长率为6%。华南区域同样由于需求旺盛，产量较高，占全国柴油产量比重的14.6%。东北和西北是传统的产油大区，因此柴油生产量占全国的比重也较大，分别为19.4%和17.1%，见表12-13、表12-14。

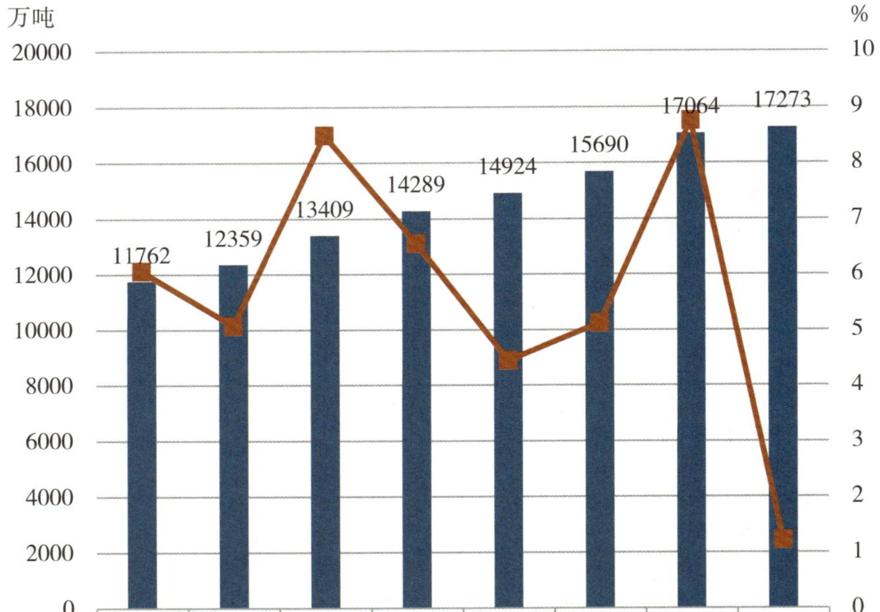

	2006年	2007年	2008年	2009年	2010年	2011年	2012年	2013年
产量（万吨）	11762	12359	13409	14289	14924	15690	17064	17273
增长率（%）	6.1	5.1	8.5	6.6	4.4	5.1	8.8	1.2

图12–5　2006～2013年中国柴油产量及增长率

数据来源：2006～2012年数据来自《中国能源统计年鉴2013》，
2013年数据来自国家统计局。

表12–13　　2006～2012年中国分区域柴油产量　　单位：万吨

地区	2006年	2007年	2008年	2009年	2010年	2011年	2012年
华北	1057.81	1133.92	1269.85	1236.4	1519.5	1633.6	1549.6
东北	2832.24	2953.25	2917.33	3011.41	3317.52	3306.77	3314.35
华东	3660.63	3656.6	4467.48	4844.07	5453.16	5535.4	5705.66
华中	836.88	850.98	825.85	862.12	892.17	955.24	1007.9
华南	1131.33	1440.05	1571.12	1673.59	2022.5	2345.7	2484.8
西南	61.22	80.56	83.45	102.98	83.9	86.6	86.4
西北	2075.43	2243.77	2323.2	2396.43	2599.4	2813	2915.1
总量	11655.54	12359.13	13458.28	14127	15888.15	16676.31	17063.81

数据来源：《中国能源统计年鉴2013》。

表12–14　　2006～2012年中国分区域柴油产量占比　　单位：%

地区	2006年	2007年	2008年	2009年	2010年	2011年	2012年
华北	9.1	9.2	9.4	8.8	9.6	9.8	9.1
东北	24.3	23.9	21.7	21.3	20.9	19.8	19.4
华东	31.4	29.6	33.2	34.3	34.3	33.2	33.4
华中	7.2	6.9	6.1	6.1	5.6	5.7	5.9
华南	9.7	11.7	11.7	11.8	12.7	14.1	14.6
西南	0.5	0.7	0.6	0.7	0.5	0.5	0.5
西北	17.8	18.2	17.3	17.0	16.4	16.9	17.1

数据来源：《中国能源统计年鉴2013》。

2012年柴油生产量排名前五的省份是山东、辽宁、广东、新疆和陕西，占比分别为15.6%、13.8%、9.0%、6.2%和5.4%，这五个省份的柴油生产量总和占到全国柴油生产量的一半。其中，山东和辽宁的柴油产量均超过2000万吨。浙江由于柴油产量下降69万吨，退出前五。青海、内蒙古、四川、安徽和宁夏的柴油生产量排名末五位，见表12–15、图12–6。

表12–15　　2006～2012年中国分地区柴油生产量　　单位：万吨

地区	2006年	2007年	2008年	2009年	2010年	2011年	2012年
北京	204.8	270.9	373.3	364.2	350.4	355.7	319.1
天津	387.0	383.5	340.2	338.7	602.7	646.0	607.1
河北	412.1	425.8	513.6	482.3	486.9	538.3	547.0
山西	—	—	—	—	0.2	—	—
内蒙古	54.0	53.7	42.8	51.1	79.3	93.6	76.4
辽宁	1911.2	2048.9	2048.4	2101.4	2379.8	2284.8	2358.0
吉林	344.0	320.7	321.7	320.9	322.2	412.9	383.4
黑龙江	577.0	583.6	547.3	589.2	615.5	609.1	573.0
上海	639.3	603.5	748.0	682.6	773.6	798.9	822.1
江苏	702.3	696.3	738.3	751.1	808.3	746.8	678.7
浙江	749.5	758.7	862.3	825.9	832.6	870.9	801.8
安徽	193.8	188.2	178.0	184.9	196.0	208.2	180.0
福建	155.9	135.5	112.9	273.5	388.0	253.2	327.7
江西	179.0	166.9	182.9	187.5	190.8	193.9	229.0
山东	1040.8	1107.5	1645.2	1938.6	2263.9	2463.5	2666.4
河南	265.5	244.0	253.6	287.0	297.6	274.3	310.6
湖北	352.4	378.3	341.1	360.1	379.6	389.3	354.8
湖南	219.1	228.7	231.2	215.0	215.0	291.6	342.5
广东	994.3	1033.5	1187.4	1287.4	1531.0	1551.7	1539.9
广西	42.4	47.5	38.9	44.9	145.5	474.8	650.9

续表

地区	2006年	2007年	2008年	2009年	2010年	2011年	2012年
海南	94.7	359.1	344.9	341.4	346.0	319.2	294.0
重庆	—	—	—	0.3	0.6	—	0.4
四川	61.2	80.6	83.4	102.7	83.3	86.6	86.0
贵州	—	—	—	—	—	—	—
云南	—	—	0.0	—	—	—	—
西藏	—	—	—	—	—	—	—
陕西	605.2	707.7	769.5	801.6	854.4	853.3	921.5
甘肃	585.7	597.4	594.8	641.8	619.9	736.0	685.0
青海	47.5	49.6	46.6	37.3	56.7	73.0	67.5
宁夏	77.6	69.2	85.6	79.9	92.3	53.3	182.0
新疆	759.5	820.0	826.8	835.8	976.1	1097.4	1059.1

数据来源：《中国能源统计年鉴2013》。

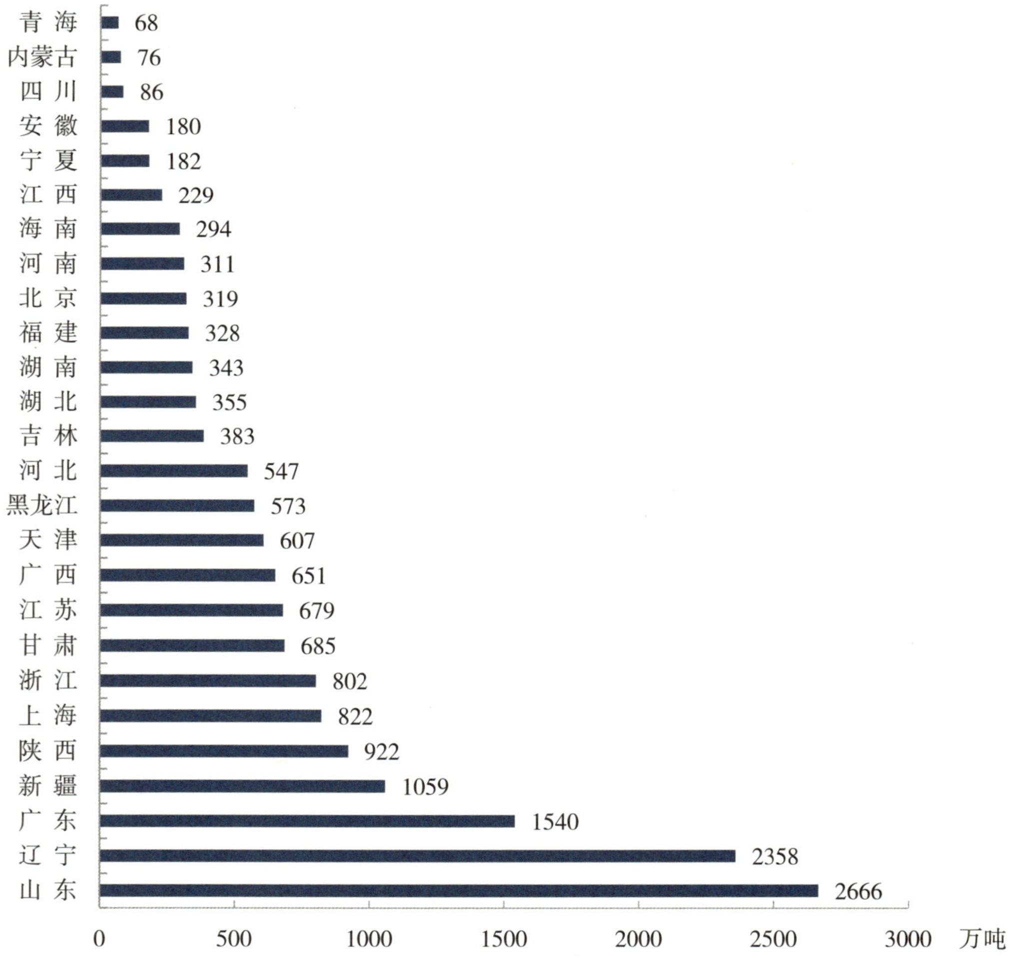

图12-6　2012年中国分地区柴油产量

数据来源：《中国能源统计年鉴2013》。

五、煤油产量突破2500万吨，同比增长14.9%

2013年煤油产量为2509.6万吨，比2012年增加325万吨，同比增长14.9%，增长率较2012年提高1.9个百分点，“十二五”期间煤油产量已累计增长30.41%，如图12-7所示。

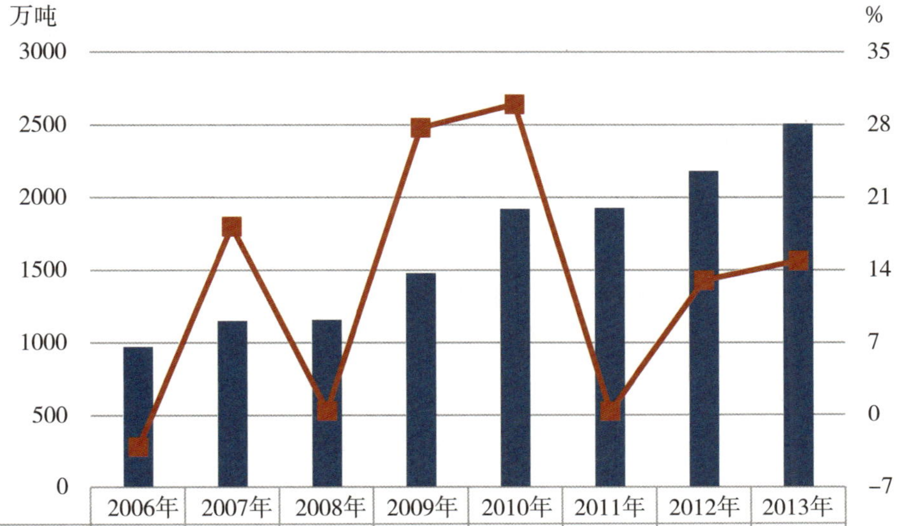

	2006年	2007年	2008年	2009年	2010年	2011年	2012年	2013年
产量（万吨）	975	1153	1159	1480	1924	1932	2184	2510
增长率（%）	-3.1	18.2	0.5	27.7	30.0	0.4	13.0	14.9

图12-7　2006～2013年中国煤油生产量及增长率

数据来源：2006～2012年数据来自《中国能源统计年鉴2013》，2013年数据来自国家统计局。

从煤油生产的地区构成来看，华东和华南的煤油产量占全国生产总量的比重最大，2012年两地煤油产量占比分别为36.3%和24%，原因是这两个地区的航空运输规模较大，煤油需求大，因此产量维持较快增长，见表12-16、表12-17。

表12-16　　2006～2012年中国分区域煤油生产量　　单位:万吨

区域	2006年	2007年	2008年	2009年	2010年	2011年	2012年
华北	52.2	82.7	119.2	151.4	201.6	241.4	227.7
东北	239.3	229.7	255.1	260.4	255.7	256.7	335.6
华东	378.6	457.9	419.7	553.0	650.9	713.3	774.2
华中	37.0	53.5	51.0	76.7	107.9	111.4	151.3
华南	167.6	237.6	219.7	336.9	391.9	452.6	512.2
西南	1.9	1.4	1.1	0.8	1.1	0.9	1.2
西北	92.3	90.5	104.0	100.2	105.6	103.5	129.2
总计	968.9	1153.3	1169.7	1479.4	1714.7	1879.8	2131.4

数据来源：《中国能源统计年鉴2013》。

表12–17　　2006～2012年中国分区域煤油产量占比　　单位：%

区域	2006年	2007年	2008年	2009年	2010年	2011年	2012年
华北	5.4	7.2	10.2	10.2	11.8	12.8	10.7
东北	24.7	19.9	21.8	17.6	14.9	13.7	15.7
华东	39.1	39.7	35.9	37.4	38.0	37.9	36.3
华中	3.8	4.6	4.4	5.2	6.3	5.9	7.1
华南	17.3	20.6	18.8	22.8	22.9	24.1	24.0
西南	0.2	0.1	0.1	0.1	0.1	0.0	0.1
西北	9.5	7.8	8.9	6.8	6.2	5.5	6.1

数据来源：《中国能源统计年鉴2013》。

分省区看，2012年大部分的省份煤油产量基本上都有所增加（除天津地区煤油产量下降21万吨，降至100万吨以下），但较前三年相比，增速放缓，见表12–18。其中广西、湖南的煤油产量分别增长了91%和126%，主要是由于其2011年基数较小。

此外，2012年煤油产量超过100万吨的省份基本上都是经济发达地区，煤油生产布局完全靠近市场，而不受资源约束。2012年煤油生产第一大省广东产量保持在300万吨以上，江苏紧接辽宁突破200万吨，上海、浙江、北京、山东和福建的煤油生产量均已超过100万吨，如图12–8所示。

表12–18　　2006～2012年中国分地区煤油生产　　单位：万吨

地区	2006年	2007年	2008年	2009年	2010年	2011年	2012年
北京	11.6	36.4	85.2	111.6	116.1	126.4	132.9
天津	27.4	35.1	21.8	32.7	81.2	115.0	94.5
河北	13.2	11.1	12.2	7.1	4.3	—	0.3
山西	—	—	—	—	—	—	—
内蒙古	—	—	—	—	—	—	—
辽宁	218.7	206.2	230.1	231.9	224.2	222.0	293.3
吉林	—	—	0.1	—	—	—	—
黑龙江	20.6	23.5	25.0	28.5	31.5	34.7	42.3
上海	112.3	121.2	137.0	149.7	149.3	150.1	165.1
江苏	99.5	141.0	108.9	156.9	165.6	201.3	231.6
浙江	127.3	153.8	129.4	146.1	154.6	162.9	156.2
安徽	—	—	—	—	—	—	—
福建	6.3	5.6	6.4	32.3	94.7	106.8	103.2
江西	1.6	1.3	0.1	—	—	—	3.2
山东	31.7	35.1	37.9	68.0	86.7	92.2	114.9
河南	21.2	32.5	31.2	49.3	56.9	47.7	72.1
湖北	7.8	12.6	15.7	23.5	46.2	51.2	50.9
湖南	8.0	8.4	4.1	3.8	4.8	12.5	28.3

续表

地区	2006年	2007年	2008年	2009年	2010年	2011年	2012年
广东	164.2	204.8	188.6	298.6	344.0	366.1	399.1
广西	—	—	—	2.9	3.3	18.4	35.1
海南	3.4	32.8	31.1	35.4	44.6	68.1	78.0
重庆	-	—	—	—	—	—	—
四川	1.9	1.4	1.1	0.8	1.1	0.9	1.2
贵州	—	—	—	—	—	—	—
云南	—	—	—	—	—	—	—
西藏	—	—	—	—	—	—	—
陕西	8.9	11.3	15.7	18.7	27.7	25.7	30.8
甘肃	48.6	48.5	49.6	50.7	32.3	31.7	39.4
青海	—	—	—	—	—	—	—
宁夏	—	—	—	—	—	—	—
新疆	34.8	30.6	38.7	30.9	45.6	46.1	59.0

数据来源：《中国能源统计年鉴2013》。

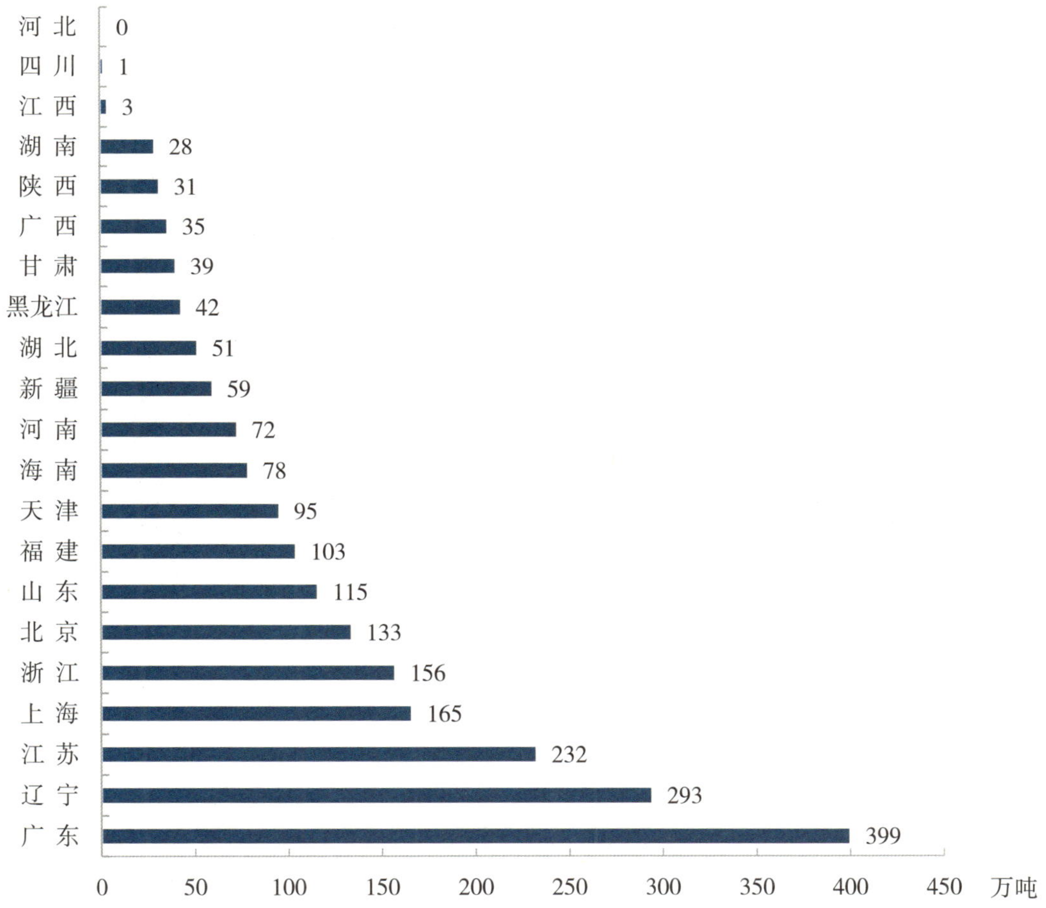

图12-8 2012年中国分地区煤油产量

数据来源：《中国能源统计年鉴2013》。

第二节　石油贸易

2013年中国的原油进口保持较高水平，全年进口原油2.82亿吨，但增幅有所回落；由于国内成品油市场需求比较疲软，成品油三大油品全面净出口。中国原油对外依存度提高0.9个百分点至57.3%，石油对外依存度提高0.6个百分点至59.1%。国内贸易方面，原油和成品油的净调入省份差别较大，原油调入集中在经济实力雄厚及炼油能力较强的省份，成品油调入集中在原油资源匮乏和炼油能力较弱的省份。

一、原油进口量2.82亿吨，三大油品全面净出口

近年来，国内原油产量相对平稳，而需求持续上升，石油进口逐年增加，2013年累计进口石油3.36亿吨，出口石油0.34亿吨，净进口石油3.01亿吨。其中，原油进口2.82亿吨，同比增长4.0%，增速与2012年相比下降了2.8个百分点；原油出口162万吨，减少81万吨；原油净进口2.80亿吨，较2012年增加1173吨，同比增长4.4%；成品油累计进口720万吨，出口1664万吨，净出口为944万吨，汽柴煤三大油品维持全面净出口，如图12-9、图12-10和表12-19所示。

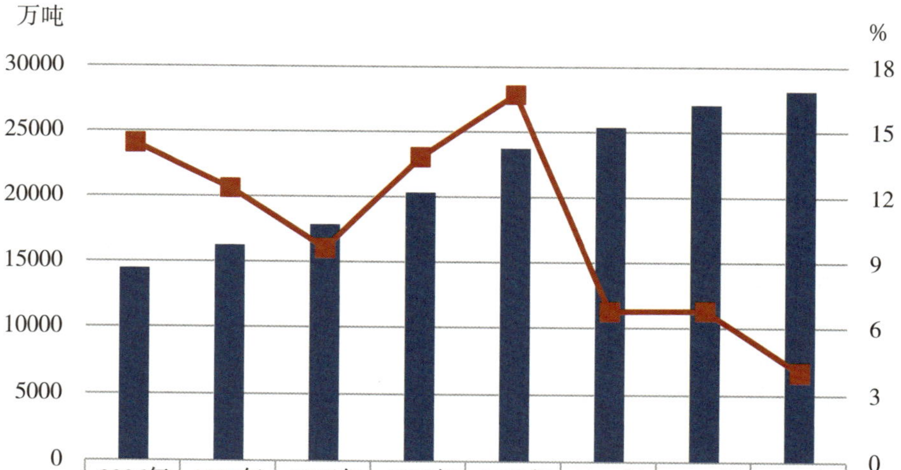

	2006年	2007年	2008年	2009年	2010年	2011年	2012年	2013年
进口量（万吨）	14517	16316	17889	20365	23768	25378	27103	28195
增长率（%）	14.5	12.4	9.6	13.8	16.7	6.8	6.8	4.0

图12-9　2006~2013年中国原油进口量及增长率

数据来源：2006～2012年数据来自《中国能源统计年鉴2013》，

2013年数据来自海关总署。

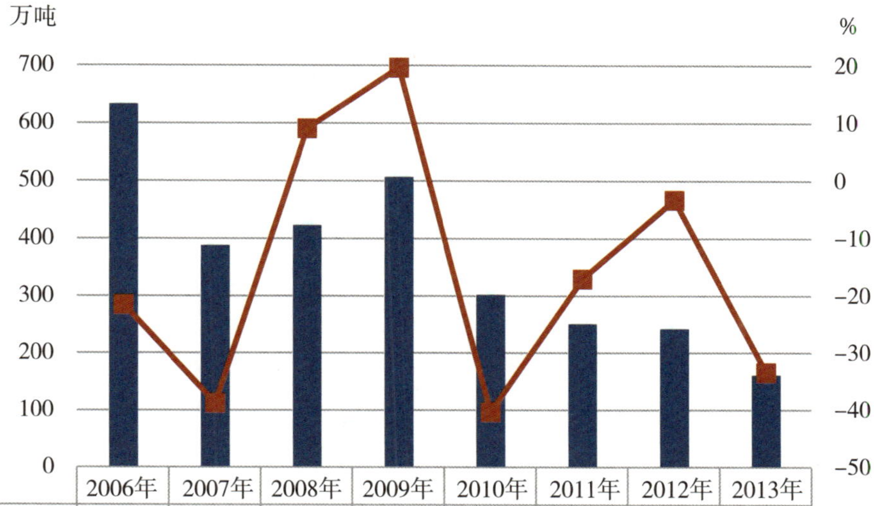

	2006年	2007年	2008年	2009年	2010年	2011年	2012年	2013年
出口量（万吨）	634	388	424	507	303	251	243	162
增长率（%）	-21.4	-38.7	9.1	19.7	-40.3	-17.0	-3.3	-33.4

图12-10 2006～2013年中国原油出口量及增长率

数据来源：2006～2012年数据来自《中国能源统计年鉴2013》，
2013年数据来自海关总署。

表12-19　　2000～2013年中国原油、成品油产量及进出口量　　单位：万吨

项目	年份	产量	进口量	出口量	净进口	表观消费量
原油	2000	16300	7027	1031	5996	22296
	2005	18135	12682	807	11875	30010
	2006	18477	14517	634	13883	32360
	2007	18632	16317	389	15928	34560
	2008	19044	17889	424	17465	36509
	2009	18949	20365	507	19858	38807
	2010	20301	23768	303	23465	43766
	2011	20288	25378	251	25127	45415
	2012	20748	27109	244	26865	47613
	2013	20900	28195	162	28033	48933

续表

项目	年份	产量	进口量	出口量	净进口	表观消费量
汽油	2000	4135	0	455	−455	3680
	2005	5433	0	560	−560	4873
	2006	5595	6	351	−345	5250
	2007	5918	23	464	−442	5476
	2008	6347	199	203	−5	6343
	2009	7321	4	492	−488	6833
	2010	7361	133	517	−384	6977
	2011	7918	3	406	−403	7515
	2012	8976	0	292	−292	8685
	2013	9833	25	469	−444	9389
煤油	2000	872	255	199	57	929
	2005	1007	328	269	60	1066
	2006	976	561	371	190	1165
	2007	1153	524	448	76	1230
	2008	1159	648	536	111	1270
	2009	1480	612	594	18	1498
	2010	1924	487	605	−118	1806
	2011	1932	875	967	−92	1841
	2012	2184	621	745	−124	2060
	2013	2510	669	918	−249	2261
柴油	2000	7080	26	55	−30	7050
	2005	11090	53	148	−94	10996
	2006	11762	71	78	−7	11755
	2007	12359	162	66	96	12455
	2008	13409	624	63	561	13971
	2009	14289	184	451	−267	14022
	2010	14924	180	464	−284	14640
	2011	15690	243	229	−14	15676
	2012	17064	95	186	−91	16973
	2013	17273	27	278	−251	17021

数据来源：2006～2012年数据来自《中国能源统计年鉴2013》，2013年数据来自国家统计局和海关总署。

二、石油对外依存度持续上升，2013年达到59.1%

近年来，中国原油产量增速低于石油消费增速，石油进口量不断增加，石油及原油对外依存度逐年上升。2013年石油对外依存度上升到59.1%，比2012年提高0.6个百分点。原油对外依存度上升到57.3%，比2012年提高0.9个百分点。

行业数据显示，1993年中国的原油对外依存度6.7%，2012年，中国进口原油2.71亿吨，原油对外依存度达到了56.4%。2013年原油对外依存度上升到57.3%，在这20年的时间，数字增长了近8倍，如图12-11所示。

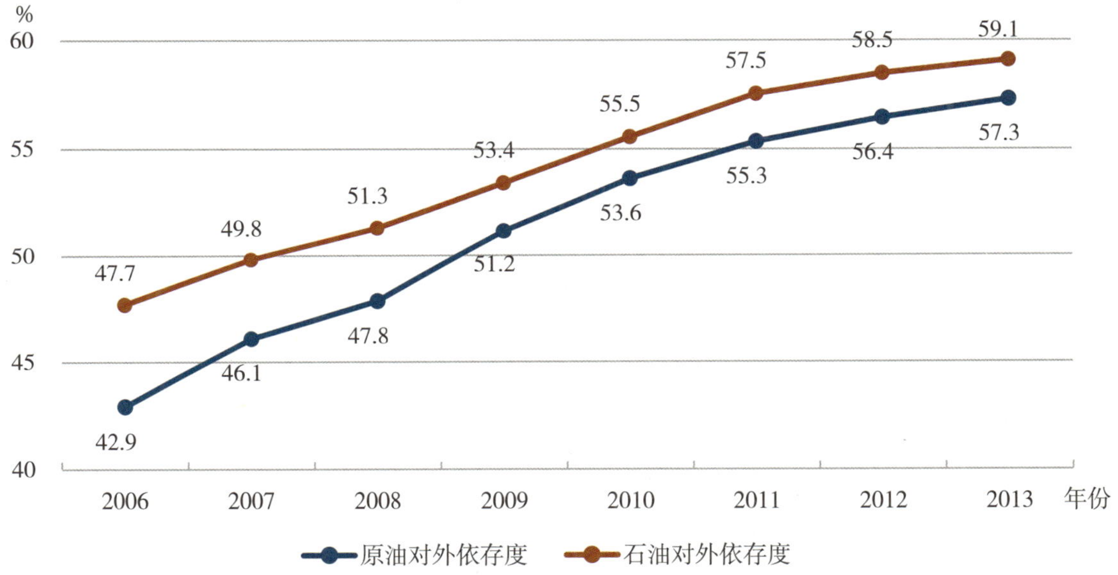

图12-11　2006～2013年中国石油和原油对外依存度

数据来源：2006～2012年数据根据《中国能源统计年鉴2013》相关数据计算得到，2013年数据根据国家统计局和海关总署相关数据计算得到。

三、原油净调入集中于炼油强省，成品油净调入集中于资源匮乏省区

从各省的调入调出情况来看，原油净调入省份主要集中在经济实力雄厚、原油消费需求旺盛的省份和炼油能力较强的省份，原油净调出省份主要集中在原油生产大省。2012年原油净调入最多的省份是辽宁，共调入4380万吨，其次是广东、广西、山东和福建，这五个省份净调入原油占全部净调入省份的63.6%，而河南的原油净调入量不足50万吨。黑龙江、天津和陕西分别净调出3802万吨、2542万吨和1376万吨，占全部净调出省份的95.5%，其余净调出省份原油净调出量不足200万吨，如图12-12所示。新疆原油调出量大幅下降800万吨。

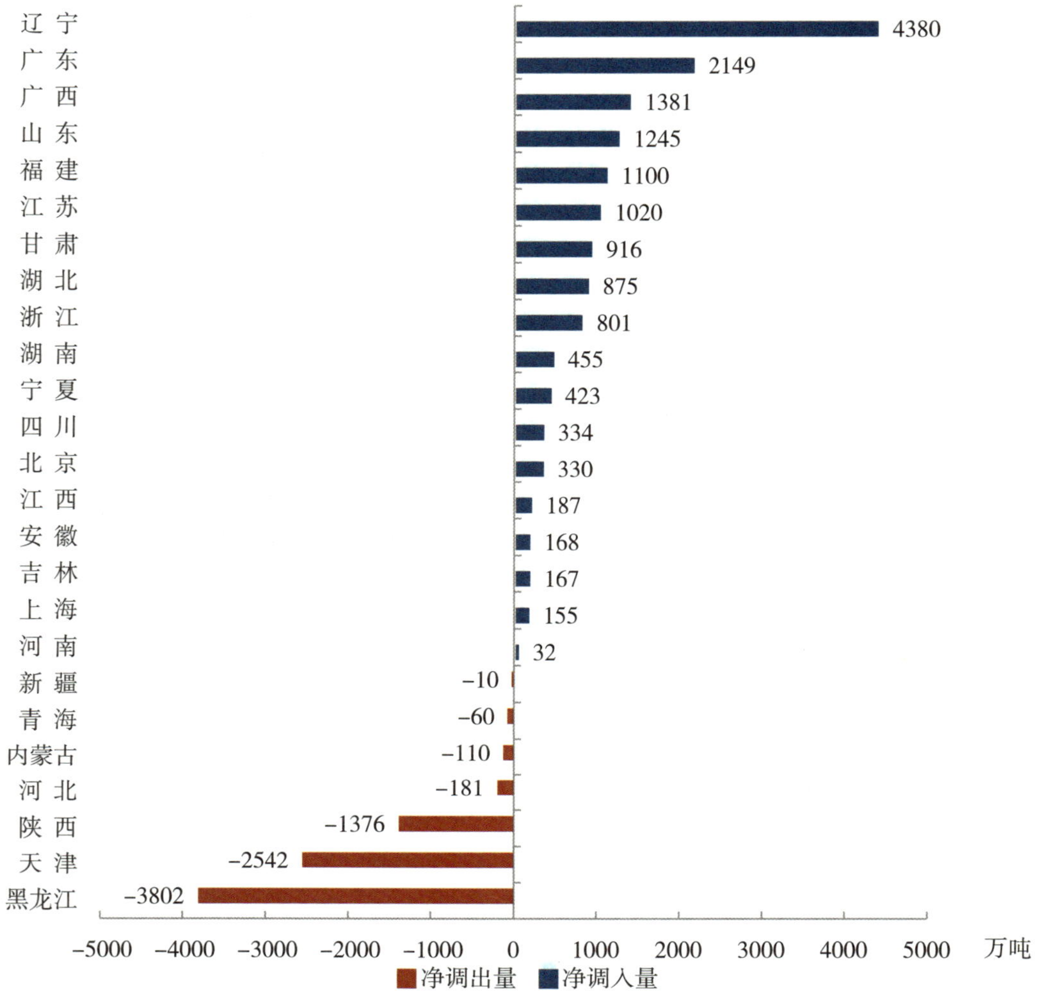

图12-12 2012年中国各地区原油净调入情况

数据来源：《中国能源统计年鉴2013》。

从成品油的调入调出情况看，净调入成品油的省份多为原油资源匮乏和炼油能力较差的省份，净调出成品油的省份主要集中在石油资源丰富和炼油能力比较强的省份。2012年成品油净调入最多的省份是四川省，净调入1397万吨，其次是内蒙古、云南、山西和湖北，这五个省份成品油净调入总量占全部成品油净调入的一半左右。辽宁、山东、陕西、甘肃和新疆是成品油净调出最多的五个省份，这五个省份成品油净调出总量占全部成品油净调出总量的86.1%，其中辽宁和山东净调出均超过1500万吨，如图12-13所示。

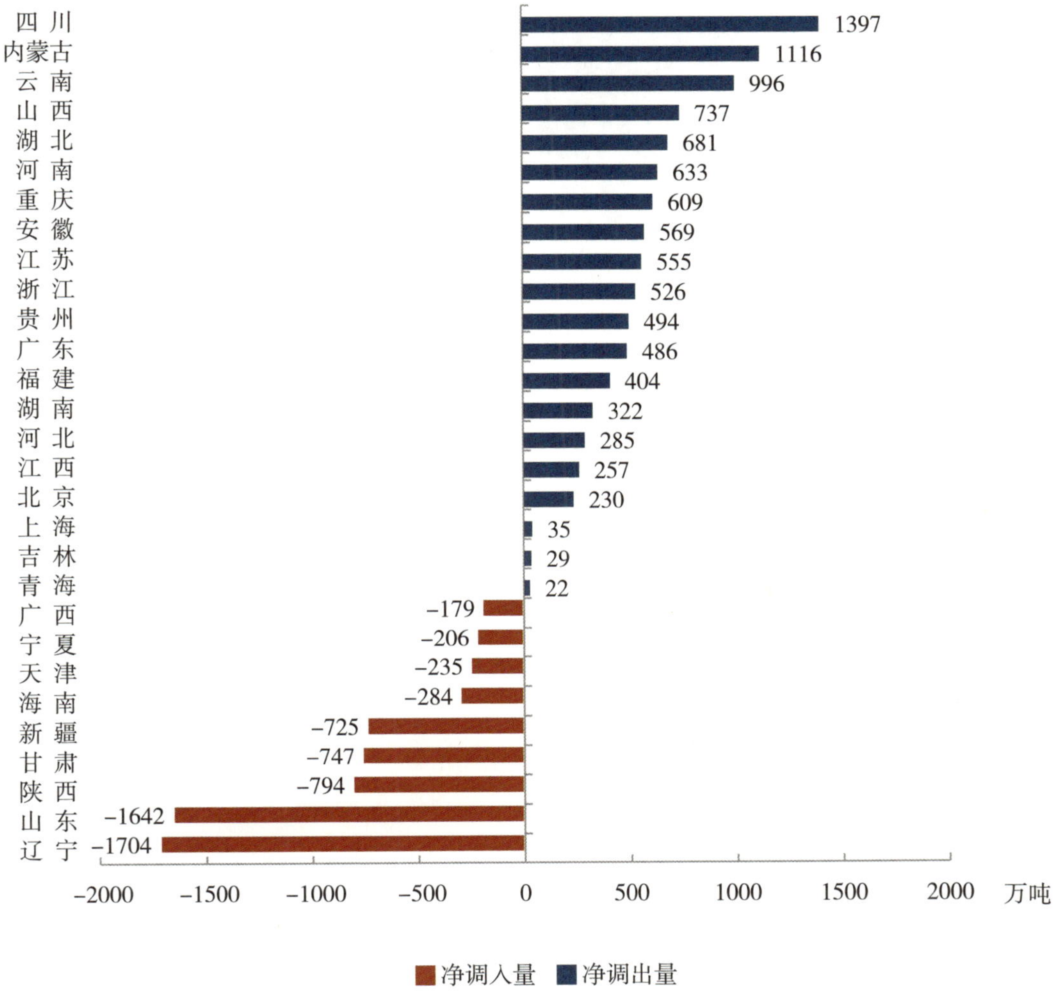

图12-13 2012年中国各地区成品油净调入情况

注：黑龙江成品油调入、调出量均为0，图中未显示。

数据来源：《中国能源统计年鉴2013》。

第十三章　天然气生产与供应

2013年中国天然气产量为1170.5亿米^3，同比增长9.4%，增长率较2012年提高5个百分点。天然气进口量达到527亿米^3，较2012年增加106.4亿米^3，同比增长25%，对外依存度突破30%。就目前天然气的供应情况而言，距离“十二五”规划提出的到2015年天然气产量达到1760亿米^3，进口达到935亿米^{3}的目标仍有较大差距。

第一节　天然气生产

2013年中国天然气产量达到1170.5亿米^3，同比增幅为9.4%。页岩气产量增长快速，达到2亿米^3，为前一年产量的8倍。2012年中国天然气产量占世界的3%，仅为美国的16%、俄罗斯的18%。国内分地区看，陕西、新疆、四川三省份的产量占全国产量的3/4以上。截至2012年末，中国天然气的储采比为28.9，仅为世界平均水平55.7的一半。

一、天然气产量较快增长，页岩气生产明显加速

2013年中国天然气产量为1170.5亿米^3，较2012年增加99亿米^3，同比增长9.4%，增长率较2012年提高5个百分点左右，如图13–1所示。

2013年中国天然气生产以川渝气区、塔里木气区和长庆气区为主，三大气区产量占全国总产量50%以上。天然气产量的增量主要来自长庆气田和塔里木气田。

根据国土资源部统计，2013年中国非常规天然气（煤层气和页岩气）产量达到32亿米^3，占全部天然气产量的2.65%。其中，煤层气产量30亿米^3，页岩气产量2亿米^3。相比之下，2012年页岩气产量只有2500万米^3，非常规天然气生产取得阶段性进展，如图13–2所示。

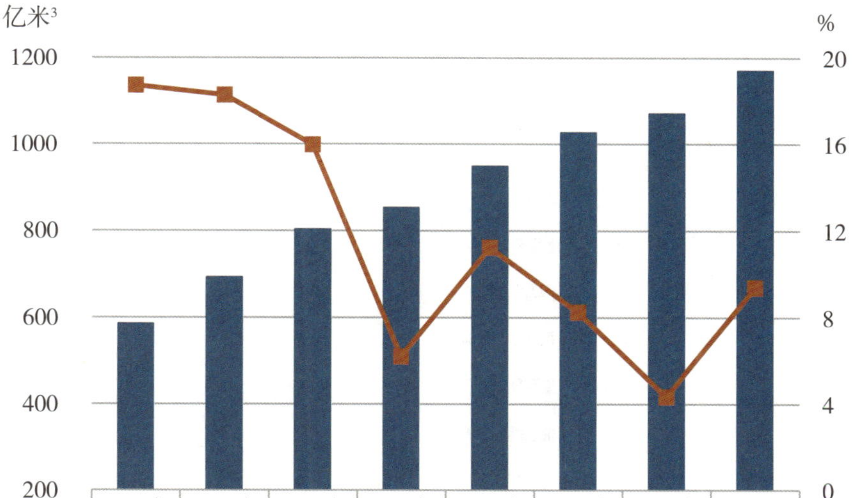

	2006年	2007年	2008年	2009年	2010年	2011年	2012年	2013年
天然气产量（亿米³）	585.5	692.4	803.0	852.7	948.5	1026.9	1071.5	1170.5
增长率（%）	18.71	18.26	15.97	6.19	11.23	8.27	4.35	9.40

图13-1　2006～2013年中国天然气产量及增长率

数据来源：2006～2012年数据来自《中国能源统计年鉴2013》，2013年数据来自《2013年国民经济和社会发展统计公报》。

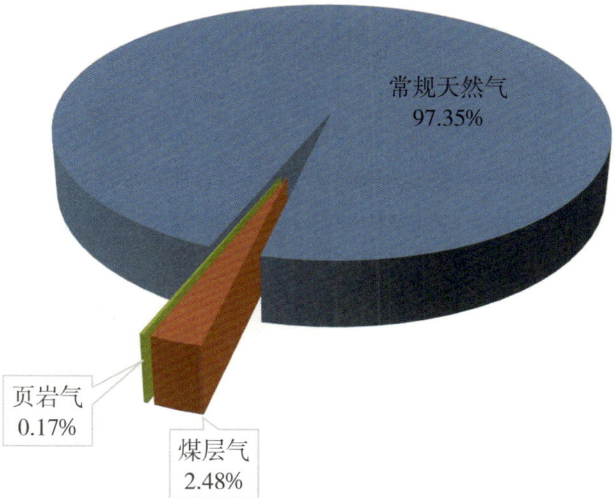

图13-2　2013年中国常规和非常规天然气产量比重

数据来源：国土资源部。

二、天然气产量占世界比重约3%，与美国、俄罗斯的差距较大

根据BP统计数据，2012年全球天然气产量为33639亿米^3，中国天然气产量占全球天然气产量的比重

为3.2%，较2011年下降一位，成为继美国、俄罗斯、加拿大、伊朗、卡塔尔和挪威之后世界第七大天然气生产国，是世界八个天然气年产量超过1000亿米^{3}的国家之一。但中国的天然气产量与领先国家的差距仍很大，仅为美国（6814亿米^3）的16%，约为俄罗斯（5923亿米^3）的18%，如图13-3所示。

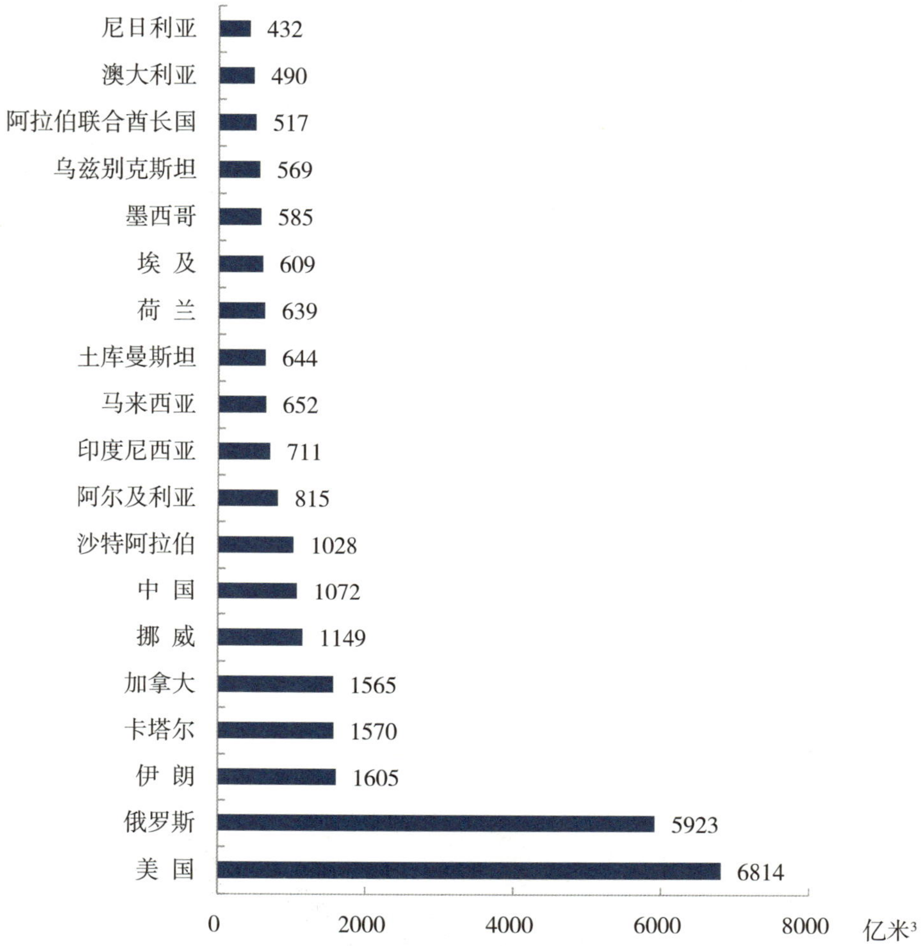

图13-3　2012年世界及主要国家天然气产量

数据来源：《BP世界能源统计2013》。

三、陕西省天然气产量全国第一，长庆气田产量居全国气田之首

中国的天然气产量主要集中在西北地区和西南地区，两地区的产量之和占全国天然气总产量的82%。2012年，西北地区天然气产量达到632.1亿米^3，占全国天然气产量比重约59%；西南地区天然气产量达到242.7亿米^3，占全国天然气产量比重约23%。华中、华东和华北地区天然气产量最少，占比分别为0.7%、0.8%和3%。和2011年相比，各地区天然气产量比重没有明显变化，如图13-4所示。

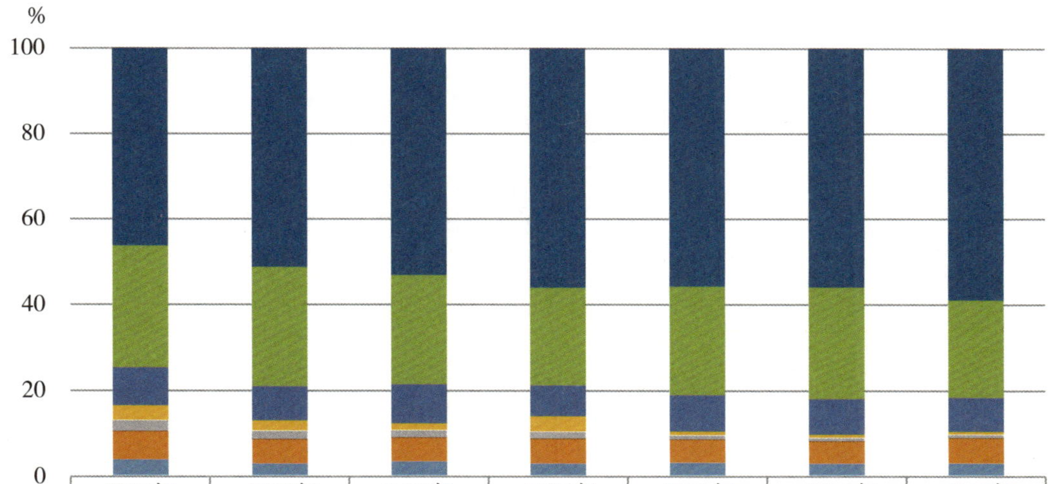

	2006年	2007年	2008年	2009年	2010年	2011年	2012年
西北（亿米³）	271.23	354.95	425.17	478.27	529.70	575.75	632.12
西南（亿米³）	166.59	192.60	203.83	194.30	239.03	266.06	242.71
华南（亿米³）	51.00	54.51	71.64	60.29	80.20	85.30	85.30
华中（亿米³）	19.84	16.93	12.62	31.25	8.72	7.28	6.70
华东（亿米³）	14.80	13.49	14.03	13.65	9.23	8.70	9.50
东北（亿米³）	39.00	39.44	44.55	49.76	51.70	53.20	63.10
华北（亿米³）	23.07	20.48	27.96	25.17	29.90	30.60	32.10

图13-4　2006～2012年中国分地区天然气产量及比重

数据来源：《中国能源统计年鉴2013》。

分省区看，中国天然气生产主要集中在陕西、新疆和四川，三个省份的天然气产量之和占全国的比重为75.3%。2012年陕西继续保持天然气产量第一，产量达到311.3亿米^3，增长率为14%。第二位是新疆，产量达到253.0亿米^3，增长率为7.5%。2012年四川的天然气产量下降，从2011年的第二天然生产气大省降到第三位，产量为234亿米^3，增长率为-8.0%，见表13-1。

表13-1　　2006～2012年中国部分省份天然气产量　　单位：亿米^3

区域	省份	2006年	2007年	2008年	2009年	2010年	2011年	2012年
华北	天 津	10.5	13.3	14.0	14.3	17.2	18.4	18.7
	河 北	6.6	7.1	8.7	10.9	12.7	12.2	13.4
	山 西	6.0	—	5.2	—	—	—	—
东北	辽 宁	11.9	8.7	8.7	8.1	8.0	7.2	7.2
	吉 林	2.4	5.2	8.7	11.6	13.7	15.0	22.2
	黑龙江	24.7	25.5	27.1	30.0	30.0	31.0	33.7

续表

区域	省份	2006年	2007年	2008年	2009年	2010年	2011年	2012年
华东	上 海	5.6	5.1	4.3	4.0	3.3	3.0	2.9
	江 苏	0.6	0.6	0.6	0.6	0.6	0.5	0.6
	浙 江	—	—	0.3	—	—	—	—
	山 东	8.6	7.8	8.9	9.1	5.3	5.2	6.0
华中	河 南	18.7	15.8	11.2	29.6	6.7	5.0	5.0
	湖 北	1.2	1.2	1.4	1.7	2.0	2.3	1.7
华南	广 东	49.0	52.5	60.8	58.4	78.4	83.3	83.5
	广 西	—	—	8.5	—	—	—	—
	海 南	2.1	2.0	2.3	1.9	1.8	2.0	1.8
西南	重 庆	6.5	5.0	9.5	0.6	1.2	0.5	0.4
	四 川	160.0	187.5	194.2	193.6	237.7	265.5	242.3
	贵 州	—	—	—	0.1	0.1	—	—
	云 南	0.2	0.1	0.1	0.0	0.1	0.1	0.1
西北	陕 西	80.5	110.1	144.2	189.5	223.5	272.2	311.3
	甘 肃	1.5	0.6	1.4	0.3	0.2	0.2	0.2
	青 海	25.0	34.0	43.7	43.1	56.1	65.0	64.3
	宁 夏	—	—	—	—	—	3.0	3.3
	新 疆	164.2	210.2	235.9	245.4	249.9	235.3	253.0

数据来源：《中国能源统计年鉴2013》。

分气田看，2012年长庆、塔里木、西南、青海、新疆这五大西部天然气田累计生产天然气709亿米^3。其中，长庆气田年产290亿米^3，居全国首位，同时相对于2011年的258亿米^{3}的产量，32亿米^{3}的增量也排名全国第一，增长率也达到12%。同比增长的气田还有塔里木气田，增幅为13%。其他三个西部大型气田，都出现了产量下降的情况，见表13-2。

表13-2　　2006～2012年中国主要油气田天然气产量　　单位：亿米^3

油气田/生产企业	2006年	2007年	2008年	2009年	2010年	2011年	2012年
大庆	24.53	25.5	27.1	30.04	29.89	31.03	33.69
辽河	8.9	8.72	8.71	8.1	8.01	7.22	7.22
华北	5.5	5.53	5.53	5.5	5.5	3.7	2.8
大港	3.25	5.42	5.54	5.37	3.7	4.46	4.44
新疆	28.81	29.05	34.24	12	38.01	37.1	31.01

续表

油气田/生产企业	2006年	2007年	2008年	2009年	2010年	2011年	2012年
塔里木	110.14	154.14	183.83	180.91	183.6	170.5	193.14
吐哈	16.54	17.3	15.1	15	12.51	10.5	10.5
西南	133.15	144.71	148.33	150.32	153.6	142.06	131.52
长庆	80.24	110.1	143.79	189.52	211.07	258.33	290.3
青海	24.5	34.02	43.65	43.07	56.1	65.01	63.5
玉门	0.78	0.62	0.5	0.29	0.21	0.19	0.17
冀东	0.96	1.5	3.06	4.58	4.32	4.39	4.87
吉林	2.76	3.81	5.75	12	14.1	15.51	17.61
南方	2.05	2.03	2.32	–	1.84	1.96	1.8
四川局	—	—	—	—	—	—	—
中石油小计	442.12	542.45	617.45	682.56	722.48	751.96	792.57
胜利	8.01	7.84	7.7	7	5.15	5	5
中原	16.4	14.8	10.61	8.25	5.66	4.38	4.43
河　南	0.83	0.7	0.61	0.57	0.59	0.64	0.59
江　汉	1.21	1.22	1.35	1.6	1.6	1.6	1.7
江　苏	0.61	0.55	0.58	0.57	0.56	0.54	0.57
滇黔桂	0.61	—	—	—	—	—	—
中石化西北分公司	8.71	9.53	12.72	13.45	15.8	—	16.45
中石化西南分公司	22.07	26.88	27.05	—	26.5	—	28.66
中石化华东分公司	—	0.03	0.78	—	0	—	0
中石化华北分公司	10.49	14.53	19.16	—	22.36	—	27.27
中石化东北分公司	1.7	1.35	1.4	—	3.35	—	5.1
中石化小计	70.63	77.43	81.96	83.97	125.07	146.38	169.36
中海油	62.11	66.63	71.29	70.28	92.28	92.13	99.74
其他	10.67	7.54	4.95	—	3.92	—	—
全国合计	585.53	694.05	774.87	840.71	944.6	1012.79	1070.84

数据来源：国土资源部，《2012年全国油气矿产储量通报》；中石油、中石化、中海油官网。

分企业看，2012年三大石油公司的天然气产量快速增长，达到1068亿米^3，同比增长6.9%。中石油2012年天然气产量为802.9亿米^3，同比增长6.8%；中石化天然气产量169.4亿米^3，同比增长15.7%；中海油全年天然气产量96亿米^3，同比下降5%。三大石油公司几乎垄断了中国全部的天然气生产，2012年中石油、中石化和中海油的天然气产量占全国天然气产量的比重分别为75%、15%、9%，其他公司的天然气产量占比几乎可以忽略不计，见表13-3、图13-5。

表13-3　2012、2013年中国三大石油公司天然气产量及变化情况　单位：亿米^3

石油公司	2012年	2013年	同比增长率（%）
中石油	802.9	878.0	9.4
中石化	169.4	183.3	8.2
中海油	96.0	102.9	7.2

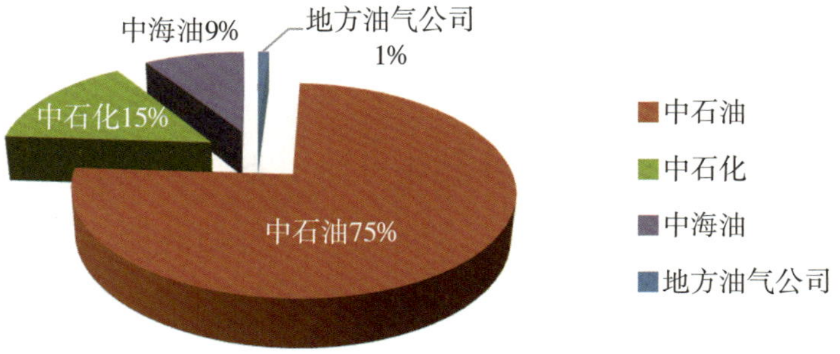

图13-5　2013年中国石油公司天然气产量比重分布

数据来源：国土资源部。

四、天然气储采比仅为国际平均水平一半，资源约束明显

根据BP统计数据，2012年中国天然气储采比为28.9，约为世界平均水平（55.7）的一半。在天然气年产量超过1000亿米^{3}的国家（美国、俄罗斯、加拿大、伊朗、卡塔尔、中国、挪威和沙特阿拉伯）中，只有伊朗和卡塔尔的储采比超过100，沙特阿拉伯的储采比为80.1、俄罗斯为55.6，而挪威、加拿大和美国的储采比分别为18.2、12.7和12.5，见表13-4。

表13-4　　2012年世界主要国家和地区天然气储采比

国家/地区	储量（亿米^3）	产量（亿米^3）	储采比
世界	1872893	33639	55.7
非OECD国家	1686463	21525	78.4
OECD国家	186430	12115	15.4
伊朗	336200	1605	209.5
俄罗斯	329196	5923	55.6
卡塔尔	250639	1570	159.6
土库曼斯坦	175040	644	271.9
美国	84951	6814	12.5
沙特阿拉伯	82337	1028	80.1
阿拉伯联合酋长国	60910	517	117.9
委内瑞拉	55617	328	169.6
尼日利亚	51540	432	119.3
阿尔及利亚	45039	815	55.3
澳大利亚	37592	490	76.6
伊拉克	35877	8	4484.7
中国	30959	1072	28.9
印度尼西亚	29265	711	41.2
挪威	20900	1149	18.2
埃及	20400	609	33.5
加拿大	19825	1565	12.7
科威特	17840	145	122.7
利比亚	15470	122	126.8
印度	13303	402	33.1
马来西亚	13242	652	20.3
哈萨克斯坦	12937	197	65.6
荷兰	10387	639	16.3
乌兹别克斯坦	11233	569	19.7
阿塞拜疆	8907	156	57.1
阿曼	9500	290	32.8
巴基斯坦	6435	415	15.5
乌克兰	6425	186	34.6
越南	6171	94	65.6
也门	4786	76	63.1
巴西	4523	174	26.0

数据来源：《BP世界能源统计2013》。

第二节　天然气贸易

2013年中国天然气进口量527亿米^3，同比增长25%，对外依存度首次超过30%。中国的管道气进口主要来自土库曼斯坦，而LNG进口的主要来自卡塔尔、澳大利亚、印度尼西亚和马来西亚四个国家，来源国比较集中。国内贸易方面，天然气的调动方向主要从西部的产气省份向东部的消费大省调入，陕西和江苏分别列净调出和净调入的首位。

一、天然气进口快速增长，对外依存度首破30%

2013年中国天然气进口量大幅上升，达到527亿米^3，较2012年增加106.4亿米^3，同比增长25%。对外依存度自2006年来持续攀升，2013年已达到30.1%，比2012年增加3.5个百分点，如图13-6所示。

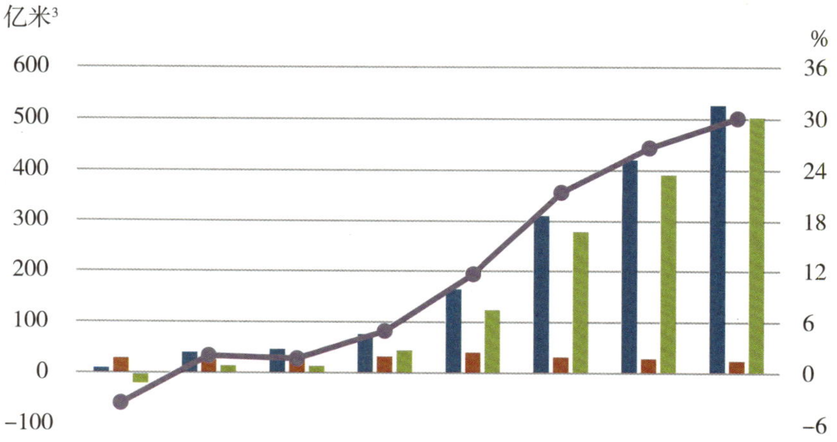

	2006年	2007年	2008年	2009年	2010年	2011年	2012年	2013年
进口量（亿米^3）	9.5	40.2	46.0	76.3	164.7	311.5	420.6	527.0
出口量（亿米^3）	29.0	26.0	32.5	32.1	40.3	31.9	28.9	24.0
净进口（亿米^3）	-19.5	14.2	13.6	44.3	124.4	279.6	391.7	503.0
对外依存度（%）	-3.5	2.0	1.7	4.9	11.6	21.4	26.6	30.1

图13-6　2006～2013年中国天然气进出口及对外依存度状况

数据来源：2006~2012年数据来自《中国能源统计年鉴2012》，2013年为预计数。

2013年中国管道天然气和LNG进口量都快速增长。在2013年的进口天然气中，管道天然气进口和LNG进口比重为53:47，分别为约279亿米^{3}和248亿米^3。与2012年世界天然气贸易中管道气和LNG的比重68:32相比（7055亿米^{3}对3279亿米^3），中国进口天然气的管道气比重仍然较低。

中国积极建设中亚、中缅和中俄三大管道天然气进口通道，实现天然气进口来源的多元化。2013年7月，中缅管道建成，设计输气能力年120亿米^3，截至11月，中缅管道进口天然气0.72亿米^3。同时新增了从中亚哈萨克斯坦的管道气进口。分国家看，中国管道气进口中，土库曼斯坦占89%，乌兹别克斯坦占10.3%，哈萨克斯坦占0.5%，缅甸占0.3%。

2012年中国LNG进口的近九成依靠来自于卡塔尔、澳大利亚、印度尼西亚和马来西亚的合同气，占LNG总进口的比重分别为34%、24%、17%和13%，如图13-7所示。

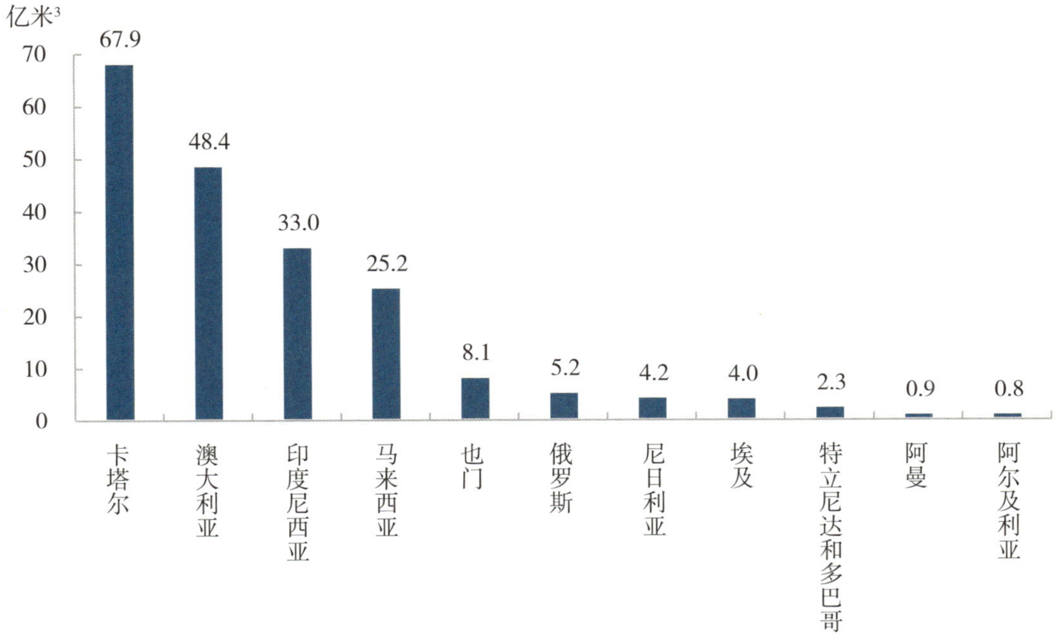

图13-7 2012年中国LNG进口来源及进口量分布情况

数据来源：《BP世界能源统计2013》。

二、江苏省天然气净调入量居首，陕西省净调出量最大

中国的天然气资源在各省份之间分布不均，为了缓解地区用气紧张问题，天然气生产大省需要向天然气紧缺省区调出天然气。2012年，陕西省是天然气第一生产大省，也是天然气净调出第一大省，共调出天然气245.2亿米³。主要的天然气调出省区还包括内蒙古、新疆和四川等天然气生产大省。天然气调入省主要为经济比较发达，但存在巨大天然气消费需求的省份，其中江苏省以111.9亿米³的净调入量居各省区之首。此外，北京、海南、河南、山东等省区也是重要的天然气净调入省，见表13-5、图13-8。

表13-5　　2012年中国分地区天然气调入调出量　　单位：亿米³

地区	调入量	调出量	净调入量
北京	92.1	—	92.1
天津	27.0	13.4	13.6

续表

地区	调入量	调出量	净调入量
河北	31.9	0.2	31.7
山西	19.4	15.6	3.8
内蒙古	—	214.0	-214.0
辽宁	55.9	—	55.9
吉林	—	—	—
黑龙江	—	—	—
上海	33.7	—	33.7
江苏	111.9	—	111.9
浙江	47.2	—	47.2
安徽	24.8	—	24.8
福建	—	—	—
江西	7.8	—	7.8
山东	60.5	—	60.5
河南	60.7	—	60.7
湖北	27.6	—	27.6
湖南	17.9	—	17.9
广东	—	6.8	-6.8
广西	3.0	—	3.0
海南	62.3	—	62.3
重庆	36.2	20.7	15.5
四川	31.1	115.7	-84.7
贵州	5.0	—	5.0
云南	4.3	—	4.3
陕西	—	245.2	-245.2
甘肃	18.7	—	18.7
青海	—	23.4	-23.4
宁夏	22.5	—	22.5
新疆	—	147.8	-147.8

数据来源：《中国能源统计年鉴2013》。

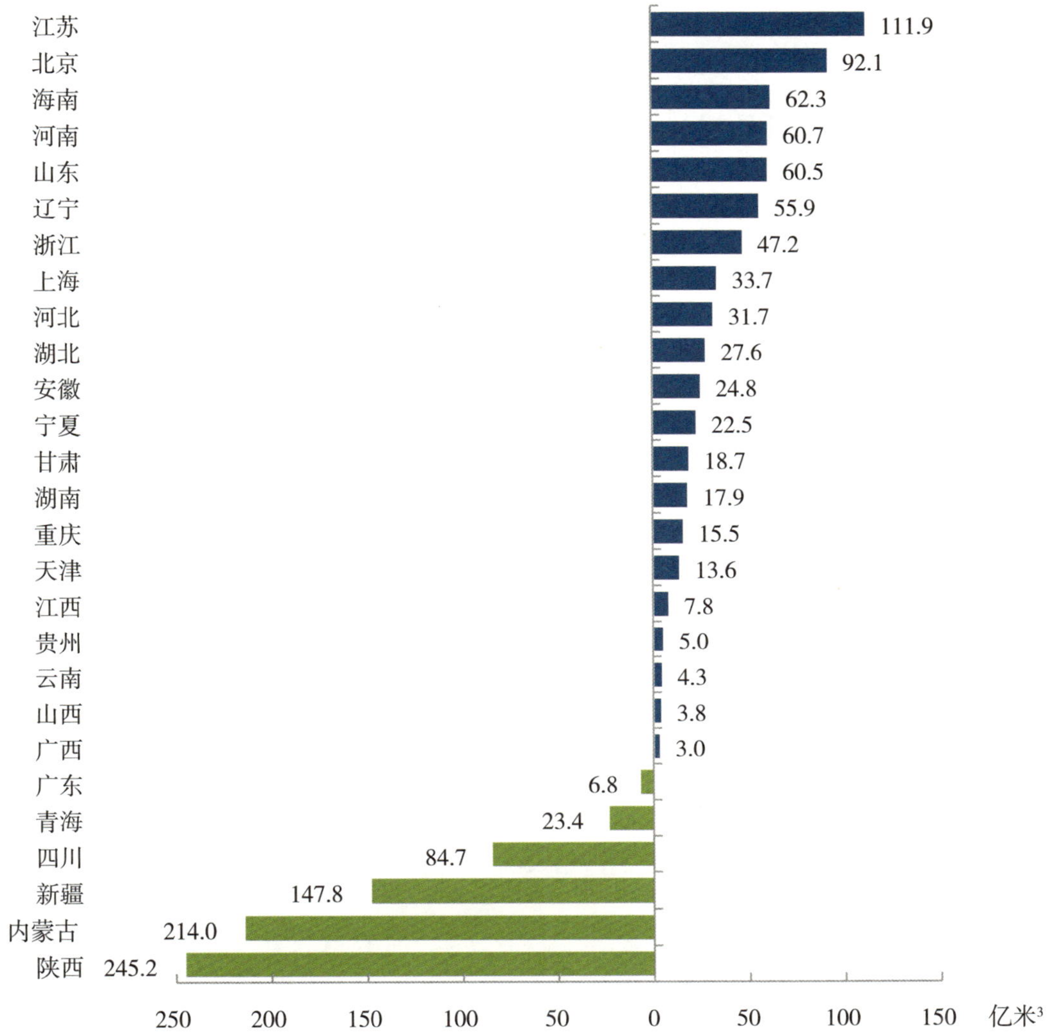

图13-8 2012年中国各地区天然气净调入量

数据来源：《中国能源统计年鉴2013》。

第十四章　电力生产与供应

2013年中国发电量同比增长7.5%，增长率较2012年有所反弹。日均发电量147亿千瓦时，较2012年增加10.2亿千瓦时。2013年中国6000千瓦及以上电厂发电设备平均利用小时数为4511小时，比2012年减少68小时。

第一节　电力生产

2013年中国发电量达53474亿千瓦时，其中火电发电量占78.4%，与2010年相比，火电发电比重下降2.5个百分点，非化石能源发电比重均有所提高。分地区看，四川、青海、云南、西藏和湖北五省份火电发电比重低于50%，水电在这些地区中占主导地位。

一、发电量5.35万亿千瓦时，同比增长7.5%

2013年中国发电量达53474亿千瓦时，较2012年增加3741亿千瓦时，同比增长7.5%，增长率有所反弹，如图14–1所示。2013年发电量是2010年的1.1倍，年均增长8.1%。日均发电量147亿千瓦时，较2012年增加10.2亿千瓦时。

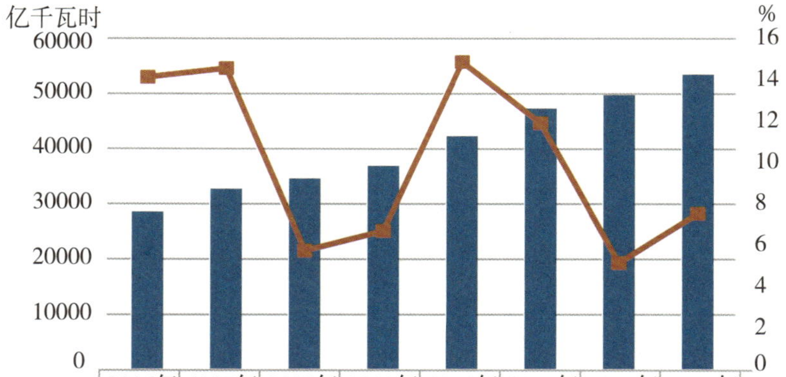

	2006年	2007年	2008年	2009年	2010年	2011年	2012年	2013年
发电量（亿千瓦时）	28499	32644	34510	36812	42278	47306	49733	53474
增长率（%）	14.11	14.54	5.72	6.67	14.85	11.89	5.13	7.52

图14–1　2006～2013年中国发电量与增长率

数据来源：《电力工业统计资料汇编》、《电力工业统计快报2013》。

根据BP统计数据，2012年发达国家中美国、日本的发电量分别为42561亿千瓦时、11015亿千瓦时，分别占世界的18.9%和4.9%；金砖国家中巴西、印度的发电量分别为5537亿千瓦时、10539亿千瓦时。同期中国发电量为49378亿千瓦时，是美国的1.2倍、日本的4.5倍、巴西的8.9倍、印度的4.7倍。作为全球发电量最多的两个国家，中国和美国的发电量总和占世界的比重达到40.8%，如图14-2所示。

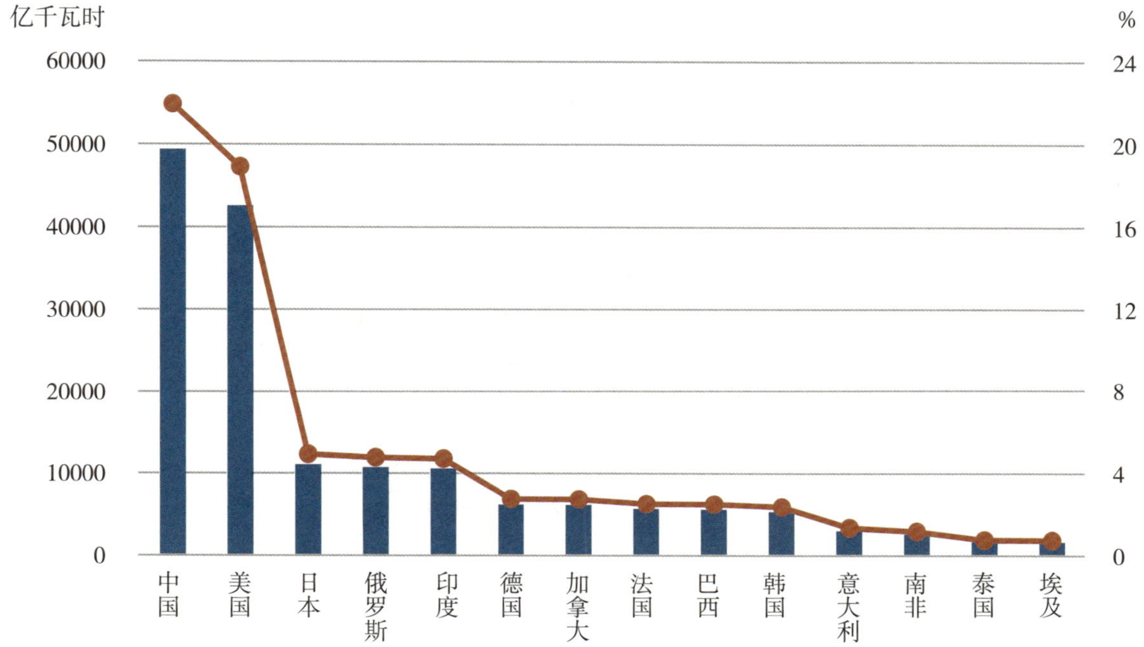

图14-2　2012年部分国家发电量与其占世界比重

数据来源：《BP世界能源统计2013》。

二、火电发电量占总发电量78.4%，非化石能源发电比重有所提高

2013年中国发电电源结构中，水电、火电、核电、风电和太阳能等其他能源发电量分别为8963亿、41900亿、1121亿、1401亿千瓦时和89亿千瓦时，分别占总发电量的16.8%、78.4%、2.1%、2.6%和0.2%。与2010年相比，火电发电比重下降2.5个百分点，风电发电比重上升1.5个百分点，其他能源发电比重均提高不到1个百分点。核电发电比重的提高与政府支持核电发展的政策有直接的关系，但核电发电量在总发电量中所占比重依然很小，仅有2.1%，如图14-3所示。

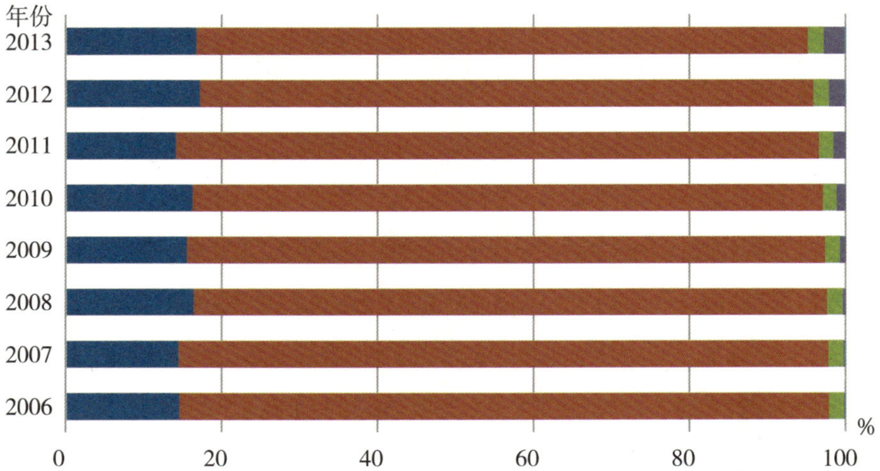

	2006年	2007年	2008年	2009年	2010年	2011年	2012年	2013年
水电（%）	14.6	14.4	16.4	15.5	16.2	14.1	17.17	16.76
火电（%）	83.3	83.3	81.2	81.8	80.8	82.4	78.70	78.36
核电（%）	1.9	1.9	2.0	1.9	1.8	1.8	1.98	2.10
风电（%）	0.1	0.2	0.4	0.8	1.2	1.6	2.07	2.62
其他（%）	0.1	0.1	0.0	0.0	0.01	0.0	0.08	0.17

图14-3　2006～2013年中国发电结构

数据来源：《电力工业统计资料汇编2010》、《电力工业统计快报2013》。

2013年中国火电发电量比2012年增加2758亿千瓦时，同比增长7.1%。2013年火电发电量是2010年的1.2倍，年均增长7%，如图14-4所示。

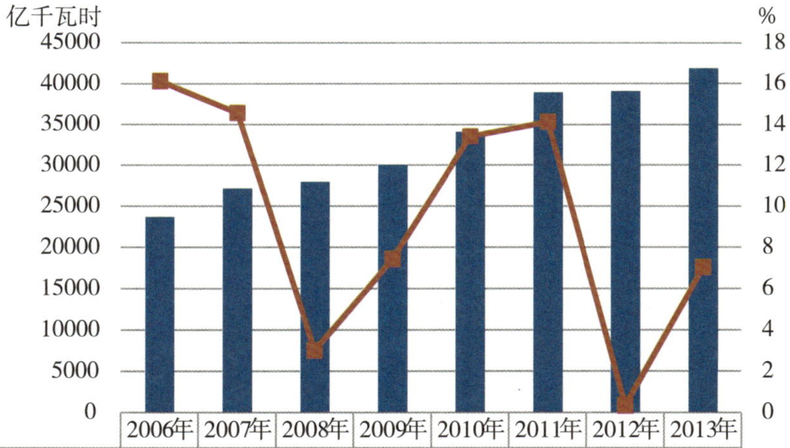

	2006年	2007年	2008年	2009年	2010年	2011年	2012年	2013年
火电发电量（亿千瓦时）	23741	27207	28030	30117	34166	39003	39142	41900
增长率（%）	16.17	14.60	3.03	7.45	13.44	14.16	0.36	7.05

图14-4　2006～2013年中国火电发电量与增长率

数据来源：《电力工业统计资料汇编》、《电力工业统计快报2013》。

根据IEA统计数据，2012年美国、日本、德国火力发电量分别为29469亿、9422亿、3659亿千瓦时，占其总发电量的68.8%、91.8%和59.9%。根据中国电力企业联合会发布数据，同期中国火电发电量39142亿千瓦时，占总发电量的78.7%，这一比重低于日本，高于美国和德国，如图14-5所示。

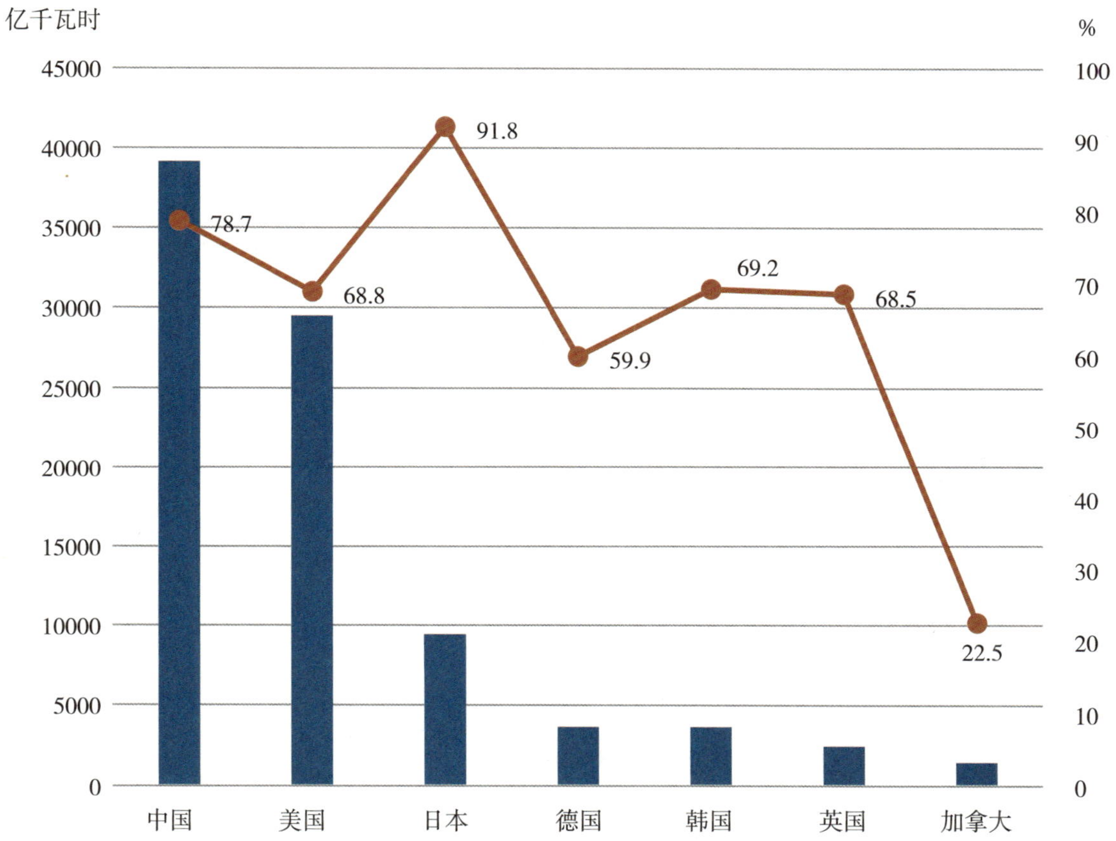

图14-5 2012年火电发电量与其占总发电量比重的国际比较

数据来源：中国数据来自《电力工业统计资料汇编2012》，其他国家数据来自国际《OECD国家能源平衡2013》。

三、苏粤蒙鲁四省份发电量超3500亿千瓦时，地区间发电源结构差异较大

分地区看，2013年有四个省份发电量超过3000亿千瓦时，分别是江苏（4405亿千瓦时）、广东（3733亿千瓦时）、内蒙古（3621亿千瓦时）和山东（3597亿千瓦时）；此外，还有七个省份发电量介于2000亿～3000亿千瓦时之间，十个省份发电量介于1000亿～2000亿千瓦时之间；发电量低于1000亿千瓦时的省份有十个，排名最后的西藏发电量只有23亿千瓦时，仅为江苏省发电量的0.5%，如图14-6所示。

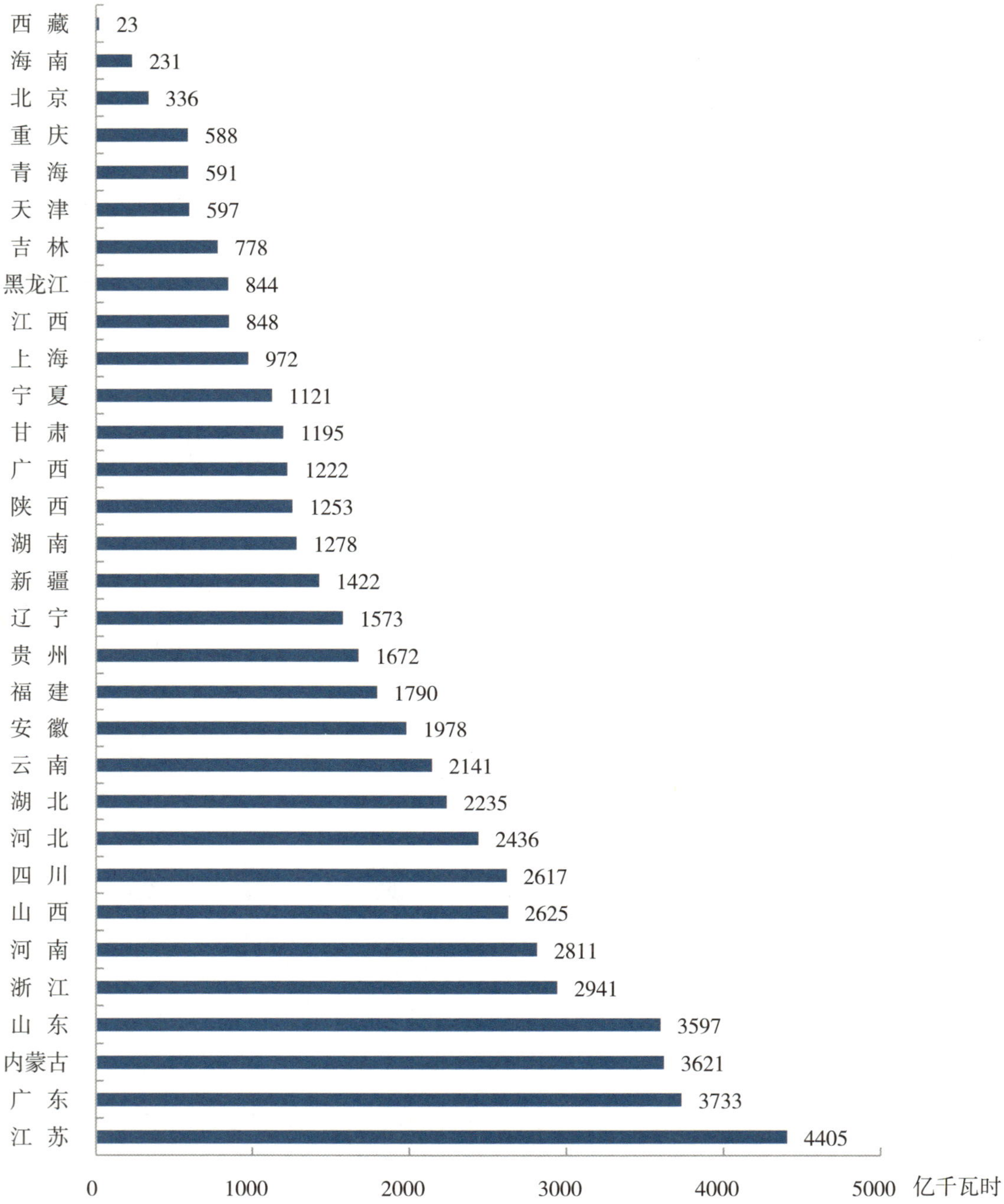

图14-6 2013年中国分地区发电量

数据来源：《电力工业统计快报2013》。

分地区看，大多数省份与全国情况一致：火电在发电电源结构中占主导地位；只有五个省份的火电发电比重低于50%，分别是四川（22.7%）、青海（22.9%）、云南（23.2%）、西藏（27.1%）和湖北（47.2%），水电在这些地区中占主导地位。而江苏、山东、天津、上海等全国用电负荷最大的省份水电占比几乎为零。为了大力发展水电，实现全国电力资源的清洁化转型，必须实施“西电东送”。另外，核电集中分布在辽宁、江苏、浙江、福建、广东；内蒙古、甘肃的风电发电占发电量的10%以上；甘肃、青海、宁夏的太阳能发电在10%以上，如图14-7所示。

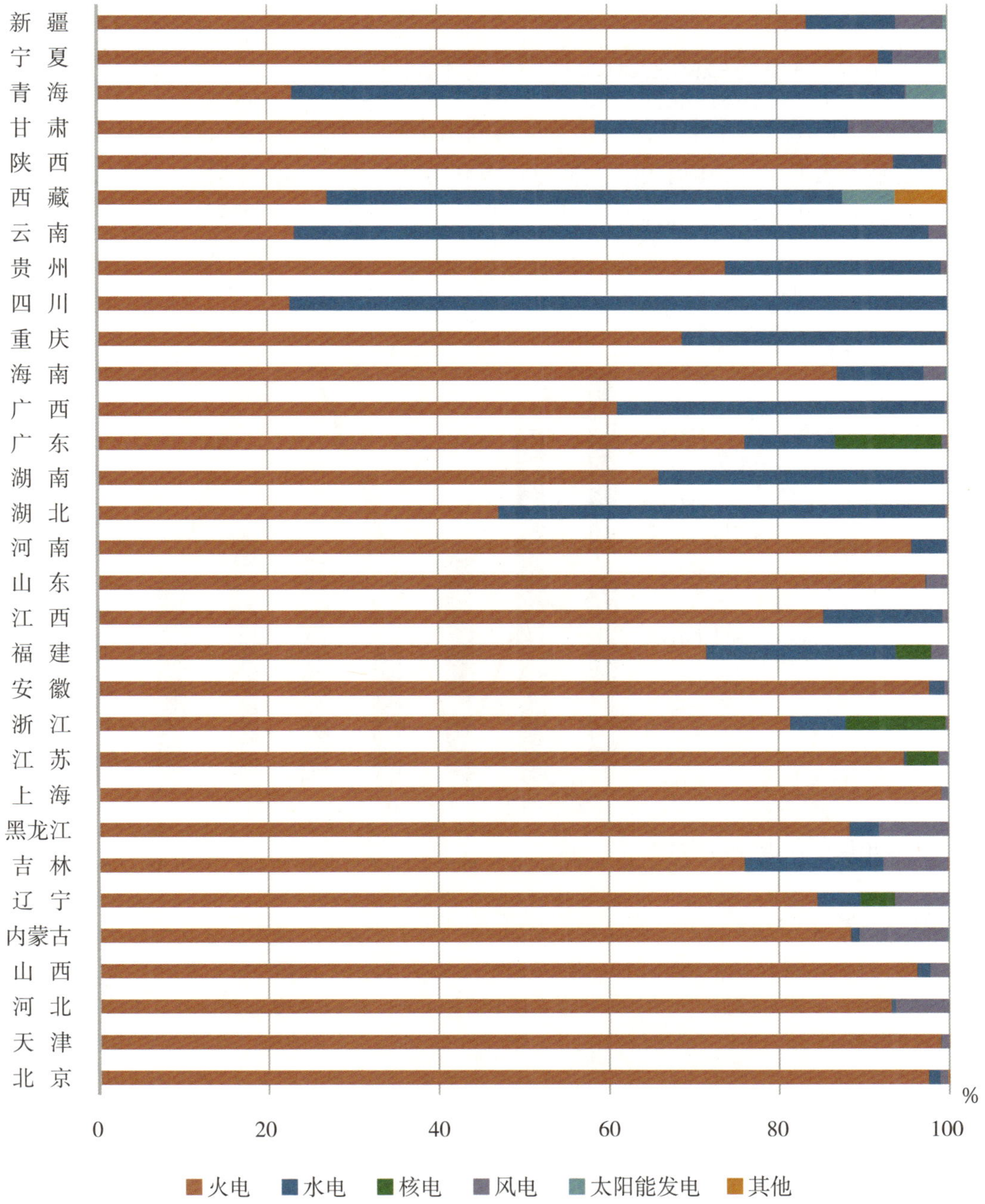

图14-7　2013年中国分地区发电结构

数据来源：《电力工业统计快报2013》。

第二节　发电设备平均利用小时数

2013年中国6000千瓦及以上电厂发电设备平均利用小时数为4511小时，为2006年以来最低水平。其中火电设备平均利用小时数为5012小时，较2012年增加30小时。

一、发电设备利用小时数降至2006年以来最低水平

2013年中国6000千瓦及以上电厂发电设备平均利用小时数为4511小时，较2012年减少68小时，为“十一五”以来的最低水平。与2010年相比，发电设备利用小时数减少139小时，如图14-8所示。

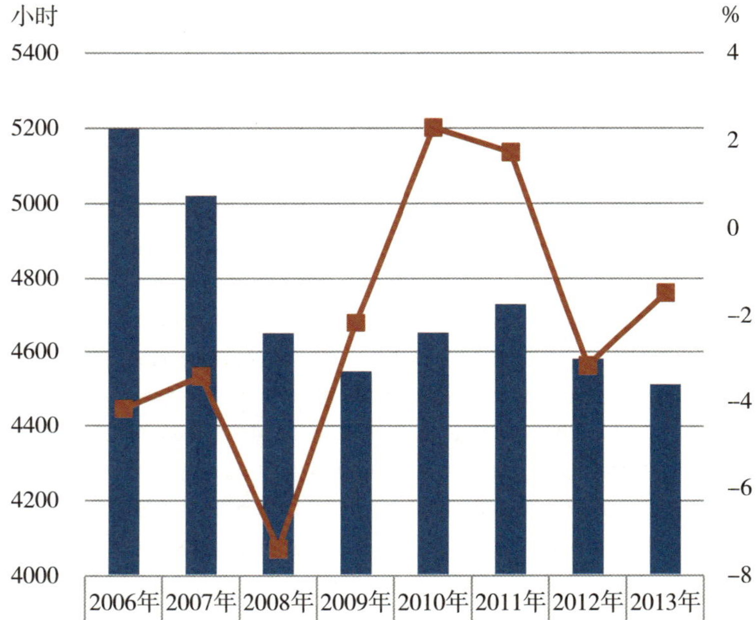

	2006年	2007年	2008年	2009年	2010年	2011年	2012年	2013年
发电设备平均利用小时数（小时）	5198	5020	4648	4546	4650	4730	4579	4511
增长率（%）	-4.18	-3.42	-7.41	-2.19	2.29	1.72	-3.19	-1.49

图14-8　2006～2013年中国发电设备平均利用小时数及增长率

数据来源：《电力工业统计资料汇编》、《电力工业统计快报2013》。

分地区看，2013年发电设备平均利用小时数排名前五的省份依次是江苏（5545小时）、宁夏（5403小时）、安徽（5270小时）、天津（5228小时）、浙江（4996小时）；排名最后的五个省份依次是西藏（2204小时）、吉林（3094小时）、云南（3710小时）、黑龙江（3743小时）、青海（3782小时），如图14-9所示。

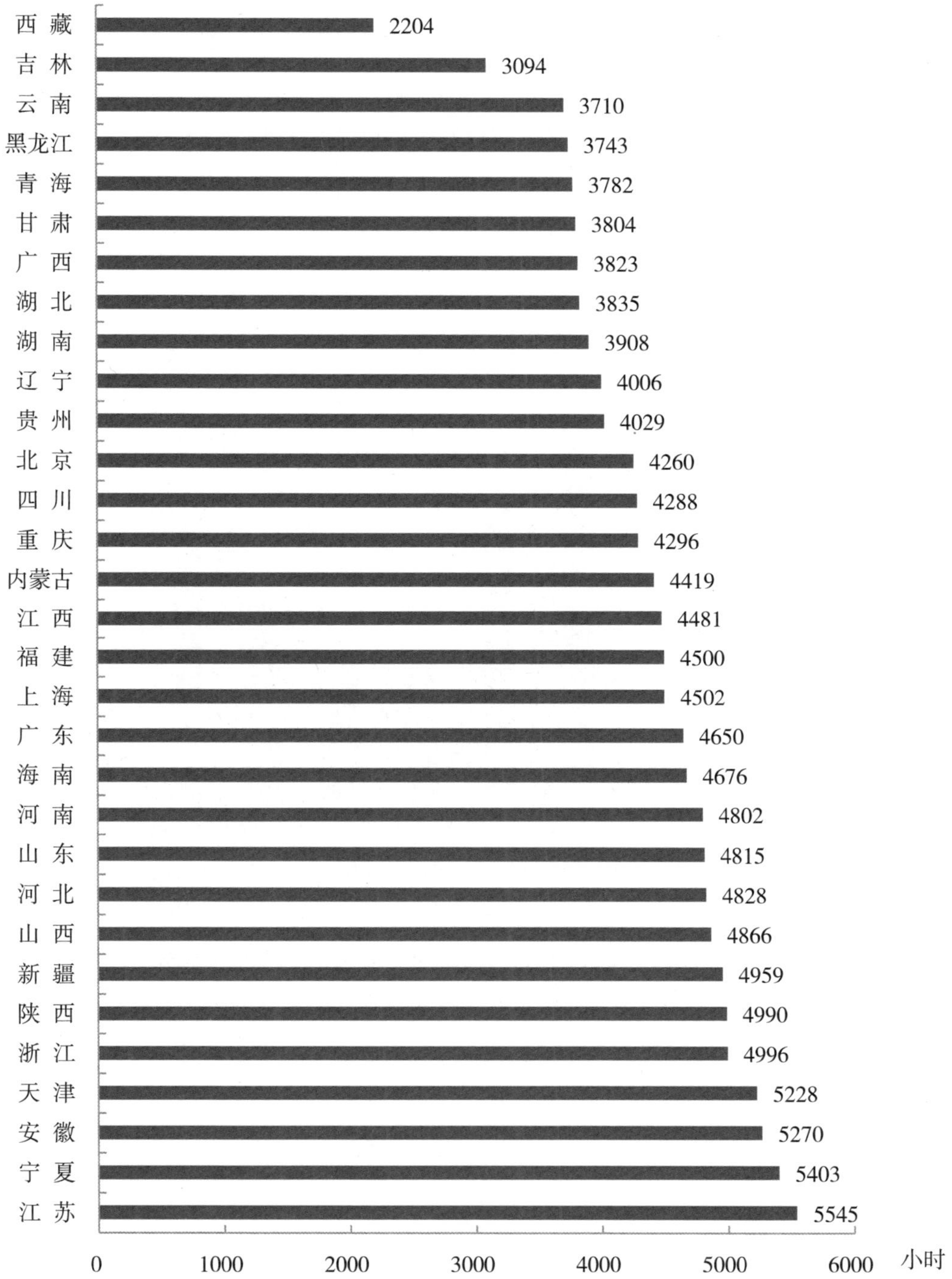

图14-9 2013年中国分地区发电设备平均利用小时数

数据来源：《电力工业统计快报2013》。

二、火电设备利用小时数同比增加30小时，五省份超5500小时

2013年底全国火电设备平均利用小时数为5012小时，较2012年增加30小时。其中，宁夏火电设备平均利用小时数达到6173小时，青海、江苏等五个省份超过5500小时；辽宁、吉林、黑龙江等八个省份低于4500小时，其中，西藏、吉林、云南分别仅有1699小时、3433小时和3660小时，如图14-10、图14-11所示。

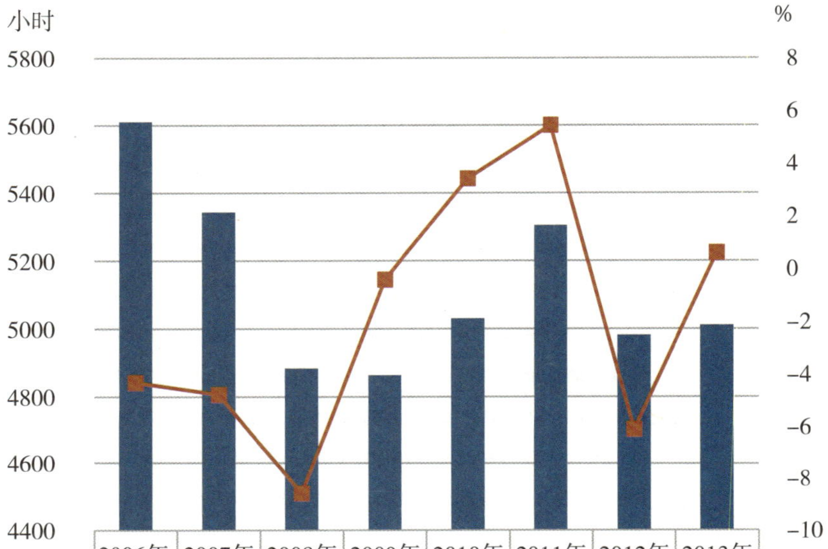

	2006年	2007年	2008年	2009年	2010年	2011年	2012年	2013年
火电设备平均利用小时数（小时）	5612	5344	4885	4865	5031	5305	4982	5012
增长率（%）	−4.31	−4.78	−8.59	−0.41	3.41	5.45	−6.09	0.60

图14-10　2006～2013年中国火电设备平均利用小时数及增长率

数据来源：《电力工业统计资料汇编》、《电力工业统计快报2013》。

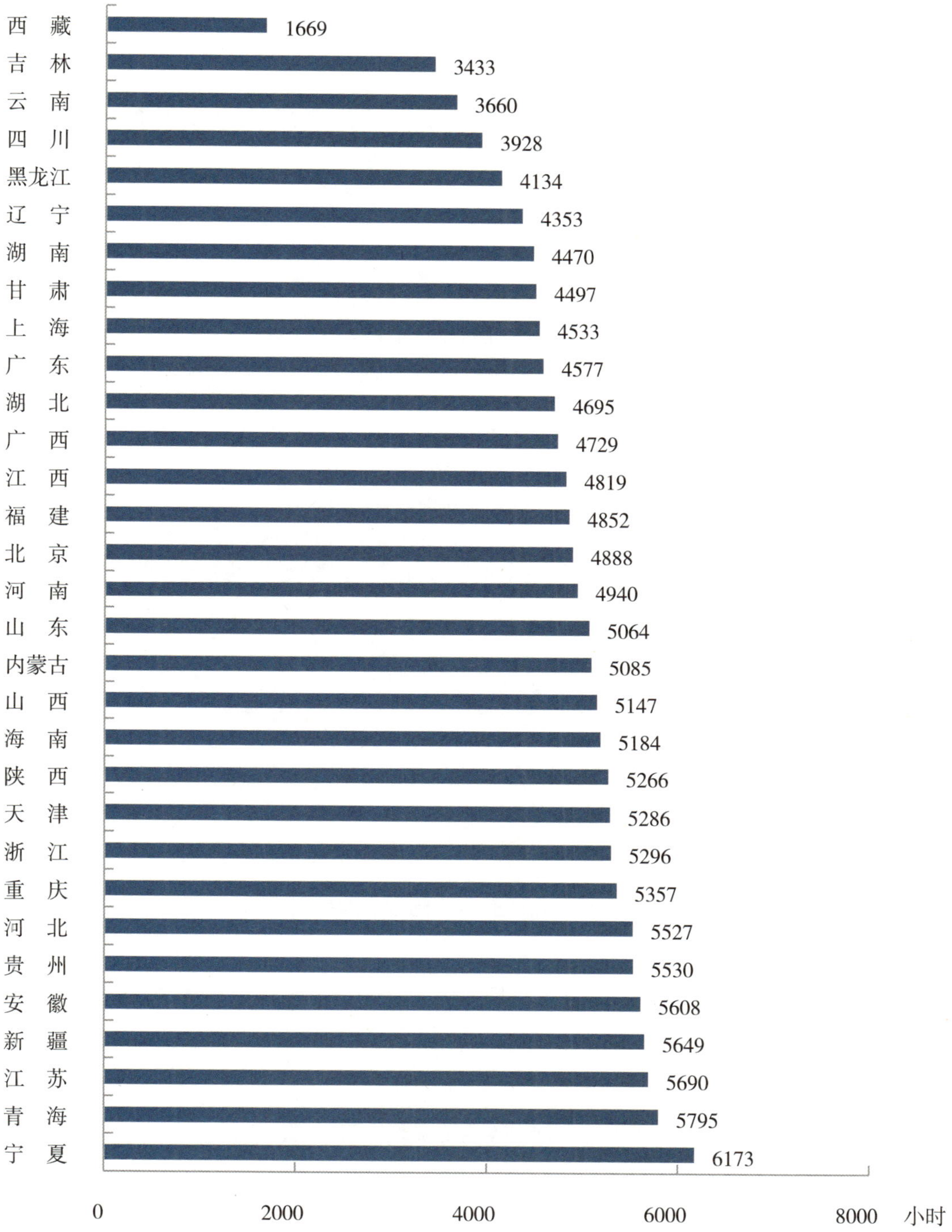

图14–11　2013年中国分地区火电设备平均利用小时数

数据来源：《电力工业统计快报2013》。

第十五章　非化石能源生产与供应

2013年中国非化石能源发电总量超过1.1万亿千瓦时，同比增长9.3%；占总发电量的21.6%，较2012年提高0.3个百分点。其中，水电发电量增速放缓，仅同比增长5%，核电、风电发电量分别同比增长14%、36.3%；太阳能发电量增长140%，见表15–1。

表15–1　　2006～2013年中国非化石能源发电情况

项目	2006年	2007年	2008年	2009年	2010年	2011年	2012年	2013年
非化石能源发电量（亿千瓦时）	4758	5437	6480	6695	8112	8303	10591	11574
增长率（%）	4.84	14.29	19.17	3.32	21.16	2.35	27.55	9.28
占总发电量比重（%）	16.69	16.66	18.78	18.19	19.19	17.55	21.30	21.64

数据来源：《电力工业统计资料汇编》、《电力工业统计快报2013》。

第一节　水电生产与供应

近年来水电发电量总体呈增长趋势，但受来水偏枯影响，2013年水电发电量同比仅增长5%，回落近23个百分点，水电设备平均利用小时数减少273小时。

一、水电发电量约9000亿千瓦时，增速回落近23个百分点

2012年由于来水偏丰，加之上年基数较小，当年水力发电增速超过25%，为近年来最快增长；2013年，受夏季大范围持续高温天气的影响，水力发电受到影响，增速明显回落，全年发电量8963亿千瓦时，增长率不到5%，较2012年回落近23个百分点。如图15–1所示，水电发电量整体呈增长趋势，但增长率受气候因素影响波动较大，占发电总量的比重则基本维持在16%左右。

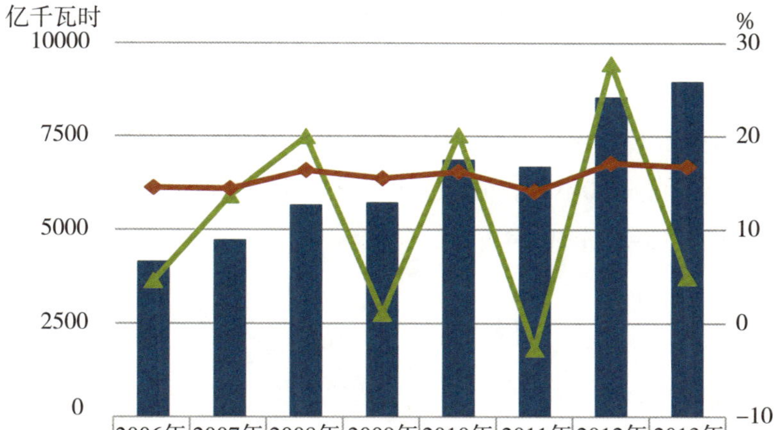

	2006年	2007年	2008年	2009年	2010年	2011年	2012年	2013年
水电发电量（亿千瓦时）	4148	4714	5655	5717	6867	6681	8540	8963
增长率（%）	4.64	13.64	19.98	1.08	20.12	−2.71	27.82	4.96
占比（%）	14.55	14.44	16.39	15.53	16.24	14.12	17.17	16.76

图15-1　2006～2013年中国水电发电量、增长率及比重

数据来源：《电力工业统计资料汇编》、《电力工业统计快报2013》。

根据IEA统计数据，2012年美国、日本水电发电量分别为2800亿千瓦时、114亿千瓦时，根据中国电力企业联合会发布数据，同期中国水电发电量为8540亿千瓦时，远高于美国、日本等国家。从水电占发电量的比重来看，中国仅为17.2%，虽高于美国、日本，但远低于挪威的96.6%，如图15-2所示。

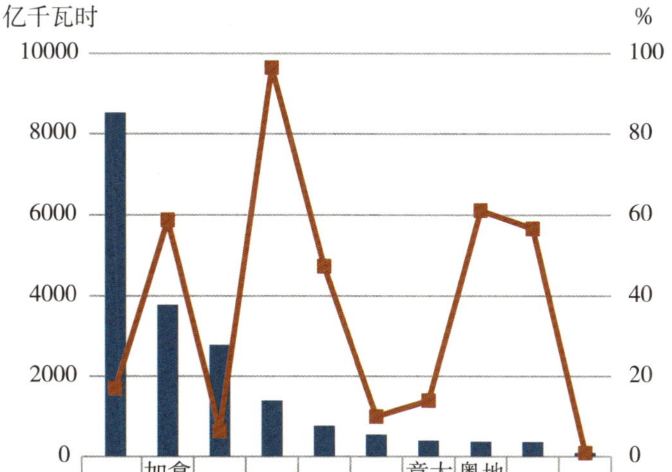

	中国	加拿大	美国	挪威	瑞典	法国	意大利	奥地利	瑞士	日本
水电发电量（亿千瓦时）	8540	3800	2800	1418	786	564	419	396	386	114
占比（%）	17.17	58.9	6.5	96.6	47.5	10.2	14.2	61.3	56.8	1.1

图15-2　2012年水电发电量及占比的国际比较

数据来源：中国数据来自《电力工业统计资料汇编2012》，其他国家数据来自国际《OECD国家能源平衡表2013》。

二、水电设备平均利用小时数减少273小时，甘肃、宁夏、四川超4000小时

2013年中国6000千瓦及以上电厂水电设备平均利用小时数为3318小时，较2012年减少273小时，同比下降7.6%。与2010年相比，水电设备平均利用小时数减少86小时。分地区看，甘肃、宁夏、四川水电设备平均利用小时数均超过4000小时，分别为4599小时、4538小时和4416小时。山东、北京、河北、江苏均低于1000小时，如图15-3、图15-4所示。

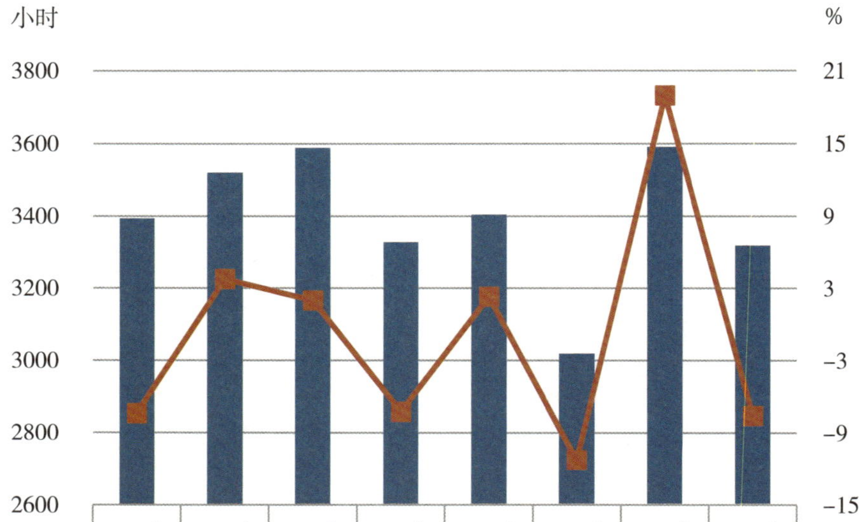

	2006年	2007年	2008年	2009年	2010年	2011年	2012年	2013年
水电设备平均利用小时数（小时）	3393	3520	3589	3328	3404	3019	3591	3318
增长率（%）	−7.40	3.74	1.96	−7.27	2.28	−11.31	18.95	−7.60

图15-3　2006～2013年中国水电设备平均利用小时数

注：统计口径为全国6000千瓦及以上电厂。

数据来源：《电力工业统计资料汇编》、《电力工业统计快报2013》。

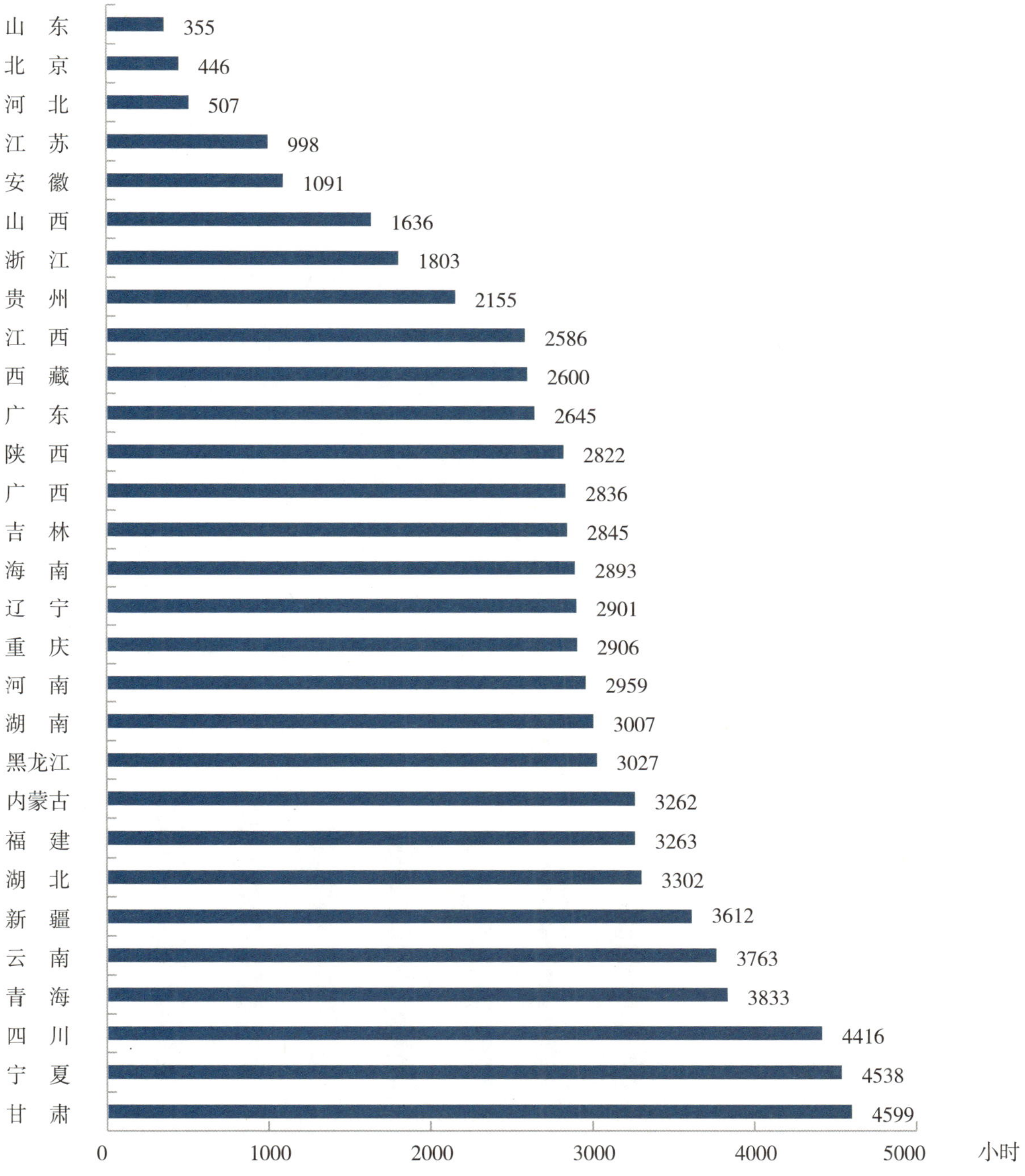

图15-4　2013年中国分地区水电设备平均利用小时数

注：图中未包括天津、上海，因两地区水电设备利用小时数为0。

数据来源：《电力工业统计快报2013》。

第二节　新能源生产与供应

2013年核电、风电发电量分别为1121亿千瓦时、1401亿千瓦时，同比增长14%、36.3%；太阳能发电量87亿千瓦时，同比增长1.4倍。核电、风电发电设备平均利用小时分别为7893小时、2080小时，同比提高38小时、151小时。

一、核电发电量增长较快，发电设备利用小时数提高38小时

2013年中国核电发电量为1121亿千瓦时，较2012年增加138亿千瓦时，同比增长13.97%，是“十一五”期间平均增长率（7.2%）的2倍左右。根据IEA统计数据，2012年美国、德国、日本的核电发电量分别为7997亿千瓦时、995亿千瓦时和112亿千瓦时。根据中国电力企业联合会发布数据，同期中国核电发电量为983亿千瓦时，仅为美国的12.3%。从比重上看，中国核电比重低于美国、德国16.7个百分点、14.3个百分点，略高于日本，如图15-5、图15-6所示。

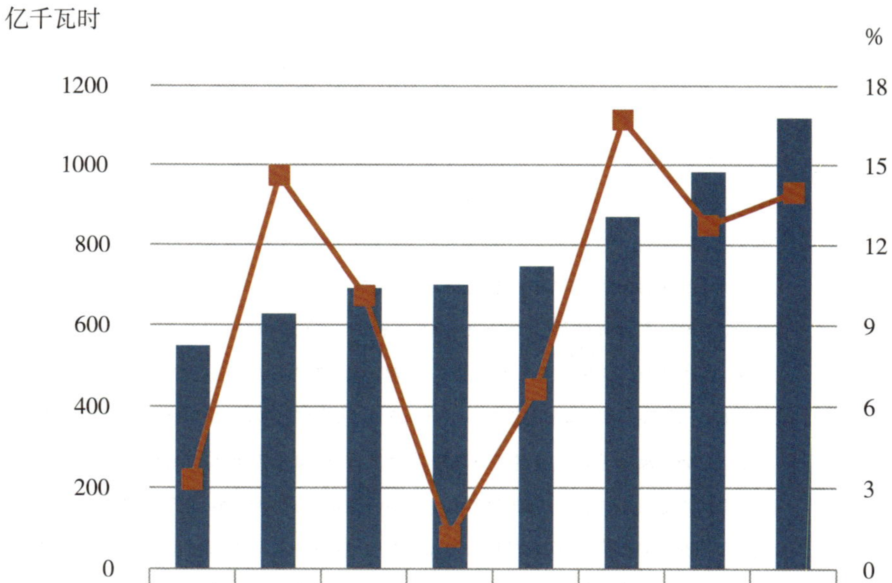

	2006年	2007年	2008年	2009年	2010年	2011年	2012年	2013年
核电发电量（亿千瓦时）	548	629	692	701	747	872	983	1121
增长率（%）	3.31	14.62	10.11	1.20	6.64	16.73	12.75	13.97

图15-5　2006～2013年中国核电发电量及增长率

数据来源：《电力工业统计资料汇编》、《电力工业统计快报2013》。

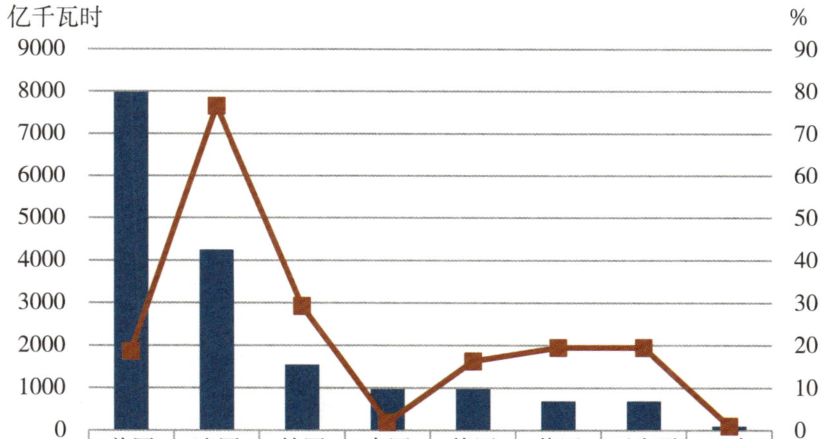

	美国	法国	韩国	中国	德国	英国	西班牙	日本
核电发电量（亿千瓦时）	7997	4254	1549	983	995	704	704	112
占比（%）	18.7	76.6	29.3	2.0	16.3	19.5	19.5	1.1

图15-6　2012年核电发电量及占比的国际比较

数据来源：中国数据来自《电力工业统计资料汇编2012》，其他国家数据来自国际《OECD国家能源平衡2013》。

2013年中国6000千瓦及以上电厂核电设备平均利用小时数为7893小时，较2012年提高38小时，同比增长0.5%。近些年来核电设备利用小时不断增长，与2010年相比，提高53小时。分地区看，福建、辽宁、江苏、浙江、广东分别为8471、8438、8344、7869、7543小时，如图15-7所示。

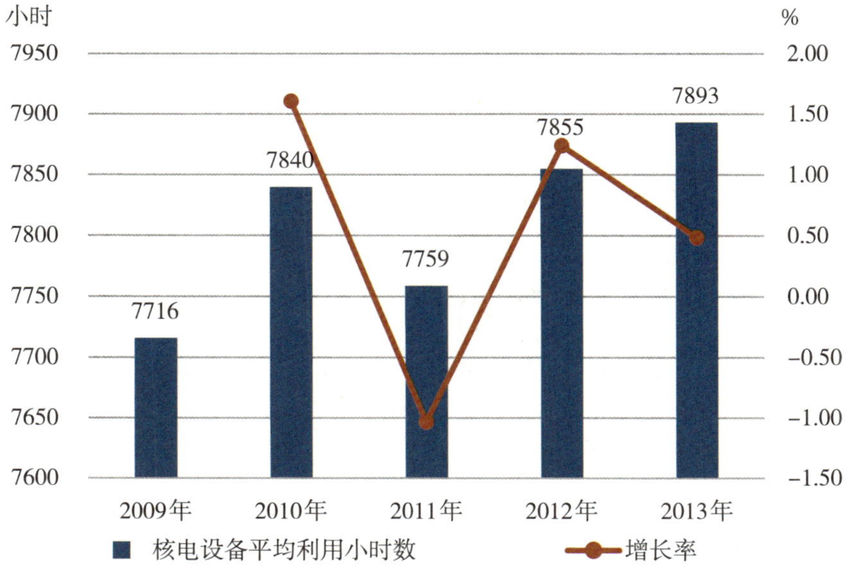

图15-7　2009~2013年中国核电设备平均利用小时数及增长率

注：统计口径为全国6000千瓦及以上电厂。

数据来源：《电力工业统计资料汇编》、《电力工业统计快报2013》。

二、风电发电量突破1400亿千瓦时，发电设备平均利用小时数大幅增加

2013年中国风电发电量为1401亿千瓦时，较2012年增加373亿千瓦时，同比增长36.3%，增长率不到“十一五”期间平均增长率（99.6%）的一半，增速继续放缓（见图15-8），但是仍明显高于同期除光伏发电以外其他电源发电量增速。

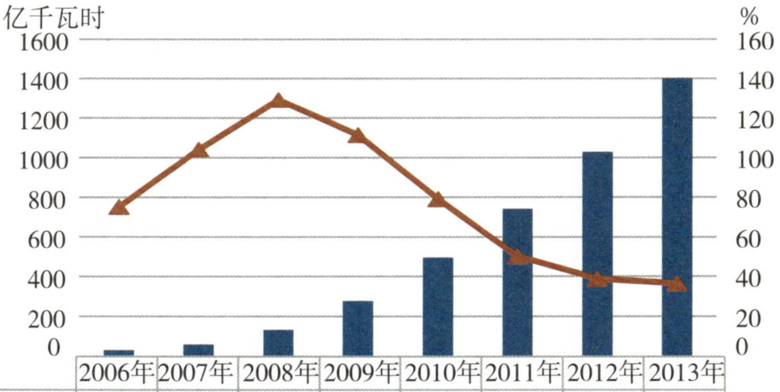

	2006年	2007年	2008年	2009年	2010年	2011年	2012年	2013年
并网风电发电量（亿千瓦时）	28	57	131	276	494	741	1028	1401
增长率（%）	75.0	103.9	129.1	111.1	78.9	50.0	38.7	36.3

图15-8　2006~2013年中国风电发电量及增长率

数据来源：《电力工业统计资料汇编》、《电力工业统计快报2013》。

2013年中国6000千瓦及以上电厂风电设备平均利用小时数为2080小时，较2012年提高151小时，同比增长7.8%。在经历2011年低点后，近两年逐渐回升，与2010年相比，风电设备平均利用小时数提高33小时。分地区看，云南、福建、新疆居前三，分别为2919、2745小时和2534小时；重庆、陕西、吉林居后三，分别为1298、1709、1725小时，如图15-9、图15-10所示。

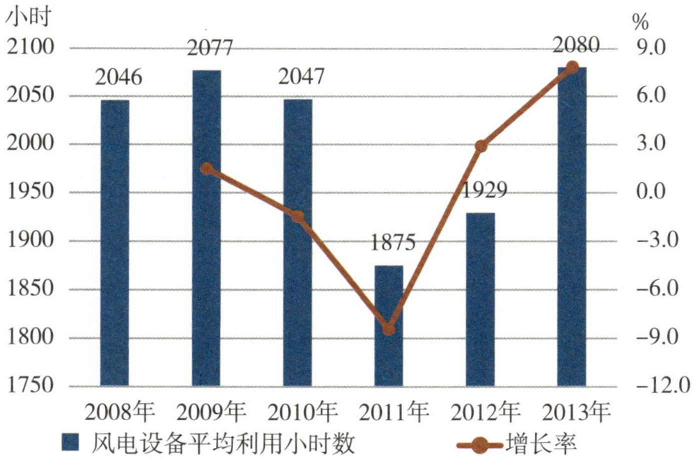

图15-9　2008～2013年中国风电设备平均利用小时数及增长率

注：统计口径为全国6000千瓦及以上电厂。

数据来源：《电力工业统计资料汇编》、《电力工业统计快报2013》。

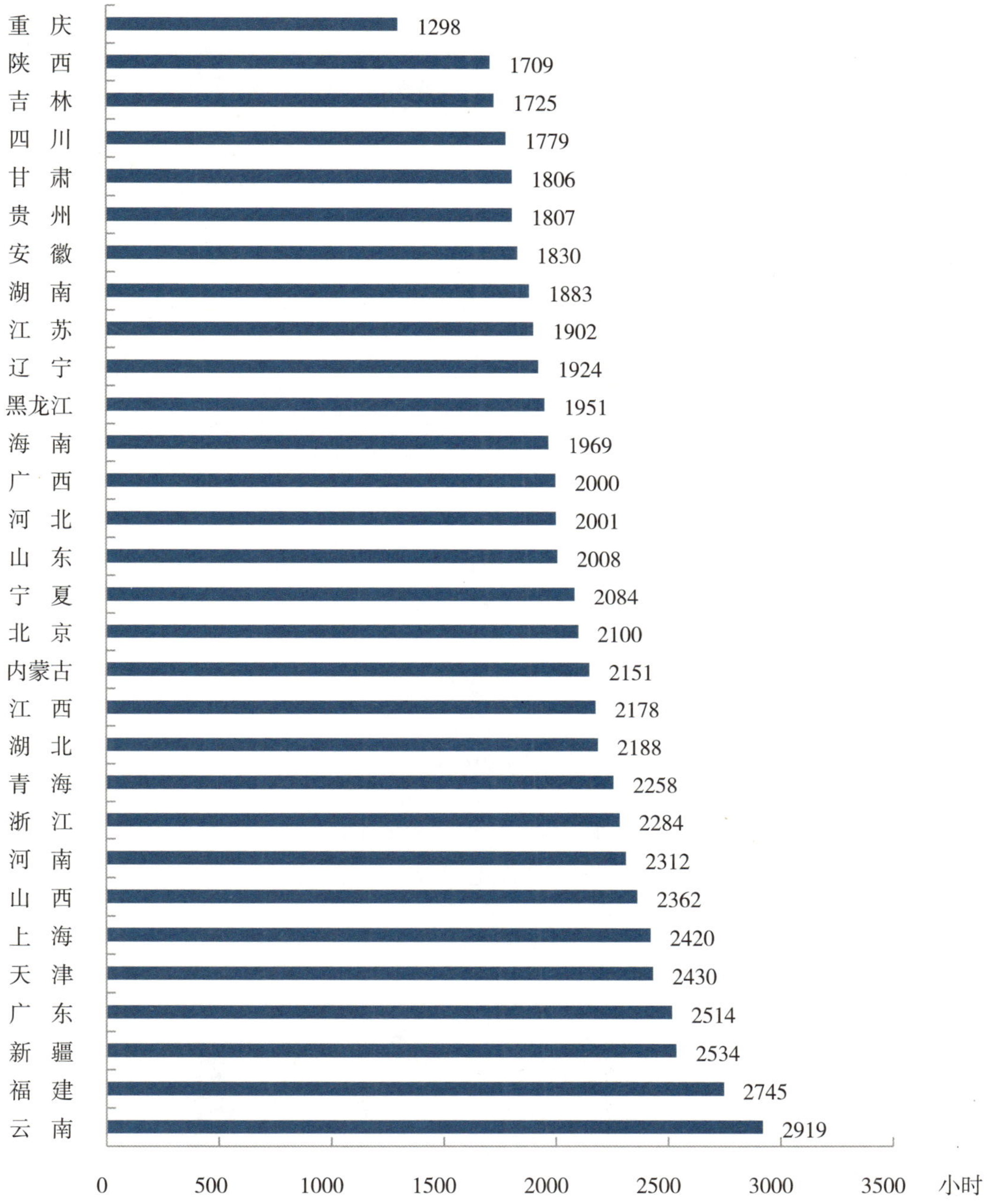

图15–10　2013年中国分地区风电设备平均利用小时数

注：图中不包括西藏数据。

数据来源：《电力工业统计快报2013》。

中国风能潜在可开发量27.5亿千瓦，其中陆地50米高风资源量25.6亿千瓦，近海水深5～25米、功率密度不低于300瓦/米^{2}风资源量1.9亿千瓦，见表15–2。

表15-2 **中国风能资源潜在开发量**

区域	项目			
陆地	离地面高度（米）	潜在开发量（亿千瓦）	技术开发量（亿千瓦）	技术开发面积（万千米^2）
	50	25.6	20.5	56.6
	70	30.5	25.7	70.5
	100	39.2	33.7	94.8
近海	风能资源区划等级	4级及以上风功率密度≥400瓦/米^2（亿千瓦）	3级及以上风功率密度≥300瓦/米^2（亿千瓦）	3级及以上风能资源中3级所占比例（%）
	离岸50千米以内	2.3	3.8	0.4
	离岸20千米以内	0.7	1.4	0.5
	近海水深5~25米	0.9	1.9	0.5

注 潜在可开发量是风功率密度达到300瓦/米^{2}的区域内，考虑到风电开发的主要自然地理和国家基本政策等因素后，计算出的风能资源储量；技术可开发量是装机容量超过1500千瓦/千米^{2}区域的潜在开发量综合；技术开发面积是装机容量超过1500千瓦/千米^{2}区域面积的综合。

数据来源：水电水利规划设计总院。

三、太阳能发电快速发展，但比重不足0.2%

2013年中国太阳能发电量为87亿千瓦时，与2012年的36亿千瓦时相比，同比增长1.4倍。2010年太阳能发电量只有1亿千瓦时，"十二五"前三年太阳能发电实现了跨越式发展，如图15-11所示。

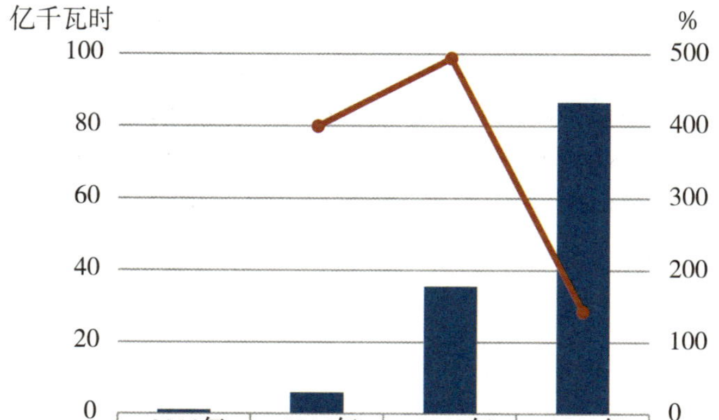

	2010年	2011年	2012年	2013年
并网太阳能发电量（亿千瓦时）	1	6	36	87
增长率（%）	—	400.0	494.5	143.0

图15-11 2013年中国太阳能发电量及增长率

数据来源：《电力工业统计资料汇编》、《电力工业统计快报2013》。

“十二五”以来太阳能发电比重逐步提高，但由于中国的太阳能发电仍处于发展初期，太阳能发电的比重仍处于低水平。2013年中国太阳能发电量在总发电量中的比重为1.62‰，较2012年提高0.9个千分点，如图15-12所示。

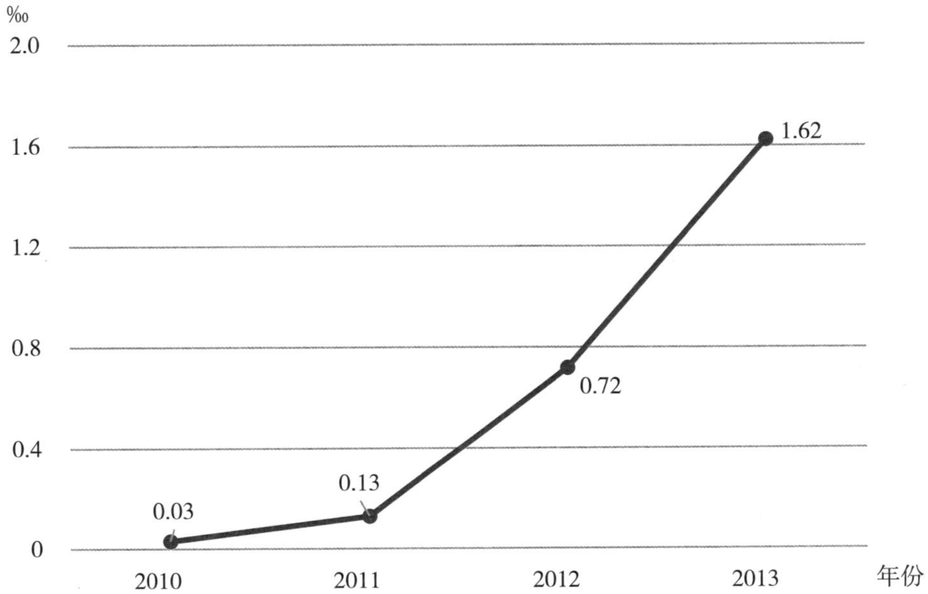

图15-12 2010~2013年中国太阳能发电量占总发电量比重

数据来源：《电力工业统计快报2013》。

第四篇 能源价格与绩效

2013年中国能源价格与绩效受宏观经济形势影响较大，国内主要能源的价格水平受供需因素影响明显，且随着能源价格改革的不断深入，国内市场与国际能源价格的挂钩日益密切。其中，煤炭价格呈U形走势，前三季度持续下行，四季度止跌回稳，环渤海动力煤平均价格（5500千卡）9月底降至全年最低点530元，较年初下滑103元，跌幅达到16.3%，年末收于631元/吨，与年初基本持平。国际煤炭价格走势与国内基本一致，四季度回稳至85美元/吨左右，国内外价差有所收窄，但进口煤价格仍低于国内煤炭价格。国际油价波动频繁，WTI和布伦特价差缩小，国内成品油调价机制进一步完善，全年实现8次上调，7次下调。天然气价格改革有所推进，针对非居民用天然气进行了提价，并区分了存量气和增量气，经过调整后，全国平均门站价格由每立方米1.69元提高到每立方米1.95元，涨幅为15.3%，居民用气和非居民用气的价差明显拉大。电力方面，销售电价分类结构调整为以用电负荷特性为主分类，将之前8大类销售电价归并为居民生活、农业生产、工商业及其他用电价格3个用电类别，并下调多省区燃煤发电企业脱硫标杆上网电价，提高可再生能源电价附加标准；非化石能源方面，太阳能发电以三类资源区分别执行0.9元/千瓦时、0.95元/千瓦时、1元/千瓦时的标杆上网电价，并对分布式光伏发电实行0.42元/千瓦时的电价补贴，核电新建核电机组实行0.43元/千瓦时的标杆上网电价。

能源绩效上，煤炭市场不景气，煤炭行业的盈利能力大幅下降，规模以上工业企业利润总额2369.9亿元，同比下降33.7%。油气开采加工业盈利水平下滑，中石油在勘探生产板块实现经营利润1896.98亿元，比2012年减少11.7%，中石化、中海油在勘探生产板块的经营利润也有所下降，精炼石油产品制造企业累计亏损227家，比2012年增长了7.1%。天然气价格倒挂现象有所缓解，天然气与管道业务有望成为国内石油公司新的增长极，2013年中石油在天然气与管道板块经营利润288.88亿元，实现扭亏为盈。发电企业利润大幅增加，火电业务亏损情况明显改善，水电盈利水平下滑，2013年五大发电集团利润总额达740.34亿元，创近年来新高，其中净利润增长3.6倍。

第十六章　煤炭价格与绩效

2013年煤炭市场总体供过于求，第四季度有所改善。国内、国际煤炭价格总体呈U形走势，前三季度价格下行，第四季度受季节因素与库存变动的影响，价格止跌回稳。煤炭行业盈利能力有所下降，主营活动利润跌幅达到44.1%。煤矿安全生产水平持续提高，百万吨死亡率下降至0.288。但煤炭市场依然存在诸多问题，影响到煤炭行业的健康发展，这些问题在未来需要获得更多关注。

第一节　煤炭价格

2013年煤炭市场总体供过于求，但进入第四季度后，供求关系有所改善。受供需状况影响，煤炭价格前三季度持续下滑，第四季度有所好转。

2013年上半年，一方面，受宏观经济影响，煤炭需求不旺；另一方面，国内产能持续释放、进口数量攀升，煤炭供过于求，价格一路走低。环渤海动力煤平均价格（5500千卡）在9月底降至全年最低点530元/吨，价格较年初下滑103元/吨，跌幅达到16.3%。10月上旬随着供求关系的改善，煤炭价格企稳回升，11～12月回升速度有所加快。12月末冲高至631元/吨，与年初基本持平。

太原煤炭交易中心动力煤（5500千卡）平均价格5～7月大幅下降，之后保持平稳，第四季度略有回升。年末价格为460元/吨，较第一期（2013年5月23日）价格下跌37元/吨，降幅达到7.4%，如图16–1所示。

国际方面，2013年国际市场供应总体宽松，国际主要港口煤炭价格先降后升。受全球经济复苏乏力，主要煤炭消费国煤炭需求持续低迷的影响，国际煤炭市场供给宽松，一～三季度主要港口现货价格普遍较年初下跌10～20美元/吨。第四季度需求回暖，煤炭价格有所回升。及至年末，华南主要港口澳大利亚、印尼动力煤到岸价仍低于国内煤炭价格，如图16–2所示。

第二节　煤炭行业绩效

2013年，受宏观经济形势影响，主要耗煤行业弱势运行，煤炭需求增速下降，煤炭市场景气指数持续处于负值，12月份指数为–5.5。煤炭行业的盈利能力有所下降。根据国家统计局数据，2013年规模以上

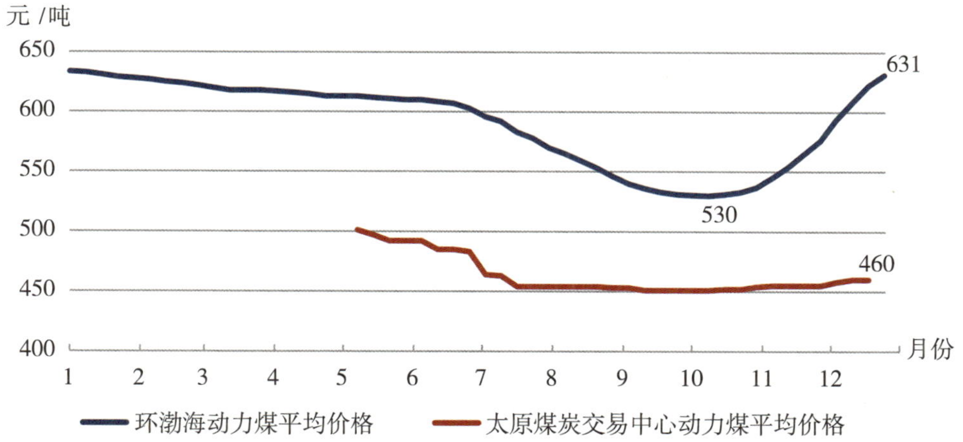

图16–1　2013年环渤海动力煤太原煤炭交易中心动力煤平均价格

注：太原煤炭交易中心动力煤平均价格于2013年5月23日开始发布。

数据来源：秦皇岛煤炭交易中心、中国（太原）煤炭交易中心。

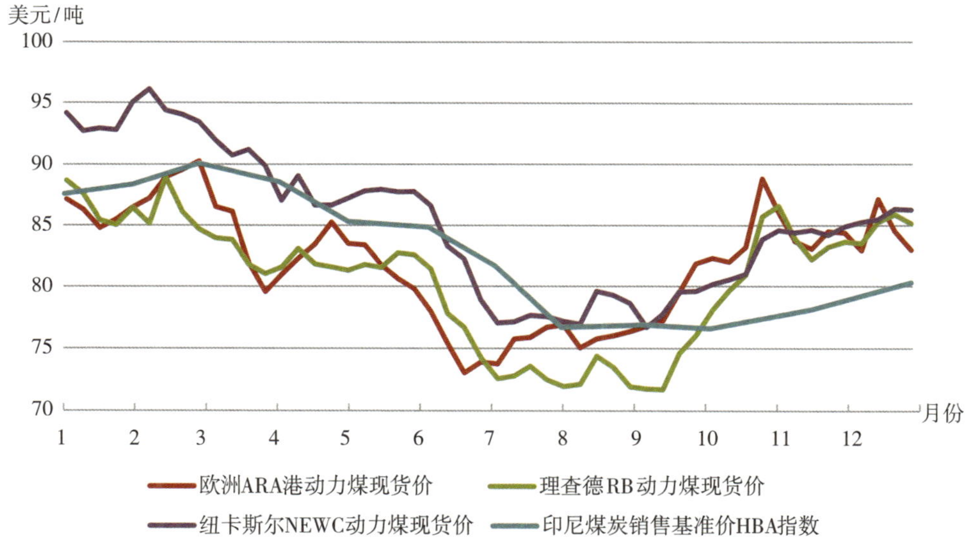

图16–2　2013年国际主要港口动力煤价格

数据来源：中国煤炭运销协会网站。

工业企业中，煤炭开采和洗选业主营业务收入全年累计32404.7亿元，同比下滑2.6%；利润总额2369.9亿元，同比减少33.7%；其中，主营活动利润2034.9亿元，跌幅达到44.1%。

2013年，国家继续加大煤矿安全监察监管力度，继续深入开展煤矿瓦斯集中整治，加快生产矿井技术改造和大中型现代化煤矿建设步伐，煤矿安全形势稳定好转。2013年全国煤矿发生事故589起，死亡和失踪1049人，同比减少190起、335人，分别下降24.4%和24.2%。百万吨死亡率由2012年的0.37下降到0.288，同比下降23.0%，如图16–3所示。

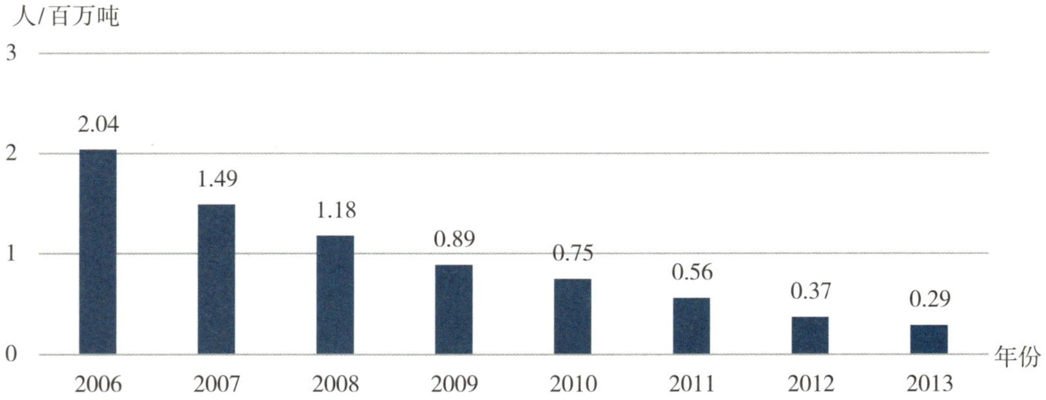

图16-3　2006～2013年中国煤矿事故死亡率

数据来源：国家煤矿安全监察局。

第三节　重点关注

煤炭是中国的基础能源和重要工业原料，煤炭工业健康发展关系国家能源安全和经济安全。但是中国人均煤炭资源低于世界平均水平的50%，保障能力不足；煤炭工业长期粗放发展积累的矛盾仍然很突出，产能过剩压力大，产业集中度低，结构调整与转型发展的任务艰巨；资源浪费和环境污染严重；部分地区煤炭勘探开发秩序混乱，生产安全事故多发；税费混乱造成了使得财政收入流失、企业负担增加，因此，加快煤矿企业兼并重组、推进煤炭清洁利用水平、加速资源税改革等措施，对于规范煤炭开发秩序、化解过剩产能压力、调整优化产业结构、提高发展质量和效益，以及实现长期可持续发展有重大意义，在未来应得到更多的关注。

一、煤炭采选业超前投资逐步释放，化解产能过剩压力明显

产能过剩是中国煤炭行业面临的重要问题。当前煤炭采选业存在大量超前投资的状况，2006~2013年，煤炭采选业固定资产投资总额约2.8万亿元，形成产能近40亿吨/年，超过国家“十二五”规划的39亿吨/年的产能，随着项目工程的推进，产能将在今后的几年内逐步释放。同时，下游需求增速放缓，进口煤的大量进入使得东南沿海主要用煤企业拥有了更多的选择，供过于求的形势加剧，煤炭行业在未来几年继续面临严重的产能过剩的问题。

缓解产能过剩的问题，一方面要对新的煤炭采选业固定资产投资进行严格限制，充分考虑环境保护与资源合理利用，对技术条件较差、规模较小的煤矿投资应严格限制，从源头上化解新增产能；另一方面，对于已经形成的产能，则需将产量过小、经济与环境效益相对较差的煤矿进行整合与关停，同时妥善处理退出产能可能造成的后续环境问题与社会问题。

二、煤炭清洁利用水平亟待提高，新型煤化工发展需谨慎

近年来华北、华东地区持续出现大范围雾霾天气，大气污染问题严重。2013年9月10日国务院印发《大气污染防治行动计划》(国发〔2013〕37号)。具体目标到2017年，大气污染有明显改善。长期以来，煤炭的粗放生产与加工转化利用方式，成为加剧大气污染的重要原因之一。煤炭在中国能源品种中处于基础地位，2013年中国煤炭占能源消费总量的66.1%，在原有的基础上提高煤炭清洁利用水平将成为防治污染的主要手段。

作为清洁利用的另一个重要方向，煤制油、煤制气项目获得更多的关注。在“富煤、贫油、少气”的资源条件下，中国发展煤制油、煤制气是保障油气供应安全和推动能源结构调整的迫切需要和现实选择。但是中国大部分富煤地区水资源缺乏、生态环境脆弱，多数地区可用水量不足，过快发展新型煤化工可能会造成当地环境的破坏。推动项目进度的同时禁止产业盲目发展与无序建设，谨慎评估环境承载能力对于煤化工开发的制约，在煤化工的发展过程中应获得更多的关注。

三、煤炭资源税改革加速，清费立税成为关键

当前，根据1993年颁布的《资源税暂行条例》，煤炭依然按照“从量计征”的方法征税。煤炭行业“黄金十年”中，煤炭价格大幅上涨，部分省市煤炭资源税有所上调，但依然采取“从量计征”的方式；同时地方政府针对煤炭行业设立了多种收费项目。煤炭价格的变化并不影响企业税负，使得企业更偏向于开采优质资源而放弃部分劣质资源，粗放的生产造成资源浪费。税费共存的情况使得中央财政收入减少、地方税费管理混乱，加重了企业的负担；同时，制度的不健全可能造成腐败滋生，最终影响煤炭产业的健康发展。

随着煤炭供不应求状况的逐步转向，价格持续下跌，煤炭由卖方市场转向买方市场。实施从价计征对于下游产业影响较小，是推进资源税改革的较好时机。在推进资源税改革的过程中“清费立税”，中央、地方、企业三方面重新合理分配，保证中央与地方财政收入的同时，减轻企业的税费负担，将成为资源税改革的关键。

四、煤炭铁路运输瓶颈依然存在，区域输送能力有待增强

目前，中国煤炭生产增量主要集中在内蒙古、山西、陕西、新疆等省份，今后的煤炭生产将继续向西部集中，煤炭产地与主要消费地分离的矛盾将更加突出。在煤炭价格持续下行的状态下，成本相对较高的汽运所占比重下降，铁路运输已经成为影响中国煤炭市场供需关系的主要因素之一。原有主要煤运通道，如大秦线、丰沙大线、集通线、石太线、邯长线、侯月线、太焦线等铁路线扩能潜力较小。煤炭运输区域分布与季节波动的情况依然存在，雨雪冰冻等恶劣天气下，煤炭运输依然存在一定限制。

在原有基础上针对煤炭紧缺的区域，修建新的铁路将成为重要的解决方式。在资金来源上，逐步放开投资限制，将民间资本引入铁路建设。同时，在保证清洁、环保的前提下，建设大型煤炭基地，在煤源地对煤炭资源就地转化，加强区域送电的能力，将进一步缓解煤炭资源区域分布的矛盾。

第十七章　石油价格与绩效

2013年世界石油市场供需宽松局势仍持续，国际油价呈现两轮“升—降”走势。全年WTI均价略有回升，布伦特均价小幅回落。国内成品油价格年内共历经了15次调整，其中7次下调、8次上调。全年汽油累计上调5元/吨，柴油累计下调15元/吨。中国油气开采加工业继续盈利，炼油厂开工率呈连年下降的趋势。

第一节　石油价格

2013年，世界石油供需基本面相对宽松，WTI与其他基准油价差总体收窄。WTI原油现货年平均价为97.89美元/桶，同比上升3.73美元/桶；布伦特原油现货年平均价为108.66美元/桶，同比下降2.92美元/桶。

2013年国内油价年内共历经了15次调整，其中“8涨7跌”。据统计，全年调价汽油累计上调5元/吨，柴油下调15元/吨，与年初价格基本持平。

一、国际油价波动频繁，WTI与布伦特价差缩小

尽管2013年全球石油供需宽松，但受伊朗、叙利亚、埃及、利比亚、尼日利亚、南北苏丹等国家和地区的局势动荡，发达国家持续宽松的货币政策，投机资本的炒作等非基本面因素的影响，国际油价仍然维持高位。布伦特原油现货价格在100~120美元/桶之间波动，年平均价为108.66美元/桶，同比下降2.92美元/桶。WTI与国际主要基准油价下跌走势不同，受美国经济复苏好于预期、石油需求结束连续数年下降势头、库辛地区原油运输瓶颈略有缓解等因素影响，现货均价同比上升3.73美元/桶，达到97.89美元/桶，与布伦特的价差由2012年的17.42美元/桶缩减至10.77美元/桶。

2013年国际油价总体呈两轮“升—降”走势，年底出现翘尾：

第一轮升降：1月1日～4月17日。1～2月上旬，在欧佩克减产、投资者对全球经济信息增加等因素的影响下，国际油价总体走高。WTI和布伦特原油期货价格分别从92.8美元/桶和113.4美元/桶升至97.4美元/桶和119美元/桶，涨幅均为4.9%。2月中旬到3月底，差异化的影响因素导致WTI和布伦特原油价格走势出现分化，WTI原油价格先升后降再升，布伦特原油价格持续回落。3月末，WTI原油期货价格升至97.1美元/

桶，布伦特原油期货价格降至107.4美元/桶。4月份，欧美经济数据疲软、美国原油库存创历史新高，国际油价大幅度回落，WTI和布伦特原油期货价格分别降至86.68美元/桶和97.69美元/桶。

第二轮升降：4月18日～11月底。4月18日后，随着叙利亚危机不断发酵，以及日本、欧盟推出货币刺激政策，国际油价开始震荡上升。8月，利比亚工人罢工、埃及暴力冲突升级加之叙利亚国内局势越演越烈，8月底WTI和布伦特原油期货价格分别升至110.1美元/桶和116.61美元/桶。但随着叙利亚接受联合国化武销毁协议，危机缓解，布伦特油价应声下跌。10月1日，美国政府非核心部门因财务危机关门，导致油价小幅上升。随后又因美国需求低迷，经济增速过低，油价再次大幅下落。10月底，WTI原油期货价格降至96.38美元/桶，而布伦特原油期货基本围绕106～111美元/桶之间波动。11月份，WTI和布伦特原油价格走势再次出现分化。11月底，WTI原油期货价格降至92.3美元/桶。而利比亚震荡局势支撑了布伦特原油价格，11月底布伦特原油期货价格升至111.31美元/桶。

年底出现翘尾：12月1日～12月底。因美国经济数据表现强劲、美国原油库存大幅减少、利比亚国内骚乱，国际油价震荡上升。12月底，WTI和布伦特原油期货价格分别升至100.32美元/桶和112.18美元/桶，如图17-1所示。

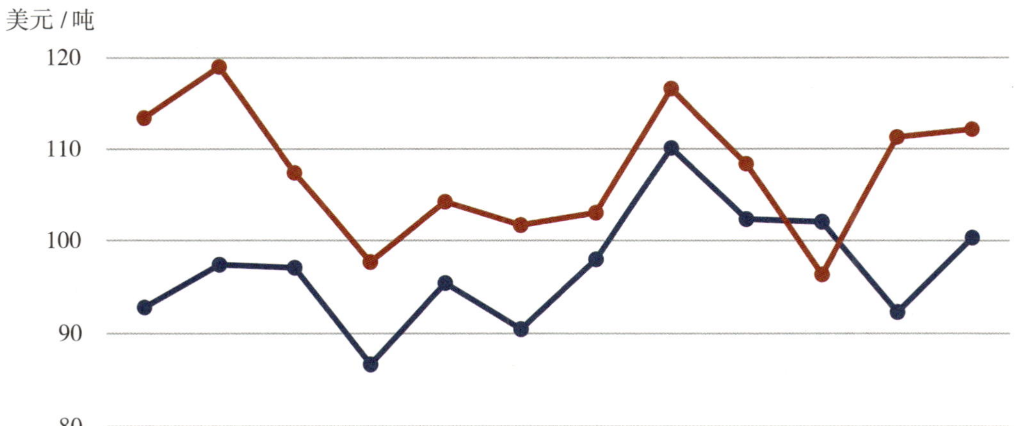

	1月	2月	3月	4月	5月	6月	7月	8月	9月	10月	11月	12月
WTI（美元/吨）	92.8	97.4	97.1	86.68	95.45	90.47	97.99	110.1	102.3	102	92.3	100.3
布伦特（美元/吨）	113.4	119	107.4	97.69	104.2	101.7	103	116.6	108.4	96.38	111.3	112.2

WTI　布伦特

图17-1　2013年WTI和布伦特原油价格

数据来源：本书编写组监测数据。

二、国内成品油调价机制进一步完善，全年油价调整“七下八上”

2013年3月26日，国家发展和改革委员会公布完善成品油价格形成机制的主要内容，一是将成品油调价周期由22个工作日缩短至10个工作日，应调价金额低于每吨50元时价格不作调整，未调金额纳入下次调价时累加或冲抵；二是取消挂靠国际市场油种平均价格波动4%的调价幅度限制；三是适当调整国内成品油价格挂靠的国际市场原油品种。新成品油定价机制自2013年3月27日开始实施。

2013年国内油价共历经了15次调整，其中“8涨7跌”。2013年全年国内油价累计调价汽油上调5元/吨，柴油下调15元/吨，较年初价格水平基本持平。自国内成品油新机制运行以来，汽柴油价格调整已经历了“七涨六跌六不调”，六次搁浅分别在4月10日、5月23日、8月2日、8月16日、10月17日和12月26日，见表17-1。

表17-1　　2013年中国成品油历次调整

时间	调整内容
2013年12月13日	汽、柴油价格每吨上涨60元
2013年11月29日	汽、柴油价格每吨分别上涨160元和155元
2013年11月15日	汽、柴油价格每吨分别下调160元和155元
2013年11月1日	汽、柴油价格每吨下调75元
2013年9月30日	汽、柴油价格分别下调245元、235元
2013年9月14日	汽、柴油价格分别上调90元、85元
2013年8月30日	汽、柴油价格分别上调235元、225元
2013年7月19日	汽、柴油价格分别上调325元、310元
2013年7月5日	汽、柴油价格分别下调80元、75元
2013年6月21日	汽、柴油价格分别上调100元、95元
2013年6月6日	汽、柴油价格分别下调95元、90元
2013年5月9日	汽、柴油价格每吨上调95元
2013年4月24日	汽、柴油价格每吨分别下调395元、400元
2013年3月26日	汽、柴油价格每吨分别下调310元、300元
2013年2月24日	汽、柴油价格每吨分别上调300元、290元

数据来源：国家发展和改革委员会。

第二节　石油行业绩效

2013年中国各大石油公司继续加强勘探开发力度，油气勘探重大发现不断，陆上和海上加强成熟区勘探，积极拓展新区和新领域。在行业绩效方面，2013年中石油在勘探与生产业务实现营业额人民币7836.94亿元，比2012年的人民币7898.18亿元降低0.8%，同时勘探与生产板块经营支出为人民币5939.96亿元，比2012年的人民币5748.63亿元增长3.3%，最后实现经营利润1896.98亿元，比2012年降低11.7%。其主要受原油价格下降、成本费用上升及部分海外资源国油气合作政策趋紧等因素影响，但勘探与生产业务仍是中石油最重要的盈利贡献业务板块。中石化勘探和开发事业部营业利润达544.76亿元，同比下降21.58%。中海油资本支出为人民币924.3亿元，其中尼克森资本支出人民币156.7亿元。

2013年，中国炼油工业总体保持平稳增长态势，炼油能力继续较快增长，原油加工量增速进一步放缓，炼厂开工率略有下滑；装置平均规模继续有所提升，油品质量升级步伐明显加快，装置工艺结构继续调整；炼油布局继续优化，多元化市场主体进一步发展；大批大型新建和改扩建炼油项目继续推进，中国继续成为世界炼油工业建设发展的热点和亮点地区。截止到2013年底，中国原油一次加工能力为6.1亿吨/年，较2012年底增加3310万吨/年，同比增加5.7%，炼能增长率下降0.9个百分点。其中，中石油和中石化合计炼油能力比2012年增加2600万吨，占新增产能的62.2%，其他“中字头”企业炼油能力新增200万吨，而地炼炼油能力新增1860万吨，外资炼油能力仍为824万吨。

根据中国石油和化学工业联合会统计数据，2013年中国精炼石油产品制造企业共有1337家，其中亏损企业累计227家，比2012年增长了7.1%。2013年精炼石油产品制造企业应收账款为650.26亿元，同比2012年增加了1.3%。2013年中国精炼石油产品制造企业产值为669.53亿元，同比2012年增长10.2%。2013年精炼石油产品制造企业的资产累计15604.92亿元比2012年增长12.8%，见表17–2。

表17–2　2013中国精炼石油产品制造业市场经营情况一览表　单位：万元

经济指标		内容
企业数（个）		1337
亏损企业数（个）	1～12月累计	227
	2012年同期	212
	同比（%）	7.1
亏损企业亏损额	1～12月累计	3993275
	2012年同期	6559634
	同比（%）	–39.1
应收账款	1~12月累计	6502562
	2012年同期	6418596
	同比（%）	1.3
产成品	1~12月累计	7378473
	2012年同期	6695253
	同比（%）	10.2
流动资产平均余额	1～12月累计	70638579
	2012年同期	65303776
	同比（%）	8.2

续表

经济指标		内容
存货	1～12月累计	32221384
	2012年同期	28541817
	同比（%）	12.9
资产总计	1～12月累计	156049232
	2012年同期	138281762
	同比（%）	12.8
负债合计	1~12月累计	93186521
	2012年同期	83019692
	同比（%）	12.2
主营业务收入	1~12月累计	346804440
	2012年同期	334976914
	同比（%）	3.5
产品销售成本	1～12月累计	300662486
	2012年同期	294835952
	同比（%）	2.0
产品销售税金及附加	1～12月累计	30690942
	2012年同期	30003005
	同比（%）	2.3
产品销售费用	1～12月累计	1836501
	2012年同期	1768441
	同比（%）	3.8
管理费用	1～12月累计	7141277
	2012年同期	6346419
	同比（%）	12.5
财务费用	1～12月累计	2145624
	2012年同期	2094322
	同比（%）	2.4
利息支出	1～12月累计	2239381
	2012年同期	1949250
	同比（%）	14.9

续表

经济指标		内容
利润总额	1～12月累计	3997863
	2012年同期	−230690
	同比（%）	
利税总额	1～12月累计	45077318
	2012年同期	38337877
	同比（±%）	17.6
应交增值税	1～12月累计	10388513
	2012年同期	8565562
	同比（±%）	21.3

数据来源：中国石油和化学工业联合会，《中国石油和化工经济数据快报》。

第三节　重点关注

当前，中国石油行业既面临着复杂多变的国内外经济形势，又肩负着满足国民经济发展和成品油市场需求的重任。近年来，中国的炼油能力快速增长，成品油净出口量也逐年上升，但由于国内需求放缓，中国炼油能力过剩问题开始显现；雾霾天气日益引发关注，油品质量升级迫在眉睫；同时，“11·22”东黄原油管道复线泄漏爆炸重大事故，暴露了中国石油管道建设快速发展中隐藏的问题，引发了全社会对石油管道安全的关注。因此，国家需进一步加强宏观调控，调整和优化产业结构；同时加快推进油品质量升级，推广替代能源；针对石油行业存在的安全隐患，加强安全管理，进一步落实安全责任制，完善紧急情况应急反应机制，以积极应对石油生产和管道建设中可能存在的安全问题。

一、炼油能力持续扩张，产能过剩要求炼油产业优化调整

近几年各地经常上演的油荒戏码似乎还没谢幕，国内的炼油形势就已经调转船头，陷入到过剩的境地。

这一变化的出现与中国国内炼厂快速上产密切相关。截至2013年底，中国一次炼油产能已经从2003年的3.02亿吨/年达到6.93亿吨/年，年平均增长率在8.68%。也就是说，炼油产能十年翻了一番多。这些新增的产能一半左右其实都没有被消化。2013年，国内成品油需求量2.86亿吨，以国内炼厂平均开工率80%推算，2013年国内需要的炼油产能在5.21亿吨左右，那么，过剩的产能达到了1.72亿吨。

中国炼油能力逐年较快增加，成品油消费增长率连年下降，国内成品油供需开始宽松，汽煤柴油净出口量逐年上升，炼厂开工率持续下降，中国炼油能力过剩问题进一步显现。如不采取及时有效的措施，

炼能过快的增长和成品油消费量增速的放缓的矛盾，将有可能使成品油供需差和净出口量持续扩大，炼油能力走向严重过剩，影响中国炼油工业的健康发展。

从亚太地区成品油市场供大于求的形势看，从中国的石油资源相对短缺的情况看，中国炼油工业的发展不宜走超量进口原油加工，应走适量进口原油加工，以满足国内需求为主，少量出口调节局部或季节性余缺的道路。因此，如何进一步调整和优化产业结构，是未来中国炼油行业不可忽视的问题和挑战。

国家需加强宏观调控，监控炼油扩能计划，进一步完善炼油项目的审批和产业政策，一方面采取有效措施，控制炼能过快增长；另一方面加快炼厂升级改造步伐，适应油品质量升级需要。

二、大气污染日益严重，油品质量升级需加快步伐

为应对中国大中城市出现地越来越频繁的雾霾天气，2013年国家出台了加快油品质量升级步伐的具体措施和进度要求。2014年元旦全国范围内推广国Ⅵ汽油，硫含量降至50毫克/升，2014年底前将把目前执行的柴油国Ⅲ标准升级至国Ⅳ标准，硫含量由目前的350毫克/升进一步降至50毫克/升。目前，北京、上海、广州三地领先一步分别进入国Ⅴ和国Ⅳ标准性指标。国内中石化、中石油等主要炼油企业根据国家和有关地方政府的新标准要求加大投入，加大技改力度，2014年需要进一步建设和完成大批质量升级改造项目，有序地推进油品质量升级工作，才能确保进度目标的如期实现。

中国未来替代能源的开发仍将主要集中在天然气、煤制油、煤基醇醚燃料、生物燃料和电动汽车领域。基于煤制油日益显著地经济效益以及不断完善的工艺技术，国家对煤制油项目审批松动，数个百万吨级煤制油项目陆续启动，煤制油产量有望进一步提升。随着多个煤制油项目投产后，未来中国煤制油总产能将达千万吨级以上。

三、石油管道安全运行任务艰巨，亟须加强隐患排查和安全监管

2013年“11·22”东黄原油管道复线泄漏爆炸事故，在2013年底引发了全社会对石油管道安全的关注。事故发生后，相关石油企业迅速启动安全生产大检查，全面排查各类管网隐患，排查范围包括厂内、厂际的原油、成品油、液化气和原料互供的管道。陕西、河北、山东和北京等地也迅速作出反应，结合当地安全生产工作实际，根据国家和地方石油管道保护政策法规，开展以输油管道安全行为为重点的安全专项检查。

随着城市扩张和人口聚集，石油管线与市政管网的矛盾冲突在全国已成为一个普遍现象；同时，中国正处于新一轮石油管网建设高峰期，不仅拥有大量的“幼龄化”石油管道，又有相当比例进入“老龄化”的石油管道，以及相当比例进入“老龄化”的管线，石油管道泄漏事故也处于高发期。两相叠加，风险陡增。

石油管道由投产至终结，老龄和幼龄管道易发生事故，其发生事故的概率呈现U形，即所谓的“浴盆曲线”。近两年，国内投运了大量的石油管道，这些幼龄管道由于管材质量、设计缺陷、焊接质量和施工

质量问题，可能会存在一定的隐患。国内已有6280千米原油管道服役超过20年，约占现役原油管道里程的32%，由于外部干扰、腐蚀、管材和施工质量等原因，这些老龄石油管道已进入事故多发期。因此，中国石油管道安全运行任务非常艰巨。

“11·22”事故暴露了中国石油管道建设快速发展中隐藏的问题，既有企业管理不力和应急措施不当，也有管道法规执法不严和各种市政规划不当，应当受到各方面的关注和重视。有关企业要加强管道安全管理，进一步落实安全责任制，完善紧急情况应急反应机制；相关部门应当进一步完善管道通行权等法律定位，加强相关石油管道法规的可操作性和执法力度，对石油管道和市政设施实施统一规划，减少石油管道压占，在规划时减少事故发生的可能性，确保石油管道行业的健康发展。

第十八章　天然气价格与绩效

2013年天然气价格改革进一步深入，各地非居民用气价格最高上调了2～3成。天然气进口价格小幅下降，天然气价格倒挂现象有所缓解。国际市场上，美国、欧洲和亚太三地的价差进一步缩小。面对越来越高的对外依存度，加强进口气来源保障和战略储备建设成为重点。国家也需要考虑进一步开放天然气的市场定价，增加生产销售环节的利润以保证市场正常运行。非常规天然气开发方面，需要相关的政策来保证中小企业投资的积极性。

第一节　天然气价格

2013年国内天然气价改进一步深入，非居民用气价格上调。反映在终端价格上，工业用气上调幅度在3%~22%之间，车用气上调幅度在4%~30%之间。进口气价格与国内天然气价格的倒挂现象有所缓解，LNG到岸均价2.45元/米^3，同比下降3.9%；管道气进口到岸均价为2.40元/米^3，同比下降2.4%。国际天然气市场上，北美、欧洲天然气价格同比上涨，亚洲LNG进口价格小幅下降，三地价差有所收窄。

一、天然气价改进一步深入，非居民用气价格上调

2013年7月10日起，根据国家发展和改革委员会下发的《关于调整天然气价格的通知》（发改价格〔2013〕1246号），全国范围进行了天然气的价格改革。新方案针对非居民用天然气，并对未来消费的天然气区分存量气和增量气[1]。对于存量气，门站价格每立方米提价幅度最高0.4元，其中化肥用气最高不超过2.5元。而增量气门站价格按照广东、广西试点方案中的计价办法，一步调整到2012年下半年以来可替代能源价格85%的水平，并不再按用途进行分类。经过此次调整后，全国平均门站价格由每立方米1.69元提高到每立方米1.95元。天然气价格管理由出厂环节调整为门站环节，门站价格为政府指导价，实行最高上限价格管理，供需双方可在国家规定的最高上限价格范围内协商确定具体价格。同时为鼓励非常规气的开发利用，页岩气、煤层气、煤制气出厂价格，以及液化天然气气源价格放开，也由供需双方共同确定。

❶ 存量气为2012年实际使用气量，增量气为超出部分。存量气量一经确定，上游供气企业不得随意调整，用户不得互相转让。

此次价改通知发布之后，多地根据通知规定的最高门站价格对非居民用气的终端价格进行了上调。其中，工业用气价格上调幅度在3%~22%之间，而车用气上调幅度更大，在4%~30%之间，见表18-1。

表18-1　　2013年中国重点城市天然气终端用户价格　　元/米^3

城市	居民用气	公共服务业用气	工业用气	车用气
北京	2.28	3.23	3.23	5.12
天津	2.4	3.25	3.25	4.2
石家庄	2.4	2.95	3.45	3.75
呼和浩特	1.82	2	1.92	3.56
沈阳	3.3	3.9	3.9	4.7
长春	2.8	3.2	2.53	4.42
哈尔滨	2.8	4.3	4.3	4.5
上海	2.5	3.69	3.99	4.7
南京	2.2	2.95	3.39	4.6
杭州	2.4	3.5	4.84	4
宁波	2.8	4.45	4.45	4.45
合肥	2.33	3.6	3.6	3.98
济南	2.7	3.61	4.14	4.71
青岛	2.4	3.6	3.6	4.45
郑州	2.25	3.16	2.86	3.6
武汉	2.53	4.09	3.41	4.5
长沙	2.45	3	3.48	4.6
南宁	3.86	4.8	4.2	4.95
海口	3.15	3.96	3.98	5.68
重庆	1.72	2.29	2.24	4.6
成都	1.89	2.2	3.25	4
西安	1.98	2.3	2.3	3.55
兰州	1.7	2.57	1.99	3.1
西宁	1.48	2.07	1.7	3.14
乌鲁木齐	1.37	2.11	2.11	4.07

数据来源：各省发展和改革委员会和物价局网站。

二、进口气价格小幅下降，倒挂现象有所缓解

中国天然气进口价格与国际市场石油价格挂钩，受国际油价下降影响，2013年中国天然气进口价格小幅下跌，LNG到岸均价2.45元/米^3，同比下降3.9%；管道气进口到岸均价为2.40元/米^3，同比下降2.4%，与国内价格倒挂现象有所缓解，见表18-2。

表18-2　　2011～2013年中国进口天然气价格　　元/米^3

项目	2011年	2012年	2013年
LNG到岸价格	2.06	2.55	2.45
管道气到岸价格	2.03	2.46	2.40

来源：海关总署。

三、北美、欧洲天然气价格同比上涨，亚洲LNG进口价格有所回落

2013年北美天然气价格大幅上涨，但仍处于世界低位。Henry Hub年均价格约为3.74美元/MMBtu（折合人民币约0.85元/米^3），同比上涨33.9%。2013年初，美国平均气温较低，一季度天然气消费同比上升8.58%，由此导致天然气价格在第一季度一路上涨，并在4月中下旬到达4.37美元/MMBtu的高位。之后在传统天然气消费淡季来临之后，美国二季度和三季度同比消费量分别下降了4.63%和4.76%。而Henry Hub价格也一直在3.2～3.8美元/MMBtu的范围内震荡。之后在年底冬季受极冷气候影响，Henry Hub价格快速上升，在12月一个月内累计上涨超过0.7美元/MMBtu，达到4.4～4.5美元/MMBtu的高位，如图18-1所示。

图18-1　2013年美国Henry Hub价格走势

来源：国际燃气网。

2013年欧洲天然气价格同比上涨，全年走势比较稳定。NBP天然气价格基本稳定在9~11美元/MMBtu

的区间内，年均价格为10.56美元/MMBtu（折合人民币约2.4元/米^3），同比增长12.0%。整个2013年天然气走势相对比较平稳。只是3月暴风雪袭击欧洲和英国—比利时输气管道计划外停输两个意外事件导致气价大幅上升到16美元/MMBtu以上，但随后价格也很快下降到正常区间，如图18-2所示。

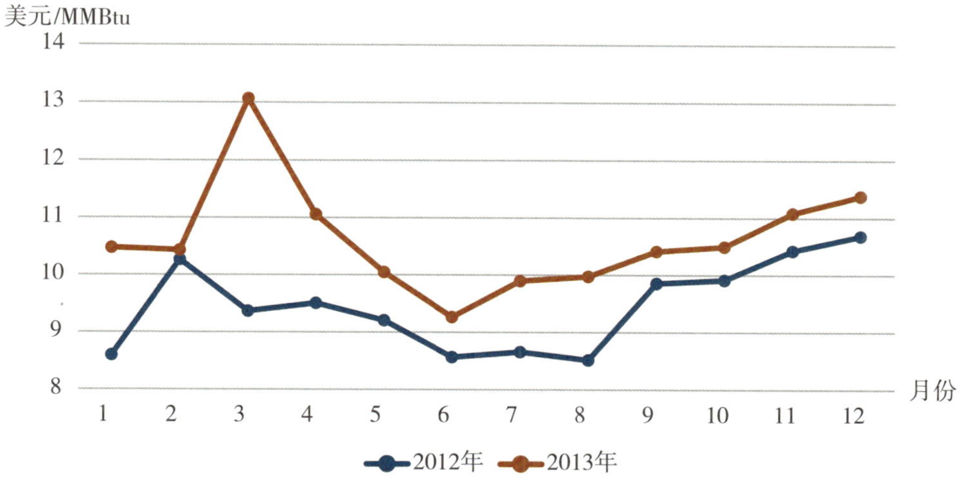

图18-2　2012、2013年NBP月度进口均价

数据来源:《BP世界能源统计2013》。

亚太LNG进口价格小幅回落，但仍处于世界较高水平。东亚包括日本LNG进口价格是和油价挂钩的长协价，受油价下跌影响，2013年日本LNG进口价格总体在16美元/MMBtu上下，年均价为15.7美元/MMBtu（折合人民币约3.6元/米^3），同比下降6.5%，如图18-3所示。

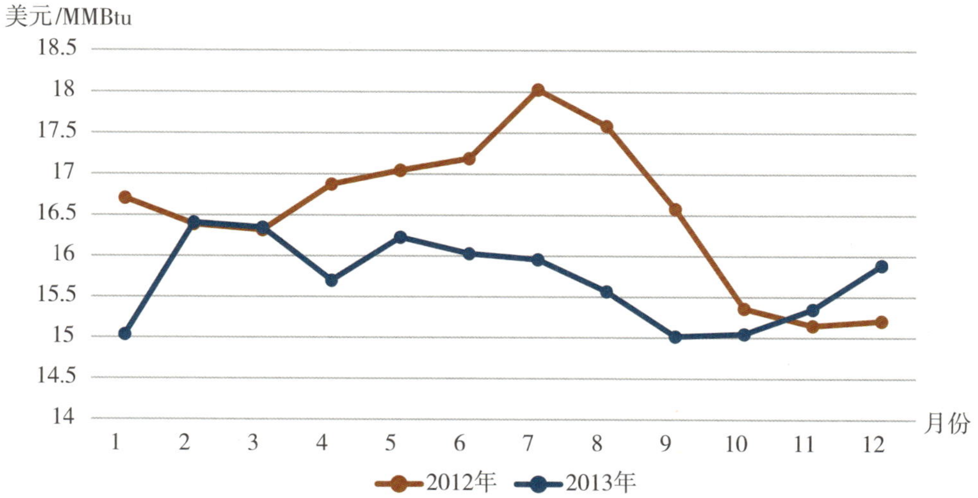

图18-3　2012、2013年日本LNG月度进口均价

数据来源：Argus Globe LNG。

第二节　天然气行业绩效

随着天然气调价的实施和国际油价下跌的影响，进口天然气价格和国内销售价格的倒挂问题得到缓解。2013年中石油天然气与管道板块营业额为2327.51亿元，比2012年的2021.96亿元增长15.1%。而2013年天然气与管道板块经营支出为2038.63亿元，与2012年的2043.06亿元基本持平。经营利润288.88亿元，比2012年经营亏损21.10亿元增加经营利润309.98亿元。

尽管天然气与管道板块扭亏为盈，但中石油的进口气亏损依然较大。2013年天然气与管道板块销售进口中亚天然气274.53亿米^3，亏损282.59亿元；销售进口LNG73.35亿米^3，亏损202.81亿元；销售缅气4.09亿米^3，亏损人民币4.20亿元。剔除国家对进口天然气的进口环节增值税返还70.88亿元，销售进口气净亏损418.72亿元，与2012年同期基本持平，见表18–3。

从平均实现天然气价来看，中石油为1.226元/米^3，中石化为1.336元/米^3，中海油约为1.265元/米^3。

表18–3　中石油2012、2013年天然气与管道板块经营情况　单位：亿元

项目	2012年	2013年	增长率
营业额	2021.96	2327.51	15.1%
经营支出	2043.06	2038.63	−0.2%
经营利润	−21.1	288.88	—

数据来源：中石油2013年年报。

第三节　重点关注

一、天然气对外依存度进一步上升，能源安全问题需要关注

2013年中国天然气进口总量达到527亿米^3，较2012年增长25%，对外依存度首次超过30%。根据目前形势和规划，对外依存度会进一步提高。不同于美国、俄罗斯、伊朗等其他天然气消费大国天然气主要来自于国内生产，中国是天然气的净进口国，所以在确保国外进口来源及国内储气能力两方面需要重点关注。

随着国际输气管道和大型LNG接收站的建设，天然气进口能力不断提高。但是在国内的储气库建设，特别是战略储气库的建设上，和国外相比还是处于比较滞后的阶段。储气库能力只相当于天然气消费总量1.7%左右。根据“十二五”规划，中国的储气库的工作能力要达到总消费量的9%，从目前来看，还需要国家政策的大力扶持，加快建设步伐，以保证天然气能源安全，以及为将天然气逐渐转型为主要能源

来源打好基础。

二、天然气定价机制有待进一步完善

中国天然气的消费增速多年来一直高于天然气生产的增速，2013年按实际需求与供给估算，国内天然气供需缺口达220亿$米^3$。受国家大力进行大气污染治理等环保需要，天然气的需求预计将更快的增长，到2020年缺口预计可能将达到1500亿$米^3$。

但是与此同时，天然气的价格一直维持低价销售，市场化改革较缓慢，价格改革带来的成本上升只能由城市燃气公司和终端用户共同承担，无法通过价格信号向整个产业链有效传导，导致天然气生产销售公司的积极性不高，阻碍天然气行业的健康发展。建议未来天然气价格改革重点考虑以下两点：一是将强管道监管，保障公平接入和普遍服务，有效提高设备利用率，减少中间环节，降低单位天然气输送成本；二是完善相关能源定价机制，提高天然气价格竞争力。

第十九章　电力价格与绩效

2013年电价机制进步改进：降低农产品生产和流通环节电价；调整销售电价分类结构，以用电负荷特性为主分类；下调煤电企业脱硫标杆上网电价，提高可再生能源电价附加标准；完善居民阶梯电价制度等。2013年主要技术经济指标中供电煤耗、线损率均有所下降。针对目前电力行业存在的问题，需协调电网与电源建设、理顺电价热价形成机制、加快实施电能替代战略。

第一节　电力价格

2013年5月《关于进一步降低农产品生产流通环节电价有关问题的通知》（发改办价格〔2013〕1041号）发布，有利于缓解农产品生产流通企业成本上升压力，并促进农产品终端市场价格稳定；当月《关于调整销售电价分类结构有关问题的通知》（发改价格〔2013〕973号）发布，有利于促进电力用户公平负担；9月《关于调整发电企业上网电价有关事项的通知》（发改价格〔2013〕1942号）发布，鼓励燃煤发电企业进行脱硝、除尘改造，促进可再生能源发展；12月《关于完善居民阶梯电价制度的通知》（发改价格〔2013〕2523号）发布，有利于更好地发挥价格杠杆，引导居民节约用电、合理用电。

一、降低农产品生产和流通环节电价，缓解企业成本上升压力

2013年5月2日国家发展和改革委员会发布《关于进一步降低农产品生产流通环节电价有关问题的通知》，决定自6月1日起进一步降低农产品生产和流通环节用电价格，在全国范围内对生猪、蔬菜生产用电执行农业生产用电价格；农产品批发市场、农贸市场用电、农产品冷链物流的冷库用电价格实现与工业用电同价。

目前，许多地方对生猪、蔬菜生产用电执行一般工商业用电价格（约0.8元/千瓦时），是农业生产用电价格（0.4元/千瓦时）的两倍左右。国家发展和改革委员会表示，经测算，这项政策实施后，全国农产品生产流通企业电费支出将明显下降，预计减少5亿元。这有利于缓解农产品生产流通企业成本上升压力，并促进农产品终端市场价格稳定。

二、调整销售电价分类结构，以用电负荷特性为主分类

2013年5月24日，国家发展和改革委员会发布《关于调整销售电价分类结构有关问题的通知》，将销售电价由现行主要依据行业、用途分类，逐步调整为以用电负荷特性为主分类。把现行居民生活、非居民照明、商业、非工业、普通工业、大工业、农业生产用电价格等8大类销售电价，逐步归并为居民生活、农业生产、工商业及其他用电价格3个用电类别，每个类别再按用电负荷特性进行分档。

推进简化销售电价分类改革，建立结构清晰、比价合理、繁简适当的销售电价分类结构体系，有利于促进公平负担，减少交叉补贴；在不同分类下按电压等级分档定价，有利于更加科学地反映不同电力用户用电特性和供电成本差异，更大程度发挥价格信号调节市场供求的作用；适当扩大居民生活和农业生产用电的范围，可减轻社会福利场所、社区居委会服务设施、城乡居民住宅小区公用附属设施、农林牧渔业生产单位电费支出。

三、下调煤电企业脱硫标杆上网电价，提高可再生能源电价附加标准

2013年9月30日，国家发展和改革委员会发布《关于调整发电企业上网电价有关事项的通知》，提出下调贵州等27省份燃煤发电企业脱硫标杆上网电价，幅度在0.6分/千瓦时至2.5分/千瓦时；适当降低跨省、跨区域送电价格标准。在上述电价基础上，将燃煤发电企业脱硝电价补偿标准由每千瓦时0.8分提高至1分；对采用新技术进行除尘设施改造、烟尘排放浓度低于30毫克/米^3（重点地区低于20毫克/米^3）的燃煤发电企业实行每千瓦时0.2分的电价补偿；将向除居民生活和农业生产以外的其他用电征收的可再生能源电价附加标准由每千瓦时0.8分提高至1.5分（西藏、新疆除外）。同时，明确表示提高上海、江苏、浙江、广东、海南、河南、湖北、宁夏等8省份天然气发电上网电价，用于解决因存量天然气价格调整而增加的发电成本，见表19–1、表19–2。

表19–1　　分省区统调燃煤机组上网电价调整　　单位：分/千瓦时(含税)

省级电网	降价标准	省级电网	降价标准
北京	1.35	湖北	1.98
天津	1.35	河南	1.3
河北北网	1.35	湖南	1.35
河北南网	1.04	江西	1
山西	0.9	四川	0
山东	1.17	重庆	1.6
内蒙古西部	1.05	陕西	1.1
内蒙古东部	1.15	甘肃	1.34
辽宁	1.2	宁夏	1.25

续表

省级电网	降价标准	省级电网	降价标准
吉林	0.83	青海	0.9
黑龙江	0.6	广东	1.9
上海	2.5	广西	2.2
江苏	2.5	云南	0
浙江	2.5	贵州	0.97
安徽	1.49	海南	1.35
福建	1.44		

数据来源：国家发展和改革委员会网站。

表19–2　　跨省、跨区域送电价格调整　　单位：分/千瓦时（含税）

类别	项目	降价标准
点对网	山西送华北	0.9
	内蒙古西部送华北	1.35
	山西送山东	1.17
	宁东送山东	1.17
	陕西送河北南网	1.04
	皖电东送	1.49
	内蒙古东部送黑龙江	0.6
	内蒙古东部送吉林	0.83
	内蒙古东部送辽宁	1.2
	湖南鲤鱼江电厂送广东	1.9
网对网	内蒙古西部送华北	1.05
	山西送华北	0.7
	山西送河北南网	0.7
	黑龙江送辽宁	0.6
	吉林送辽宁	0.83
	东北送华北	0.6
	云南送广东	0.2
	贵州送广东	0.2

注 1. 通过宁东直流工程送山东价格按上表所列标准调整后，有关电价相应调整。其中，华电灵武二期、京能水洞沟、鲁能鸳鸯湖电厂送山东电量为每千瓦时0.3113元，宁东换流站结算价格为每千瓦时0.3393元，山东落地电价为每千瓦时0.4248元。
2. 内蒙古东部向辽宁送电价格调整后，呼辽直流工程配套电源项目呼伦贝尔、伊敏三期、鄂温克电厂的上网电价相应调整为每千瓦时0.306元，辽宁落地电量结算价格为每千瓦时0.3844元。
3. “皖电东送”燃煤发电企业上网电价调整为每千瓦时0.4211元。
4. 云南、贵州向广东送电的价格按上表所列标准调整后，送广东落地电价相应调整。
5. 核电秦山联营公司1、2号机组上网电价调整为每千瓦时0.414元。
6. 送电价格调整后，华北、东北、华东、华中、西北区域电网公司统购统销电量与省（市）电网公司的结算价格相应调整。

数据来源：国家发展和改革委员会网站。

四、完善居民阶梯电价制度，引导居民节约用电

为更好地发挥价格杠杆引导居民节约用电、合理用电的积极作用，国家发展和改革委员会总结居民阶梯电价制度实施一年来的情况，于2013年12月出台《关于完善居民阶梯电价制度的通知》，具体要求：一是各地结合老城区和棚户区改造，加大居民用电“一户一表”改造力度，在2017年底前完成全国95%以上存量居民合表用户改造，做到抄表到户；二是全面推行居民用电峰谷电价，要求尚未出台居民用电峰谷电价的地区在2015年底前出台政策，由居民用户选择执行；三是要求各地结合实际完善政策措施，细化操作办法，规范出租房屋电费结算行为，妥善处理“一房多户”、“一户多人口”等问题。

第二节　电力行业绩效

2013年中国6000千瓦及以上火电厂供电标准煤耗为321克/千瓦时，“十二五”前三年供电煤耗累计下降12克/千瓦时，提前完成规划目标；2013年中国线损率为6.67%，较2012年下降0.08个百分点。2013年五大发电集团利润总额达740亿元，利润大幅增加，火电业务亏损情况明显改善。

一、“十二五”前三年供电煤耗下降12克/千瓦时，提前完成规划目标

近些年来，随着大容量机组持续增加，高耗能的小火电机组的关停及节能管理的加强和技术改造的实施，中国供电煤耗大幅下降。2013年中国6000千瓦及以上火电厂供电标准煤耗为321克/千瓦时，较2010年下降12克/千瓦时，提前完成了国务院印发的《节能减排“十二五”规划》中提出的“到2015年火电厂供电煤耗每千瓦时下降8克标准煤”目标，如图19-1所示。

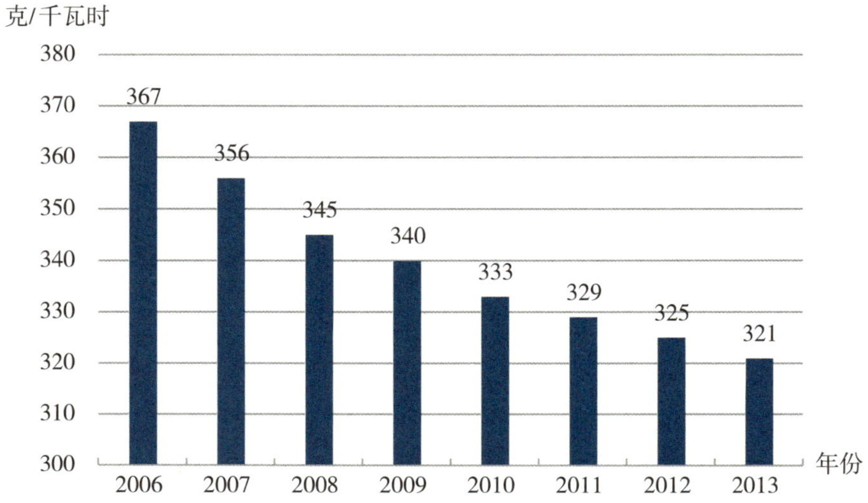

图19-1　2006～2013年中国供电标准煤耗

注：全国6000千瓦及以上火电厂。

数据来源：《电力工业统计资料汇编》、《电力工业统计快报2013》。

近年来，中国火电厂供电煤耗持续下降，已处于世界较低水平，但仍有进一步降低的空间。比如，与日本相比，中国火电厂供电仍然煤耗偏高，主要原因是中国燃煤发电比重较大，而燃气发电比重较小。但是随着近些年中国火电厂供电煤耗的明显下降，中国与日本的差距正逐步缩小。如图19-2所示，2012年日本供电煤耗为306克/千瓦时，中国较日本每千瓦时多出19克标准煤，而2006年两国火电厂供电煤耗每千瓦时相差高达55克，显然二者差距正逐渐缩小。

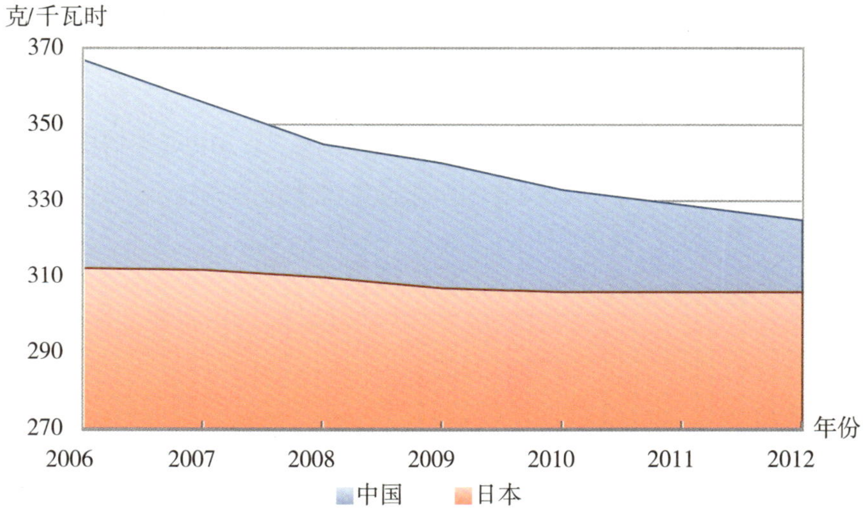

图19-2　2006～2012年中国与日本供电标准煤耗比较

数据来源：《电力工业统计资料汇编》、《日本能源和经济统计手册》。

二、线损率下降不足0.1个百分点，与“十二五”规划有一定距离

2013年中国线损率为6.67%，较2012年下降0.08个百分点，但与2010年6.53%的线损率相比，仍然较高，与《能源发展“十二五”规划》提出的“到2015年线损率要达到6.3%”的目标有一段距离，如图19-3所示。

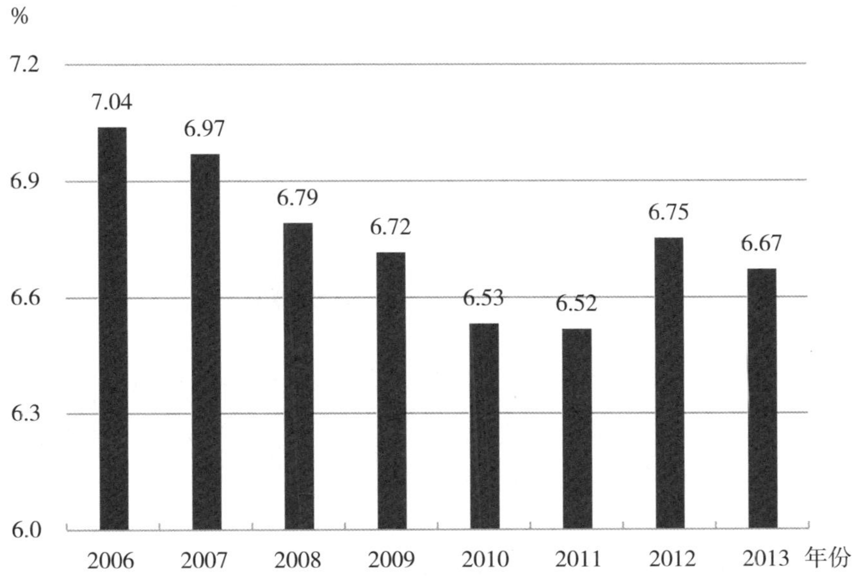

图19-3　2006~2013年中国线损率

数据来源：《电力工业统计资料汇编》、《电力工业统计快报2013》。

三、发电企业利润大幅增加，五大发电集团利润总和超740亿元

2013年五大发电集团利润总额达740.34亿元，创近年新高。具体而言，规模最大的华能集团实现利润208.44亿元，继续位列五大之首。其余依次为国电集团157.94亿元、华电集团151.74亿元、中电投集团111.56亿元，大唐集团110.66亿元。从净利润看，依次为华能集团127.9亿元、国电103.44亿元、华电96.74亿元、大唐74.33亿元、中电投71.52亿元。

全年煤价持续走低使得发电成本大幅降低是电力企业利润大涨的主因。就连五大集团中火电装机规模最小的中电投，都实现了火电利润78.16亿元，较2012年增长4倍，见表19-3。数据显示，2013年上半年60家电力企业中仅7家公司业绩亏损，其余近九成企业实现盈利。其中，净利润同比增幅超过200%以上的公司有17家。

表19–3　　2012、2013年五大发电集团盈利情况　　单位：亿元

发电集团	2013年利润	2013年净利润	2012年净利润
华能	208.44	127.9	58.69
国电	157.94	103.44	50.56
华电	151.74	96.74	14.18
中电投	111.56	71.52	16.81
大唐	110.66	74.33	40.08
合计	740.34	473.93	102.72

数据来源：根据各公司年报整理得到。

第三节　重点关注

水电消纳市场协调难度大，输电工程建设滞后，需加快跨省、跨区电网建设，加强省际联网和交换大通道的特高压工程建设；云南等水电大省煤电企业及北方热点联产企业长期普遍亏损，需加快理顺电价、热价形成机制；针对严重雾霾天气问题，需加快实施电能替代工程。

一、协调电网与电源建设问题，确保电力送出和供电安全

溪洛渡、向家坝、龙开口、金安桥、阿海等水电站陆续投产，但是由于梯级电站的送电方案存在分歧，导致电站外送输电工程开工建设的滞后，进而恶化了系统结构性弃水窝电局面，降低了清洁可再生水能资源的利用效率。因此，需要协调电网与电源的建设问题，确保电力送出和供电安全，加快跨省、跨区电网建设，加强省际联网和交换大通道的特高压工程建设，在满足省内需求前提下加大省际电力电量交换，充分利用水电输电平台实现能源资源优化配置。

二、理顺电价热价形成机制，促进解决企业亏损问题

中国已经进入电价上涨周期，要立足于电力市场化改革顶层设计，加快推进电价机制改革，更多采用市场机制调节电价，减少行政干预：一是加快发电环节两部制电价改革。尽快研究云南等水电大省的煤电价格形成机制，解决这些地区煤电企业持续严重亏损、经营状况持续恶化而面临的企业生存问题；加快理顺天然气发电价格机制。二是加快形成独立的输配电价机制，稳妥推进电力用户与发电企业直接交易。国家有关部门应加大市场监管力度，对地方政府行政指定直接交易对象、电量、电价以及降价优惠幅度等行为及时纠正和追责。三是针对华北、东北及西北地区热电联产企业供热连年大面积亏损的实际困难，建议有关部门应出台分区域供热价格指导政策，对供热亏损较大的地区按照成本加成原则重新

核定热价，并执行煤热价格联动机制；对热价倒挂严重、亏损严重的供热企业予以政策支持和财税补贴，以保障企业的正常经营生产，确保迎峰度冬期间安全稳定供热。

三、加快实施电能替代战略，缓解严重雾霾天气问题

为贯彻落实国务院《大气污染防治行动计划》，尽快解决中国严重雾霾天气问题，需加快实施电能替代工程。建议：一是国家尽快研究制定电能替代战略规划，出台电能替代产业政策；二是加快在工业、交通运输业、建筑业、农业、居民生活等主要领域实施电能替代工程；三是加快调整电源结构和优化电源布局；四是通过市场机制和经济手段促进节能减排，深化电力需求侧管理，推行合同能源管理，推进发电权交易，研究火电氮氧化物排污权交易；五是提高电力企业环保设施运行维护管理水平，发挥好现有环保设施的污染物控制能力。

第二十章 非化石能源价格与绩效

水电方面，2013年中国水电行业盈利能力明显下滑；核电方面，国家进一步完善核电上网电价机制，新建核电机组实行0.43元/千瓦时的标杆上网电价；风电方面，项目布局得到优化，平均弃风率降至11%；太阳能方面，将全国分为三类资源区，分别执行0.9元/千瓦时、0.95元/千瓦时、1元/千瓦时的标杆上网电价，同时对分布式光伏发电实行0.42元/千瓦时的电价补贴。

第一节 水电和核电价格与绩效

受来水偏枯影响，水电行业在2013年盈利状态下滑明显，这与由于煤炭价格下跌而利润陡增的火电类上市公司形成鲜明对比。根据统计，在目前发布2013年年报和业绩快报的17家水电上市公司中，业绩同比出现下滑的超过10家，其中乐山电力净利润以750%的跌幅居首。但如果将火电企业统计在内，在40家已经发布年报和快报的发电企业中，有27家净利润实现同比增长。

核电方面，2013年6月15日国家发展和改革委员会发布《关于完善核电上网电价机制有关问题的通知》(发改价格〔2013〕1130号)，为促进核电健康发展、合理引导核电投资，决定完善核电上网电价机制，对新建核电机组实行标杆上网电价政策。继风电、光伏等可再生能源上网标杆电价相继出台之后，新建核电机组实行标杆上网电价政策终获落实。根据目前核电社会平均成本与电力市场供需状况，核定全国核电标杆上网电价为每千瓦时0.43元，适用于2013年1月1日后投产的核电机组。另外，全国核电标杆上网电价高于核电机组所在地燃煤机组标杆上网电价（含脱硫、脱硝加价）的地区，新建核电机组投产后执行当地燃煤机组标杆上网电价；全国核电标杆上网电价低于核电机组所在地燃煤机组标杆上网电价（含脱硫、脱硝加价）的地区，承担核电技术引进、自主创新、重大专项设备国产化任务的首台或首批核电机组或示范工程，其上网电价可在全国核电标杆电价基础上适当提高，具体由省级价格主管部门提出方案报国家发展和改革委员会核批。

第二节 风电价格与绩效

2013年风电政策频出。2月16日，国家能源局印发《关于做好2013年风电并网和消纳相关工作的通知》(国能新能〔2013〕65号)，要求地方能源管理部门、风电开发企业及电网公司等机构要更加高度重视风电的消纳和利用，把提高风电利用率作为做好能源工作的重要标准，认真分析风电限电的原因，尽快消除弃风限电；加强资源丰富区域的消纳方案研究，保障风电装机持续稳定增长；加强风电配套电网建设，做好风电并网服务工作。8月发布的《关于做好近期市场监管工作的通知》(国能监管〔2013〕259号)亦明确规定，加强可再生能源发电的并网消纳监管，对于弃风、弃光问题比较突出的地区，派出机构可开展约谈约访，要求电网企业采取有效举措，在更大范围内优化协调电量平衡方案，提升消纳风电、光伏发电的能力。另外，《促进风电产业健康发展若干意见》亦已上报国务院，其对风电的扶持力度堪比光伏，力争在2~3年内基本解决弃风限电问题（见表20-1）。

表20-1　　2013年中国分区域弃风电量及弃风率

指标名称	弃风电量（亿千瓦时）	弃风率（%）
全国	162.31	10.74
华北地区	57.99	10.51
天津	0.09	1.68
河北	28	16.59
内蒙古西部	29.9	12.17
东北地区	66.5	15.45
内蒙古东部	33.99	19.54
辽宁	5.28	5
吉林	15.72	21.79
黑龙江	11.51	14.61
华东地区	0	0
华中地区	0	0
南方地区	1.69	1.78
云南	1.69	3.68
西北地区	36.13	11.86
陕西	0.37	2.96
甘肃	31.02	20.65
宁夏	0.43	0.73
新疆	4.31	5.23

数据来源：国家能源局。

2013年中国风电项目布局得到优化，平均弃风率降至11%，同比降低了6个百分点，除河北张家口外，主要弃风限电地区明显好转，特别是“三北”地区（东北、西北、华北）。弃风率的降低有效提高了风电机组的运行效率，进而提高经济效益。另外，中东部和南部地区风电加快发展，补贴效率进一步提高，例如，广东脱硫燃煤火电电价0.5元/千瓦时左右，风电标杆电价0.61元/千瓦时，每千瓦时电补贴0.1元，低于“三北”地区补贴强度，有利于风电在当地的发展。

风电开发商及制造商的利润仍不乐观，多数企业亏损，盈利微薄。华锐风电2013年仍延续亏损，其前三季度亏损已达7亿元左右。湘电股份在2013年中期扭亏为盈，但前三季度利润仅有1600余万元。整机制造龙头金风科技2013年净利润4亿元，但风电制造板块的资产净利润率仅略高于1%。

第三节　太阳能发电价格与绩效

2013年8月26日国家发展和改革委员会发布《关于发挥价格杠杆作用促进光伏产业健康发展的通知》（发改价格〔2013〕1638号），对光伏电站和分布式光伏发电价格作出具体规定。根据各地太阳能资源条件和建设成本，将全国分为三类太阳能资源区，分别执行0.9元/千瓦时、0.95元/千瓦时、1元/千瓦时的标杆上网电价，光伏电站标杆上网电价高出当地燃煤机组标杆上网电价（含脱硫等环保电价）的部分，通过可再生能源发展基金予以补贴；同时对分布式光伏发电实行按照全电量补贴的政策，电价补贴标准为0.42元/千瓦时，其中，分布式光伏发电系统自用有余上网的电量，由电网企业按照当地燃煤机组标杆上网电价收购。分区标杆上网电价政策适用于2013年9月1日后备案，以及9月1日前备案但于2014年1月1日及以后投运的光伏电站项目；电价补贴标准适用于除享受中央财政投资补贴之外的分布式光伏发电项目。

该《通知》中，区域标杆电价最低一档的0.9元/千瓦时相比3月发布的《关于完善光伏发电价格政策通知》的征求意见稿中的0.75元/千瓦时提高了20%；分布式光伏发电项目0.42元/千瓦时的补助标准，也比征求意见稿中的0.35元/千瓦时提高了20%。此前国家对光伏电站的补贴为建设性补贴，即投资者在建设时就可申请补贴。此次国家发展和改革委员会出台的补贴政策，是鼓励更多的实际发电，所以按照实际发电量进行补贴。另外，电站补贴由全国统一价变为三类地区不同价格，让补贴更为合理，见表20-2。

表20-2 全国光伏电站标杆上网电价 单位：元/千瓦时（含税）

资源区	光伏电站标杆上网电价	各资源区所包括的地区
Ⅰ类	0.9	宁夏，青海海西，甘肃嘉峪关、武威、张掖、酒泉、敦煌、金昌，新疆哈密、塔城、阿勒泰、克拉玛依，内蒙古除赤峰、通辽、兴安盟、呼伦贝尔以外地区
Ⅱ类	0.95	北京，天津，黑龙江，吉林，辽宁，四川，云南，内蒙古赤峰、通辽、兴安盟、呼伦贝尔，河北承德、张家口、唐山、秦皇岛，山西大同、朔州、忻州，陕西榆林、延安，青海、甘肃、新疆除Ⅰ类外其他地区
Ⅲ类	1	除Ⅰ类、Ⅱ类资源区以外的其他地区

注：西藏自治区光伏电站标杆电价另行制定。
数据来源：国家发展和改革委员会网站。

2013年9月29日财政部网站发布通知，为鼓励利用太阳能发电，促进相关产业健康发展，自2013年10月1日至2015年12月31日，对纳税人销售自产的利用太阳能生产的电力产品，实行增值税即征即退50%的政策。

2013年11月19日财政部发布《关于对分布式光伏发电自发自用电量免征政府性基金有关问题的通知》（财综〔2013〕103号），对分布式光伏发电自发自用电量免收可再生能源电价附加、国家重大水利工程建设基金、大中型水库移民后期扶持基金、农网还贷资金等四项针对电量征收的政府性基金。